编写人员

主　编：陈妮丽　　陈风华

副主编：卢宏学　　魏　巍

参　编：何桂英　　张　侃

新时代司法职业教育"双高"建设精品教材

法 律 逻 辑

陈妮丽　　陈风华 ◎ 主编

华中科技大学出版社
http://press.hust.edu.cn
中国·武汉

内 容 提 要

本教材主要包括三部分内容：一是逻辑基础知识；二是有关逻辑知识在法学领域的运用；三是结合公务员考试行政能力测试逻辑模块设计的拓展训练。注重将普通的逻辑问题与法律思维、法律方法以及各类考试融会贯通，根据高职学生的培养目标和教学要求，融入大量案例分析题和拓展训练，实现理论与实践、基础与实用的融合。既适用于高职院校教学，又有助于法律入门者获得有用的逻辑思维方法，有助于法律工作者提高逻辑思维能力。

图书在版编目（CIP）数据

法律逻辑/陈妮丽，陈风华主编．—武汉：华中科技大学出版社，2024.5
ISBN 978-7-5772-0527-4

Ⅰ.①法… Ⅱ.①陈… ②陈… Ⅲ.①法律逻辑学-研究 Ⅳ.①D90-051

中国国家版本馆 CIP 数据核字（2024）第 041203 号

法律逻辑 陈妮丽 陈风华 主编
Falü Luoji

策划编辑：张馨芳	
责任编辑：苏克超	
封面设计：孙雅丽	
版式设计：赵慧萍	
责任校对：张汇娟	
责任监印：周治超	
出版发行：华中科技大学出版社（中国·武汉）	电话：（027）81321913
武汉市东湖新技术开发区华工科技园	邮编：430223
录　　排：华中科技大学出版社美编室	
印　　刷：武汉科源印刷设计有限公司	
开　　本：787mm×1092mm　1/16	
印　　张：15.25　　插页：2	
字　　数：363 千字	
版　　次：2024 年 5 月第 1 版第 1 次印刷	
定　　价：78.00 元	

本书若有印装质量问题，请向出版社营销中心调换
全国免费服务热线：400-6679-118　　竭诚为您服务
版权所有　侵权必究

前　言

在法律领域中，逻辑是判断和决策的基石。无论是在法庭上的辩论，还是在法律文书的撰写中，清晰和有条理的逻辑推理都是至关重要的。因此，掌握法律逻辑的基本原则和技巧，对于每一个法律专业人士来说都是不可或缺的。《法律逻辑》旨在为法学生和法律实践者提供一个全面的逻辑学习框架，帮助他们在法律分析和论证中运用严密的逻辑。

本书面向广大高职院校的学生、法学教师以及法律实务工作者，旨在通过系统的理论介绍和实践案例分析，提高读者的逻辑推理能力和批判性思维水平。书中不仅涵盖了逻辑学的基础知识，还特别关注了法律逻辑在实际中的应用，将公务员考试的相关内容以及丰富的案例、练习融入本教材中，实用性和针对性较强。

本书的重点内容是法律推理和法律论证，难点是以高度抽象的形式讲解法律逻辑的各种知识，并将抽象与实际结合起来，让逻辑成为法律工作的实际需要。努力从法律思维的角度找到法律思维与逻辑思维的结合点，让空洞的逻辑形式有丰富的法律事件、课后训练的内容，并在全面、深刻的讲解中，潜移默化地让逻辑转化为学习者的思维素质。

在编写本书的过程中，深受许多同事、学生的支持和启发。我要特别感谢我的团队，他们的专业和耐心使本书的质量得到了极大的提升。恳请广大读者对本书提出宝贵意见和建议，以便我们后续进行修正和完善。

作　者

2024 年 3 月

目 录

第一章　引论 …………………………………………………………………… 1
　　第一节　逻辑科学的产生与发展　// 2
　　第二节　逻辑学与法律逻辑学　// 4
　　第三节　学习法律逻辑学的意义和方法　// 9

第二章　概念 …………………………………………………………………… 13
　　第一节　概念的概述　// 14
　　第二节　概念的分类　// 17
　　第三节　概念间的关系　// 20
　　第四节　概念的限制和概括　// 25
　　第五节　定义　// 27
　　第六节　划分　// 31

第三章　判断 …………………………………………………………………… 35
　　第一节　判断的概述　// 36
　　第二节　性质判断　// 38
　　第三节　复合判断　// 48
　　第四节　模态判断　// 62

第四章　推理的概述 …………………………………………………………… 71
　　第一节　推理的特征　// 72
　　第二节　推理的类型及其区别与联系　// 78
　　第三节　推理的有效性与合理性　// 85
　　第四节　证据的运用与逻辑推理　// 90

第五章　演绎推理 ……………………………………………………………… 97
　　第一节　简单命题推理　// 98
　　第二节　复合命题推理　// 123

		第三节　刑侦工作中怎样正确运用演绎推理　// 143

		第四节　法律推理的特征及运用　// 150

第六章　归纳推理 ········· 163

		第一节　归纳推理概述　// 164

		第二节　完全归纳推理　// 167

		第三节　不完全归纳推理　// 169

		第四节　探求因果联系的逻辑方法　// 175

第七章　类比推理 ········· 185

		第一节　类比推理的特征和性质　// 186

		第二节　类比推理在司法工作中的应用　// 190

		第三节　刑事侦查中的比对推理　// 193

第八章　假说与侦查假说 ········· 199

		第一节　假说及其建立程序　// 200

		第二节　侦查假说及其应用　// 204

第九章　普通逻辑的基本规律 ········· 209

		第一节　普通逻辑的基本规律概述　// 210

		第二节　同一律　// 210

		第三节　矛盾律　// 214

		第四节　排中律　// 217

		第五节　充足理由律　// 220

第十章　论证 ········· 223

		第一节　论证的概述　// 224

		第二节　论证的种类　// 226

		第三节　论证的规则　// 230

		第四节　反驳及其方法　// 233

	主要参考文献 ········· 238

第一章

引论

◆ **案例导入**

两名学生在一家个体餐馆吃饭，看到菜单上写着熊掌30元，于是，他们点了两盘熊掌，还要了些其他食品。吃完后，服务员开出账单竟是6045元。

"熊掌每盘3000元，你看菜单。"服务员解释说。

学生翻开菜单，果然是3000元，只是后面两个零小一些，前面30大一些，猛一看是30元，其实中间没小数点。没办法，两名学生只能忍气吞声，多方筹措，凑齐6045元，交给了餐馆老板。

后来一位律师得知此事，决定为学生讨回公道。他叫两名学生到餐馆向老板索取两盘熊掌及其他食品共计6045元的发票，然后拿着发票来到工商局，又与工商局的同志一起来到餐馆，对老板说："有人指控你出售熊掌，违反了《野生动物保护法》，必须处以4万元罚款。"

老板还想抵赖，但有刚开出的发票为证，他无可奈何地说："我拿不出这么多钱。"

"拿不出罚款，就停止营业，吊销营业执照。"

"是这样的，我们这里根本就没什么熊掌，所谓熊掌都是用牛蹄筋冒充的。""既然你用牛蹄筋冒充熊掌，欺诈顾客，根据情节，也应罚款3万元，同时将顾客的钱退回，另外还应赔偿1000元的精神损失费！"

最后，老板只得乖乖地受罚。

这位律师是如何使老板陷入不得不接受罚款的境地的？

第一节　逻辑科学的产生与发展

逻辑学是一门关于思维的科学。逻辑学研究的思维形式、思维规律和思维方法对人们的各种认识和思维活动具有普遍的指导作用。法学领域是应用逻辑学知识的广阔天地，逻辑学知识是司法工作者分析、认识和解决法律问题不可缺少的重要手段。法律逻辑学就是把逻辑学知识应用于法学领域而产生的学科，是研究法律及司法实践中的思维形式、思维规律、思维方法的应用逻辑学。

一、逻辑一词的含义

"逻辑"一词是外来语的音译。"逻辑"源自古希腊语"λόγος"（读作"逻格斯"）。我国著名翻译家严复将英语"logic"一词音译为"逻辑"。在古希腊时期，"逻各斯"有着"语言""智慧""理性""规律性"等多种含义。中世纪，由于神学占统治地位，"逻各斯"被人格化了，竟成了神的化身。到了18世纪末，德国哲学家黑格尔恢复了"逻各斯"即"规律"的原意。他把逻辑分为客观逻辑和主观逻辑。他用辩证法替代了逻各斯，但他的辩证法是客观唯心主义辩证法。

马克思主义经典作家对"逻辑"作了精辟的分析和论述，提出客观逻辑、客观规律是第一性的，主观逻辑、主观规律是第二性的；精辟分析了两种逻辑的辩证关系，指出对旧的形式逻辑要加以修改，提出创建辩证逻辑的任务。

以上历史事实表明，"逻辑"这一概念有其发展过程。我国《现代汉语词典》对逻辑的解释为：① 思维的规律；② 客观的规律性；③ 逻辑学。可见，现今的"逻辑"概念可归纳为以下几种解释。

（1）"逻辑"的含义是指思维的规律，即人们常说的"主观的逻辑""思维的逻辑"。如"作出合乎逻辑的结论"中的"逻辑"一词，指的就是这个意思。

（2）"逻辑"的含义是指事物发展的客观规律性。例如，毛泽东在《论持久战》中指出，跨过战争的艰难路程之后，胜利的坦途就到来了，这是战争的自然逻辑。[①] 这里的"逻辑"一词，是作为客观事物运动、发展的"必然性"与"规律性"的含义来理解的。

（3）"逻辑"的含义是指思维形式、思维规律、思维规则以及研究这些内容的科学——逻辑学（包括形式逻辑学、辩证逻辑学和应用逻辑学等）。例如，毛泽东曾号召，写文章要讲逻辑。就是要注意整篇文章、整篇说话的结构，开头、中间、尾巴要有一种关系。要有一种内部的联系，不要互相冲突，还要讲文法。许多同志省掉了不应省掉的主词、宾词，或者把副词当动词用，甚至省掉动词，这些都是不合文法的。还要注意修辞，怎样写得生动一点。总之，一个合逻辑，一个合文法，一个较好的修辞，这三点请

---

① 毛泽东：《毛泽东选集（第二卷）第2版》，人民出版社，1991年版，第466页。

你们在写文章的时候注意。[①] 这里的"逻辑"一词，其含义是指思维形式、思维规律、思维方法，概括地讲，是指形式逻辑学的内容。因此，理解"逻辑"一词的含义时，必须考虑其所处的语言环境。

二、逻辑学的产生及发展

逻辑学是一门关于思维的科学。

恩格斯指出：关于思维的科学，和其他任何科学一样，是一种历史的科学，关于人的思维的历史发展的科学，而它对于思维的实际应用于经验领域也是非常重要的。[②]

逻辑学虽然是关于思维的科学，但逻辑学并不研究思维的一切方面。具体而言，它是研究人类正确思维的逻辑形式、逻辑规律以及一些逻辑方法的思维科学。

所谓思维的逻辑形式，又称思维的形式结构，是指思维形式本身各部分之间的联结方式。而思维形式是思维反映客观事物的方式，包括概念、判断和推理等。思维的逻辑形式就是指概念、判断和推理这些思维形式的逻辑结构，它们的内容可以不同，但是思维形式的结构可以是相同的。例如"所有犯罪都是有社会危害性的行为""所有贪污罪都是故意犯罪""一切走私行为都是违法行为"。从逻辑上看，这是三个判断，这三个判断所断定的内容各不相同，但是从形式上看它们有着相同的结构。如果用"S"表示思维对象即"都是"前面的概念，即"犯罪""贪污罪""走私行为"；用"P"表示思维对象具有某种属性的概念即"都是"后面的概念，即"社会危害性的行为""故意犯罪""违法行为"。那么上面三个判断具有这样共同的判断结构形式，可以用公式表示为"所有 S 都是 P"。

通过对上述具体例子的分析，可以看出逻辑学对思维的研究撇开了思维的具体内容来研究思维的形式结构。

逻辑规律是人们正确思维必须遵守的规律，它有同一律、矛盾律、排中律和充足理由律。这四条规律就是人们在运用逻辑形式——概念、判断、推理进行思维活动时，必须遵守的起码要求。只有在思维过程中，自觉遵守这些要求，才能做到概念明确、判断恰当、推理合乎逻辑要求。反之，如果自觉或不自觉地违反了逻辑规律，那么思维过程就会发生混淆概念、自相矛盾、模棱两可等逻辑错误。

逻辑方法是认识的工具，是人们达到认识目的的手段。在思维过程中人们常用的逻辑方法有观察、实验、分析、综合、求同求异、比较、分类等，以达到正确认识事物和表达思想的目的。

逻辑学是一门古老的科学，至今已有二千余年的历史。中国古代以《墨经》和《荀子》为代表的"名辩之学"，古印度的因明学，古希腊亚里士多德的《工具论》和《形而上学》等著作中，都叙述了逻辑思想和逻辑原理。特别是亚里士多德建立了西方逻辑史上第一个逻辑系统，他被公认为形式逻辑的奠基人。马克思、恩格斯对他评价很高，称其为"古代最伟大的思想家""最博学的人"。16 世纪，英国哲学家培根创立了归纳

[①] 毛泽东：《毛泽东选集（第五卷）》，人民出版社，1977 年版，第 217 页。
[②] 马克思、恩格斯：《马克思恩格斯全集（第二十卷）》，人民出版社，1971 年版，第 382 页。

逻辑,其代表作是《新工具论》。17世纪,大数学家莱布尼茨最早提出用数学方法来研究思维形式、规律、方法等问题,被公认为数理逻辑的奠基人。之后,英国数学家、逻辑学家布尔等人在前人研究的基础上,提出用代数方法处理逻辑问题,建立了布尔代数。自此以后,形式逻辑学朝两个方面发展。一方面结合哲学,开拓研究辩证逻辑;另一方面结合数学,研究建立数理逻辑。而今,逻辑科学已发展成多门类的思维科学,如元逻辑学、辩证逻辑学、科学逻辑学、模糊逻辑学、时态逻辑学、模态逻辑学、规范逻辑学、语言逻辑学、问题逻辑学、数理逻辑学、概率逻辑学、法律逻辑学等。

形式逻辑学的原理起源很早,在逻辑史上,最先使用"形式逻辑"这一概念的是18世纪德国哲学家康德。他在《纯粹理性批判》一书中,用"形式逻辑"概念来指称由亚里士多德奠定基础的那种类型的逻辑学。后来,中外逻辑学界对这种类型的逻辑学,所用概念甚多,如"名学""辩学""理则学""论理学""因明学""致知"等,现在国内学术界一般用"形式逻辑"或"普通逻辑"表示这门学科。而现今很多应用性逻辑学,都或多或少要引用其中的基本原理,结合有关科学或社会实践,创立一些新的学科分支,法律逻辑学就是其中之一。

拓展训练

- 一、"逻辑"一词有哪几种含义?
- 二、简述什么是思维形式,什么是思维形式的结构。
- 三、形式逻辑的奠基人是谁?归纳逻辑的创立人是谁?数理逻辑的奠基人是谁?

参考答案

第二节 逻辑学与法律逻辑学

一、逻辑学的对象

普通逻辑不同于辩证逻辑,因为辩证逻辑的研究对象是辩证思维的形式、规律和方法,而普通逻辑并不研究这些。普通逻辑虽然与数理逻辑关系密切,但也有所区别,因为数理逻辑是用特制符号(即人工语言)和数学方法来研究处理演绎推理的科学,普通逻辑研究的对象要比数理逻辑宽泛,它所使用的工具主要是人们日常应用的自然语言。关于普通逻辑的对象,我们可以作如下概括:普通逻辑是研究思维的逻辑形式及其基本规律和简单逻辑方法的科学。

逻辑学是一门研究思维的科学,恩格斯也曾经说过,逻辑是关于思维过程本身的规律的学说。[①] 人们一般把思维分成三种类型,即抽象思维、形象思维和灵感思维。人们

---

① 马克思、恩格斯:《马克思恩格斯选集(第四卷)第3版》,人民出版社,2012年版,第264页。

一般所讲的思维，主要是指抽象思维，或叫逻辑思维。抽象思维可以分为知性思维与辩证思维。普通逻辑所研究的思维是指抽象思维中的知性思维，不是指辩证思维。

那么，究竟什么是思维呢？辩证唯物论的认识论告诉我们，实践是认识的基础。人们在社会实践中对于客观事物的认识，第一步是接触外界事物，在人脑中产生感觉、知觉和表象，这属于感性认识阶段；第二步是综合感觉的材料并加以整理和改造，逐步地把握事物的本质和规律性，产生认识过程的飞跃，形成概念、判断和推理，这属于理性认识阶段。理性认识阶段，也就是思维的阶段。毛泽东指出，认识的真正任务在于经过感觉而到达于思维。① 思维就是人在脑子中运用概念以作判断和推理的功夫。概念、判断、推理是理性认识的基本形式，也是思维的基本形式。

思维对客观世界的反映具有概括性和间接性。思维能够从许多个别事物的各种各样的属性中，舍去表面的、非本质的属性，把握一类事物的内在的、本质的属性。思维还能根据已有的经验和认识推出新的知识，它并不只是停留在直接认识上而止步不前。

思维和语言有着不可分割的联系。思维是在头脑中展开的活动，它要得以进行，不但要借助概念、判断、推理这样一些思维形式，而且不能离开与这些思维形式相对应的语言形式——因为思维形式必然表现为一定的语言形式。譬如，我们要反映老虎这类对象，头脑中形成了关于老虎的概念，就得用比如"老虎"这样的语词来表示；我们要反映有关老虎的情况，要对老虎这类对象作出某种判断以表现我们对老虎的某些性质的认识，就得用诸如"老虎是食肉动物""老虎是国家一级保护动物""我国的老虎分五个亚种：东北有东北虎、南方有华南虎、藏南有孟加拉虎、新疆有里海虎、云南和广西有印度支那虎"这类语句来表示。思维活动的实际情况也是如此，无论是谁，也不管他在思考什么，他的头脑中总是通过一系列语言形式来进行的。不借助语言这样的手段，思维就无法操作、无法运转；不通过语言这样的形式，人们对客观事物的认识成果就会转瞬即逝，不可能在头脑中留存；不借助于语言这样的物质中介，人与人之间的思想交流就更不可能进行。

不但思维离不开语言，语言也离不开思维。因为语言只是代表思想的一种符号，离开了它代表的思想，就只不过是毫无意义的一组声音或笔画，语言也就不成其为语言了。

因此，我们可以简要地说：思维是人脑对于客观世界的间接的、概括的反映，这种反映是借助语言来实现的。

世界上的任何事物都有其内容和形式，思维也一样，有具体内容，也有逻辑形式。思维内容就是指思维所反映的特定对象及其属性；思维的逻辑形式是指思维内容各部分之间的联系方式（或形式结构）。例如：

①所有的法律都是有阶级性的。
②所有的金属都是导电体。
③所有的法律系毕业生都是学过逻辑学的。

这是三个判断。它们分别断定了三类不同的具体对象（即法律、金属、法律系毕业生）具有不同的属性（即有阶级性的、导电体、学过逻辑学的），这就是这三个判断的

---

① 毛泽东：《毛泽东选集（第一卷）第2版》，人民出版社，1991年版，第286页。

思维内容。尽管这三个判断的具体内容不同，但它们有共同的形式结构："所有的……都是……"这就是上述三个判断的逻辑形式。

思维的逻辑形式可以用公式来表示。我们用 S 表示指称判断对象的概念，用 P 表示指称判断对象所具有的属性的概念，那么上述三个判断的逻辑形式就可以用公式表示为：

$$所有的 S 都是 P$$

同样，推理的逻辑形式也可以用公式来表示。例如：

① 所有的犯罪行为都是违法行为，
　　李某的行为是犯罪行为，
　　所以，李某的行为是违法行为。
② 所有的公民都要奉公守法，
　　各级领导干部都是公民，
　　所以，各级领导干部都要奉公守法。

这是两个具体内容不同的推理，但它们的逻辑形式是相同的。我们用 M、P、S 分别表示推理中的三个不同的概念，那么这两个推理的逻辑形式就可以用公式表示如下：

所有 M 都是 P
所有 S 都是 M
所以，所有的 S 都是 P

在"所有的 S 都是 P"这一逻辑形式中，S 和 P 所表示的具体内容是可以变换的，我们可以用任何一个概念去替换它，因此，我们称之为逻辑变项；而"所有的"和"都是"在这同一类型的逻辑形式中都存在，其含义是不变的，因此，我们称之为逻辑常项。

由此可见，思维的逻辑形式是从思维内容各不相同的判断、推理中抽象出来的，并为它们各自所共同具有的形式结构。它是由逻辑常项和逻辑变项构成的，常项表示思维的形式，变项表示思维的内容。普通逻辑不研究思维的具体内容，也不研究那些个别的逻辑形式，它只研究各种不同类型的思维形式所共同具有的逻辑形式。这是普通逻辑研究思维形式的根本特点，也是它与辩证逻辑的不同之处。

普通逻辑还研究思维的逻辑规律，即同一律、矛盾律、排中律和充足理由律。同一律要求：一个思想是什么就应当是什么，不能把不同的思想混为一谈。矛盾律要求：在互相否定的两个思想中必须承认有一个是假的，而不能承认它们都是真的。排中律要求：在互相矛盾的两个思想中必须承认有一个是真的，而不能承认它们都是假的。充足理由律要求：断定任何一个思想为真，都必须有充分的根据。遵守这四条规律，才能保证人们的思维具有确定性、不矛盾性、明确性和论证性，这是正确思维的必要条件。

普通逻辑除了研究思维的逻辑形式及基本规律之外，还研究人们在思维和认识过程中经常用到的一些简单的逻辑方法，例如定义、划分、限制和概括等。

二、法律逻辑学的含义

当前国内学术界对这门学科的名称和内容体系都有争论,就学科的名称而言,有"法律逻辑学""诉讼逻辑""司法逻辑""审判逻辑""刑事侦查逻辑学""法律逻辑"等,就其研究的内容来看,有"框架论"和"加冠论"。所谓框架论,是指该学科在普通逻辑(形式逻辑)的框架里,加上法律条文和司法实践中的案例。所谓加冠论,是指在该学科中将原有普通逻辑的章、节标题中附加法学概念或法律规范的语词。学术界的这些看法对于推动这门学科的建立是有参考价值的,并且经过数十年的发展,这门学科已经逐渐完善。因此笔者认为,这门学科暂命名"法律逻辑学"是可行的。这既可指法律条文自身,又可包括司法实践活动,而在这个过程中是有其逻辑规律可循的。

对于法律逻辑学的定义,学者之间有不同认识。有观点认为,法律逻辑学是研究法律思维主体在法律领域运用逻辑方法分析、解决法律问题的科学。另有观点认为,法律逻辑学是一门研究涉法思维的形式、方法及规律的逻辑学科。还有观点认为,法律逻辑学是以逻辑的眼光审视和探究法律人的理性思维活动的一门学问。上述观点都是在逻辑学的基本框架下,结合法律领域的特性,对法律逻辑作出归纳,有其合理性。

法律逻辑学是以法律和司法实践为研究对象,研究其中的逻辑形式、规律和方法等问题的科学。法律是种社会现象,法学就是研究"法"这一特定社会现象及其发展规律的科学。法律逻辑学也研究"法",但是它不具体解释法,只从方法论角度研究"法"的逻辑关系、逻辑形式及规律。

法律逻辑学是一门边缘性、应用性学科。"边缘性"是指该学科是介于法学和逻辑学之间的学科,是这两门学科的融合、综合。具体地讲,"法律逻辑"应该是用基本逻辑原理来分析、研究法律及司法实践中的逻辑关系。所谓基本逻辑原理,至少包括三个方面,即古典形式逻辑、数理逻辑、辩证逻辑。"法律逻辑"还应该是在基本逻辑原理的指导下,结合、参照其他应用逻辑,探讨并总结出法律和司法实践中的特有逻辑问题,这就更需要将法学和逻辑学有机地结合起来。"应用性"是指该学科不同于基本逻辑,其目的是探索"法"及司法实践中一般逻辑问题和特有的逻辑问题,以便于使逻辑科学更好地为法律和司法实践服务,具体地说,是为立法和执法服务。法律逻辑学是研究法律及司法实践中的思维形式、思维规律、思维方法的应用逻辑学。

三、法律逻辑的特征

法律逻辑学是交叉学科,既是逻辑学的也是法学的。因而,法律逻辑的特征可从逻辑学和法学两个角度观察。

(一)逻辑学角度的特征

1. 法律逻辑首先必须是逻辑

逻辑学研究的是论证的分析、评价甚至建构。论证有形式论证与非形式论证之分。

前者是形式逻辑的研究对象，后者是非形式逻辑的研究对象。前者是一种基于人工语言的论证，后者是一种基于自然语言的论证。因此，非形式论证又被称为"自然语言论证"或"真实论证"。如前所述，法律逻辑学的研究对象是法律论证的分析、评价与建构。法律论证是一种非形式论证或自然语言论证，因此，法律逻辑是一种非形式逻辑。虽然法律逻辑是一种自然语言论证，但它需要运用形式逻辑的基本规则。法律逻辑的基础是形式逻辑。

2. 法律逻辑是一门应用逻辑

作为一门应用逻辑，法律逻辑取决于当时的主流逻辑理论。20 世纪前半叶，数理逻辑在逻辑学领域占有绝对优势地位。20 世纪 50 年代克卢格的《法律逻辑》一书是建立在当时占主流地位的数理逻辑理论基础之上的。在我国 20 世纪 80 年代，以亚里士多德三段论逻辑和斯多葛学派的命题逻辑为主体的传统逻辑占有优势地位。因而，那时我国的法律逻辑是建立在传统逻辑理论基础之上的。如今，逻辑学理论本身已经显现出多元化趋势，法律逻辑的理论基础也就相应发生了变化。法律逻辑是对我们已经掌握的逻辑规则的运用。

3. 法律逻辑是一种语用逻辑

法律论证是一个命题序列。这个命题序列首先是由一系列符号组成的。从符号学的角度看，法律论证可从语义、语形和语用三个维度进行分析和评价。语义、语形和语用有语言学意义上的含义，也有逻辑学意义上的含义。法律论证需要从法律语言学角度进行分析与评价。从逻辑学角度来评价法律论证，与逻辑语义学、逻辑语形学和逻辑语用学有关。形式逻辑评价论证仅从逻辑语义和逻辑语法角度来进行，而忽略了语用维度。法律逻辑需要的是从逻辑语义、逻辑语形和逻辑语用角度来分析评价法律论证。

（二）法学角度的特征

1. 法律逻辑以法治的实现为最高目标，研究的是法治建设所需要的逻辑

如果不是进行法治建设，逻辑在法学中的地位不会提高，人治社会不需要运用逻辑来维护法律意义的安全性。根据法律的思考是法律思维方式的基本特征，要达到这一目标离不开逻辑规则。这也就意味着，法律逻辑不仅是逻辑的，而且必须是法律的。从这一意义上讲，法律逻辑就是法治所需要的逻辑。法律逻辑的内容，一方面取决于主流的逻辑理论，另一方面实际上也取决于这个社会是否把法治作为管理社会的主要手段。人治社会需要逻辑，但不需要法律逻辑。法律逻辑的思维规则，如果能够被法律人所接受，就可以使其成为鞭笞专横与任意的有力武器。

2. 法律逻辑是对法律的逻辑运用，是理解、解释法律的逻辑规则，是在立法和司法中一定要运用的逻辑规则

逻辑学是研究人类最一般思维方式的学问，在一定程度上，它是与哲学联系密切的学问。逻辑规则在一定程度上规范着人类的思维，逻辑与法律一样都具有规范性。但是

逻辑规则对思维的约束不具有强制性，它是自觉或不自觉地在接受逻辑规则基础上进行的思维。法律逻辑与一般的逻辑规则不一样，它是法律人理解、解释和应用法律所必须遵循的规则。虽然说逻辑规则不是法律，但是职业法律人千百年来所形成的思维方式已经固化了一些逻辑规则，这是后来的法律人所必须掌握的。各学科的一些原理及其理解、运用方法，其实讲的就是法律逻辑。只是因为没有把它单独拿出来当成法律逻辑来讲，以至于很多人觉得逻辑是不重要的，只注重法律就行了。逻辑与法律本身是难以分开的。法律与逻辑学科的交融，使法律思维有了学科基础。

3. 法律逻辑是法律方法论的基础，指引着人们的法律思维路径

虽然法律逻辑主要是指逻辑规则在法律中的运用，但这不是一个单向的活动。法律实践本身也在丰富着逻辑规则。法学研究者眼中的法律逻辑，不仅仅是一般逻辑规则的运用，更主要的是在几千年的法律实践中，形成的一些既符合逻辑的一般规则，又与法治要求相适应的"法律逻辑"。只是很多研究者把这些东西当成了法学原理，而没有进行逻辑学的抽象与概括。

拓展训练

- 一、法律逻辑的特征有哪些？
- 二、什么是逻辑常项？什么是逻辑变项？试举例说明。

参考答案

第三节 学习法律逻辑学的意义和方法

一、学习法律逻辑学的意义

1. 有助于学习法学理论

法律逻辑学是学习法学理论的辅助工具，法学是以法律为研究对象的科学，法学和其他一切科学一样是一个有严密逻辑体系的理论系统。法学有其基本的概念、命题、原理等等，并且在概念与概念之间、范畴与范畴之间、命题与命题之间，都存在某种逻辑关系。掌握逻辑知识将有助于理解、阐明法学理论自身的内在逻辑。这样一来，就可以把一切科学都包括在逻辑中，因为每一门科学都是要以思想的和概念的形式来把握自己的对象的，所以都可以说是应用逻辑。① 例如"犯罪嫌疑人""刑事案件被告人""罪犯"这三个概念对于没有学过法律或者法学的人来讲，是不容易分清楚的，经常会发生混淆。如果学会逻辑分析，就能明确这几个概念的关系，并作出正确的命题。逻辑学告

---

① 列宁：《哲学笔记》，人民出版社，1956年版，第188页。

诉我们任何科学概念都有内涵和外延，根据法律和法学知识，上述概念的内涵是这样的："犯罪嫌疑人"是指在刑事诉讼中有犯罪嫌疑，并应受到刑法追究，但尚未被提起公诉或自诉的人。

"刑事案件被告人"是指当人民检察院对"犯罪嫌疑人"向人民法院提起公诉以后的人；或者由自诉案件的自诉人，对"犯罪嫌疑人"向人民法院提起自诉以后的人。"罪犯"是指行为人触犯了刑法，由人民法院依法判处刑罚，并正在服刑期间的刑事案件被告人。

2. 有助于提高立法工作的水平

所谓立法，是指法律、地方性法规、自治条例和单行条例、行政法规和规章的制定、修改、补充和废止的活动。

我国社会主义法制的要求是有法可依、有法必依、执法必严、违法必究。要实现这一法制原则，首要条件和基本前提是要制定好法律，提高立法质量。而"立法质量"的保障，不仅要明确立法的宗旨，要遵循立法的原则，要按照立法的法定程序进行工作，同时，还要注意应用逻辑原理和逻辑知识来起草（拟定）、审议法律和法规。反之，如果某一法律或法规中，法律概念（或法律范畴）不明确，语词表现又多样、不统一，那么，就会产生歧义；如果在法律规范中，逻辑联系词用得不准确，标点符号表示不恰当，那么，法律关系就会出现混乱；如果某一法律其内部条文之间有矛盾，法与法之间有矛盾，这在立法工作中被称为"冲突"，势必导致违背法的统一性原则，诸如此类。因此，在立法活动中，必须遵守逻辑的基本原理和基本规则，这也是提高立法水平、立法质量的重要条件之一。

3. 有助于正确表达思想，有力论证思想

在从事法学研究和法律工作时，人们总要说话或者写文章。怎么说？如何写？这不仅涉及法学、法律知识以及事实等问题，还涉及语法、修辞问题。当然，更离不开逻辑素养。如果缺乏逻辑素养就会文理不通，没有说服力。相反，学习并运用逻辑知识，有助于清晰地、准确地、严密地表达自己的思想，写出思路清楚、结构严谨、论证有力、文笔流畅的学术论文、起诉书、答辩状、判决书等等。

4. 有利于提高论证能力，反驳谬误，揭露诡辩

论证是指逻辑上的证明和反驳，这是人们认识真理的重要手段。但人们在认识客观事物和表述论证思想的过程中，有时也会出现一些逻辑错误，究其原因，往往是由于违反逻辑规律和规则造成的。另外，有的人为了达到某种目的，在辩论过程中，常常玩弄诡辩技巧，散布貌似正确实则荒谬的言论。掌握了逻辑这个工具，就可以根据逻辑规律和规则，揭示谬误与诡辩中所犯的逻辑错误，从而达到反驳和揭露的目的。例如：

> 林肯在担任美国总统前曾经当过一段时间的律师。有一次，他得悉自己亡友的儿子小阿姆斯特朗被指控谋财害命，并已被初步判定有罪，于是就以被告的辩护律师的资格，向法院查阅了该案的全部案卷。阅后，他要求法庭进行复审。在这个案件中，原告的证人福尔逊作证说：某一天的晚上十一点钟，在月

光下清楚地看到小阿姆斯特朗用枪击毙了被害人。在法庭复审时,林肯问原告的证人福尔逊:

"你发誓说认清了小阿姆斯特朗?"

"是的。"证人福尔逊说。

"你在草堆后,小阿姆斯特朗在大树下,两处相距二三十米,能认清吗?"林肯又问。福尔逊说:"看得很清楚,因为月光很亮。"

林肯说:"你肯定不是从衣着方面认清的吗?"

福尔逊回答说:"不是的,我肯定看清了他的脸,因为月光正照在他脸上。"

林肯马上问:"你能肯定时间是在十一点吗?"

福尔逊回答说:"完全肯定。因为我回家看了时钟,那时是十一点一刻。"

这时,林肯转过身来向陪审员和法官说:"我不得不告诉大家,这个证人是个彻头彻尾的骗子。"大家先是一阵沉默,紧接着都大笑了起来,他们都清楚了证人福尔逊作的是伪证,因为那天晚上十一点钟是没有月亮的。小阿姆斯特朗被宣告无罪,林肯一举成为全国有名的人物。

林肯从福尔逊的证词中,作出了这样一个推论:只有在月光照射下,才能看清被告的脸。但是,那一天(相当于我国农历的九月初八或初九)的月亮是上弦月,到了晚上十一点钟,月亮早就下山了,因而不可能有月光照射到被告的脸。这就说明福尔逊的证词是捏造的、虚假的,根本不能作为判案的证据。

二、学习法律逻辑学的方法

学习科学理论的目的在于运用,为了正确地理解、把握科学理论,在学习过程中就要贯彻理论联系实际的原则。

(1) 在系统全面学习教材的基础上,突破重点和难点问题。逻辑知识类似数学,一环紧扣一环,若前面不懂,则后面学起来就困难较大。比如概念的两个逻辑特征——内涵和外延,这个基本知识是后面概念的关系、概念周延性问题以及某些推理规则的基础。

(2) 注意搞清楚逻辑学中专门概念和其他学科概念的联系与区别,特别是界线要清楚。同时,还要把握住逻辑学中专门概念的联系与差异。例如,逻辑学中讲的"矛盾"与哲学中讲的"主要矛盾""客观矛盾"等有什么联系与区别?逻辑学中讲的"反对关系"与日常用语中的"反对"有什么不同,等等。

(3) 要理解、把握、分清逻辑学的专门符号、逻辑公式的含义。学会把自然语言抽象为逻辑符号、公式,同时能分析逻辑公式中的逻辑关系。逻辑学是门比较抽象的学科,也正因为如此,它的应用范围很广,任何科学都离不开逻辑学,任何人说话、写文章也离不开逻辑知识。纯逻辑知识的确枯燥,犹如语法一样,因此,初学者要用学习语法的方法来学习思维的语法——逻辑学。

(4) 结合司法实践来学习逻辑学。通过参加诉讼过程,特别是庭审辩论,结合司法实践理解逻辑问题。侦查员通过侦查活动体会逻辑知识,甚至在阅读司法文书——起诉书（公诉书）、答辩状、辩护词以及裁定书和判决书时，也可应用逻辑知识去分析问题，发现不足之处。这不仅有助于理解、把握逻辑知识，而且能发挥逻辑学在司法实践中的工具作用。

课后作业

一、单选题

1. 思维的逻辑形式之间的区别取决于其（　　）。
 A. 逻辑常项　　　　　　　　　B. 逻辑变项
 C. 逻辑常项和逻辑变项　　　　D. 语言表达形式

参考答案

2. 中国没有侵略他人、称霸世界的基因，中国人民不接受"国强必霸"的逻辑。

下列对上述议论中"逻辑"词的含义，理解正确的是（　　）。
 A. 表达客观事物的规律　　　　B. 表达主观思维的规律
 C. 表达某种特殊理论、观点和方法　　D. 表达推理、论证及论辩技巧的科学

3. 马克·吐温说："有时候真实比小说更加荒诞，因为虚构是在一定逻辑下进行的，而现实往往毫无逻辑可言。"

下列对上述议论中"逻辑"一词的含义，理解正确的是（　　）。
 A. 都表达客观事物的规律
 B. 都表达主观思维的规律
 C. 前者表达客观事物的规律，后者表达主观思维的规律
 D. 前者表达主观思维的规律，后者表达客观事物的规律

二、判断题

1. 亚里士多德不仅是传统逻辑的创始人，也是现代逻辑的创始人。（　　）
2. 思维的逻辑形式，就是思维反映客观对象的方式，亦即概念、判断、推理等。（　　）
3. 思维形式的结构包括逻辑常项和逻辑变项两个组成部分。（　　）

第二章 概念

◆ 案例导入

两人在一块儿闲聊。甲说:"我在业余时间还喜欢看点美学、法学方面的书,你呢?"

乙说:"我嘛,除了这两国之外,还经常研究点俄学、德学、日学。"

"美学"和"法学",这是两个特定的概念,"美学"并不是指美国学,"法学"也并不是指法国学。然而乙却为了吹嘘自己的博学,竟然不懂装懂、望文生义,把"美学"理解成了是指美国学,把"法学"理解成了是指法国学,并且由此又仿效编造出什么俄学、德学和日学来,真是不说不知道,一说吓一跳,本想借此机会自我吹嘘一番,没想到适得其反,闹出了个大笑话。

乙之所以闹出了这样大的一个笑话,其中一个重要原因就在于他并不懂得美学和法学这两个概念。那么,什么是概念呢?

第一节　概念的概述

一、什么是概念

概念是反映对象本质属性的思维形式。

客观世界中存在着许许多多的事物，它们千姿百态，彼此对立，又相互联系。

每一事物都具有许多不同的属性。所谓属性，就是事物之间相同的或相异的东西，它包括事物的性质以及事物之间的关系。事物的性质如"绿色""圆形""进化""化合""美丽"等。事物之间的关系如"大于""排斥""竞争""攀比""兄弟"等。每一事物都具有一定的属性，而属性又总是依存于事物的，二者不可分离。

事物的属性有本质属性与非本质属性之分。本质属性是决定某事物之所以成为该事物的根据，也是一类事物必然具有的属性。否则，就是非本质属性。事物的种类是由于本质属性上的不同而相互区别的。例如，在人的众多属性中，"能够制造和使用生产工具"这一属性是人的本质属性。而高矮、肤色、性别等，虽然也是人的属性，但这些属性既不是人之所以成为人的根据，也不能以此区别于其他动物，因而，它们属于人的非本质属性。

人对事物的本质属性的认识不是一次完成的，总有一个认识的过程，从比较肤浅的认识到比较深刻的认识。开始只是认识事物一些表面的特有属性，由此形成的概念叫作初级概念。如在古代，由于认识水平很低，认为人是"没有羽毛的两足直立行走的动物"，这时形成的关于"人"的概念是个初级概念。后来，随着人们认识的提高，提出人是"能抽象思维的理性动物"的看法。这虽然比古代的认识前进一步，但还没有达到真正科学的认识。当人们认识到"人是能制造和使用生产工具的动物"时，才揭示了人的比较深刻的本质。这时形成的关于"人"的概念才是比较深刻的概念。由此可见，人们对事物的本质的认识越深刻，形成的概念也就越深刻。每个人对"法律"这个概念的认识，都会经历一个逐渐深化的过程。开始我们一般都会对法律有一些感性认识，了解一些关于法律的现象，而后形成对法律的本质性认识。通过对法律的系统学习，会了解法律不同角度的本质，如社会角度的法律、政治角度的法律、经济角度的法律、文化角度的法律等。已经形成的法律概念是我们进一步认识法律的起点，同时，人们也会在研究中不断丰富对法律这一概念的认识。概念是人们抽象思维的产物，但对它的理解需要在语境中展开。

二、概念与语词

概念与语词有着密切的联系。人们对客观事物本质属性的认识所形成的概念，还只是头脑中的思想。它必须借助语言的形式表达出来，以传达给别人。语词是表达概念的声音与符号，是概念的语言形式，概念是语词的思想内容。有的概念用一个词来表达，如"法""人""文秘""人民"等，有些概念则用词组来表达，如"中华人民共和国刑法""高职法律专业学生"等。

但是，概念与语词又是有区别的。

首先，概念必须通过语词表达，但是并非所有语词都表达概念。一般来说，实词都表达概念，而虚词则有的表达概念，有的不表达概念。其中，如助词、叹词因其无独立的思想意义，不表达概念；而介词、连词（如"因为……所以""并且""或者""如果……那么……"）虽然不像实词表达的概念那样有其所指，但在逻辑方面有其重要意义，因而也被视为表达了概念。

其次，概念同语词不是一一对应的，并非某个概念只能由某个语词来表达，某个语词也不一定只能表达某个概念。这种所谓"多词同义"或"一词多义"的情形，在普通思维领域极为常见。例如，反映人的死亡这种现象的概念，就可以用"去世""逝世""身亡""丧命"等语词来表达，虽然这些不同语词附加上了不同的感情色彩，但表达的概念并无差异。此外，同一个语词表达不同概念的情形也大量存在。一般地说，某个语词究竟表达什么样的概念，同它出现的语境有关。例如"重伤"一词，在医学领域就不同于在法学领域表达的概念。《刑事诉讼法》中所说的"拘留"，也有别于《治安管理处罚条例》中所说的"拘留"：前者指刑事拘留，后者指行政拘留。

既然概念同语词不是一一对应的，因此，在思维或论辩过程中就应特别注意结合特定的语言环境，准确地把握语词实际表达的概念，尤其要防止简单地把相同语词当作相同概念；在运用语词表达概念时，则应尽量避免语词歧义，力求使之能够准确表达所要表达的概念。司法工作中如果不注意上述问题，有时还会导致严重后果。

值得指出的是，在法律文件中，某个语词究竟表达什么样的概念，并不都是那么清楚的。尽管法律、法规的制定者总是力求表达概念时用词的准确性，但语词的多义性问题总难避免，这又直接关系到法律、法规的正确适用。正是为了弥补这一缺陷，有关机构对法律条文中某些语词表达的概念作出解释，就十分必要。例如，我国《民法典》第一千二百四十五条规定：饲养的动物造成他人损害的，动物饲养人或者管理人应当承担侵权责任。此处的"动物"，就不是指生物学上的"动物"（如单细胞动物等），而是指家畜、家禽和豢养的野兽、宠物，包括人所饲养的其他动物，如鸟、兽、蜂、蝎子、蜈蚣、蛇等。

三、概念的特征

概念既要对客观事物的本质属性有所反映，又要揭示被反映的客观事物的范围。由此，概念具备两个逻辑特征，即内涵与外延。

1. 概念的内涵

概念的内涵，是指反映在概念中的事物的本质属性，通常也可以叫作概念的含义。如法人概念的内涵，反映的是"法人"这类对象具有的本质属性，即"具有民事权利义务主体资格的社会组织"。因为事物的本质属性可以由一个属性或者几个属性组成，所以，构成概念内涵的属性可能是一个，也可能是几个。法人这个在法学上被拟称为人的概念，除了具有独立承担民事权利和义务的单位或组织外，还具有参加民事法律关系的特殊属性。单位或者组织如果参与的不是民事法律关系，也不能把单位或组织称为法人。如国务院是国家行政机关，我们不能在任何场景下都把它称为法人，只有在国务院参加民事法律关系时，才能把它称为法人。还有像"过失犯罪"这个概念的内涵有两个属性："疏忽大意的过失"和"过于自信的过失"。概念反映的是事物的本质属性，但由于社会关系的复杂性，使得很多概念都有几个方面的本质属性。这是我们学习概念的时候应该注意的，不然就会产生不必要的认识混乱。

2. 概念的外延

概念的外延，是指具有概念所反映的本质属性的对象，通常称为概念的适用范围。如"法律"概念的外延，可以指古今中外各种各样的法律，如宪法、刑法、民法、行政法、刑事诉讼法、民事诉讼法、行政诉讼法等，所有这些对象都具有"法律"概念所反映的本质属性。由于概念所反映的对象不同，所以概念的外延的数量也不同。有的概念的外延仅仅包括一个单独事物，如"中华人民共和国最高人民法院""北京市公安局"等。有的概念的外延包括若干个事物，如"法律""法人"等。还有的概念的外延包括无限数量的事物，如"自然数"，有1、2、3、4……这样数下去，永无尽头。

概念所具有的内涵和外延两方面的逻辑特征，是由客观对象本身具有质和量两个方面的特性决定的。任何客观对象都有质和量两个方面，是质和量的统一体。内涵反映的是对象质的方面，它说明概念所反映的是什么样的对象；外延所反映的是对象的量的方面，它说明概念所反映的对象有哪些、有多少。概念的内涵和外延既相互区别又相互联系，缺一不可。概念明确的逻辑要求，就是要明确它的内涵和外延。如，明确"犯罪分子"，必须揭示它的内涵和外延，即实施了具有社会危害性的行为，触犯了刑律，应受到刑罚处罚的人，它包括犯有各种各样罪行而应受到刑罚处罚的那些人。

3. 内涵与外延的反变关系

概念的内涵和外延既相互区别，又相互联系，它们之间存在着一定的相互制约关系。这种关系表现为：概念的内涵确定了，在一定条件下概念的外延也就相应地确定；内涵变化，外延也随着变化。反之，概念的外延确定了，在一定条件下概念的内涵也跟着确定；外延变化，内涵也随着变化。在内涵与外延的制约关系中，内涵的多少和外延的大小之间存在着一种反变关系。概念内涵与外延的反变关系，是指在外延上具有属种关系的概念之间，外延大的概念，内涵少；外延小的概念，内涵多。例如，"犯罪""杀人罪""故意杀人罪"三个概念在外延上具有属种关系。首先，从概念的外延来看，"犯罪"概念的外延比"杀人罪"概念的外延大。"犯罪"概念的外延，除包括"杀人罪"概念的全部外延外，还包括其他一切犯罪。"杀人罪"只是"犯罪"外延中的部分。而"杀人罪"的外延又比"故意杀人罪"的外延大。"杀人罪"的外延还包括"过失杀人罪"。"故意杀人罪"只是"杀人罪"外延中的一部分。这就是说，"犯罪"的外延大于"杀人罪"的外延，而"杀人罪"的外延又大于"故意杀人罪"的外延。其次，从内涵来说，"犯罪"概念的内涵比"杀人罪"概念的内涵少。"杀人罪"除具有"犯罪"概念的内涵，即"违反刑法、依法受刑罚处罚的严重危害社会的行为"之外，还具有它本身特有的内涵，即"非法剥夺他人生命的行为"。而"故意杀人罪"的内涵不但具有"杀人罪"的内涵，还具有"故意的心理状态"这一内涵。从以上三个不同概念的内涵可以看出,"杀人罪"概念的内涵比"犯罪"概念的内涵多;"故意杀人罪"概念的内涵又比"杀人罪"概念的内涵多。可见,概念的内涵愈少,其外延则愈大;概念的内涵愈多,其外延则愈小。这就是概念的内涵与外延的反变关系。

拓展训练

● 一、简答题
1. 什么是概念的内涵与外延?概念与语词有什么关系?
2. 概念的内涵和外延间存在何种关系?
● 二、指出下列各题中,是从内涵还是从外延方面来说明标有横线的概念

参考答案

1. 凡是具有中华人民共和国国籍,依照宪法和法律享有权利和承担义务的人都是中华人民共和国公民。
2. 军队、警察、法庭等项国家机器是阶级压迫的工具。
3. 严重违法行为是指触犯刑事法规,应该受到刑事处分的行为。
4. 专门人民法院包括军事法院、铁路运输法院、水上运输法院、森林法院以及其他专门法院。

第二节 概念的分类

逻辑学按照不同的标准,把概念分成不同的种类,本书介绍一些主要的类型。

一、单独概念和普遍概念

根据概念所反映的事物的数量不同,概念分为单独概念和普遍概念

单独概念是反映某一个事物的概念。它的外延只有一个独立的对象,如"北京""马克思""中华人民共和国最高人民检察院"等。从语言角度看,语词中的专有名词表达单独概念。此外,语词中的某些词组(一般指摹状词)也表达单独概念,如"世界上最大的沙漠""世界上最高的山峰"等。

普遍概念是反映一类事物的概念。它的外延不是一个单独对象,而是由两个或两个以上对象组成的类,如"国家""法律""犯罪""法院"等等。它们所反映的对象不是单一的,而是由许多性质相同的事物组成的类。语法中的普遍名词是表达普遍概念的。如表示具体事物的普遍名词,"犯罪嫌疑人""原告""诉讼代理人"等;表示抽象属性的普遍名词,"法律本质""法律价值"等。用动词或形容词表达的概念也属于普遍概念,因为这些词是对一类事物的某个方面特性、状态的概括,它们都不能脱离一定的事物或现象,如动词"打"是对人的某种动作的概括;形容词"勇敢"是对人的某种品德的概括。

普遍概念也可以用词组来表达。如"宽严相济刑事政策""社会主义法治理念"等。普遍概念反映事物的类，类中包括的每一个对象相对于类来说叫作"分子"。例如，"犯罪"是普遍概念，它的分子是指每种具体的犯罪行为，如盗窃罪、抢劫罪、诈骗罪等。有时大类中包含着小类，小类又叫作"子类"，如"犯罪"中包含的"危害公共安全罪""侵犯财产罪""危害国家安全罪"等属于"犯罪"的子类。普遍概念是对同类分子属性的概括。如"犯罪"是对犯罪行为中的每种犯罪行为的共同属性，即具有社会危害性、刑事违法性、应受刑法惩罚性的概括。普遍概念所反映的是一类对象具有的共同属性，该类中的每个子类或分子也必然具有这种共同属性。

二、集合概念和非集合概念

根据概念所反映的对象是否为集合体，概念分为集合概念和非集合概念。

集合概念是反映事物的集合体的概念。集合体是由许多个体组成的统一整体，集合概念所反映的思维对象是集合体，而不是组成集合体的个体。因此，集合概念反映的是集合体所具有的本质属性，它为该集合体所具有，而不必为这个集合体的某一个体所具有。如"法律汇编""犯罪团伙""犯罪集团"等是集合概念。因为这些概念反映的是由许多个体构成的集合体。"法律汇编"反映的是由多部法律组成的集合体。"犯罪团伙"或"犯罪集团"反映的是组成犯罪团伙或犯罪集团的所有犯罪分子的集合体。集合概念不反映组成集合体的个体，也就是说，一部法律不能称为"法律汇编"，一个犯罪分子不能称为"犯罪集团"或"犯罪团伙"。

非集合概念是相对集合概念而言的，它是不反映事物集合体的概念。如"法律""辩护人""犯罪分子"等，属于非集合概念。一般地说，普遍概念在集合概念与非集合概念的划分中属于非集合概念。如"法律""辩护人""犯罪分子"等非集合概念，在单独概念与普遍概念的划分中则属于普遍概念。单独概念在集合概念与非集合概念的划分中有两种情况：一是属于集合概念，如"中国人民解放军"；二是属于非集合概念，如"中华人民共和国最高人民法院"。

要正确把握集合概念，应当注意以下两点。第一，分清集合概念和普遍概念的区别。普遍概念反映的是类和子类或分子的关系。这种关系的特点为：类是由分子组成的，类所具有的属性，同类的分子都具有这种属性。如"刑事诉讼当事人"与"被害人"的关系，"被害人"属于"刑事诉讼当事人"类中的一个分子，并且具有"刑事诉讼当事人"的属性。其中"刑事诉讼当事人"的概念反映的是一类对象，属于普遍概念。集合概念反映的是集合体和个体的关系。集合体是由同类个体组成的。这种关系的特点是：集合体具有的属性，个体不一定具有。如"犯罪集团"与"犯罪分子"的关系，"犯罪分子"是"犯罪集团"这个集合体中的个体，某个犯罪分子不一定具有犯罪集团的属性。因为"犯罪集团"是集合概念。第二，同一个语词在不同的语境中，有时在集合意义上使用，表示集合概念；有时在非集合意义上使用，表示非集合概念。如"人民是创造世界历史的真正动力""人民依法享有民主和自由的权利"。两个句子中都有"人民"概念。前一个句子中的"人民"是在集合意义上使用的，属于集合概念，因为这里的"人民"是指由所有人组成的集合体，不是指某个个体。而后一个句子中的"人民"则是在非集合意义上使用的，是非集合概念，是指每一个人都享有民主和自由的权利。因此，区别集合概念和非集合概念，除掌握集合概念与非集合概念的特点外，还要注意分析表达概念的语词所处的语言环境。

三、肯定概念和否定概念

根据概念反映的事物是否具有某种属性，概念分为肯定概念和否定概念。

肯定概念是反映具有某种属性的概念。肯定概念也称为正概念，如"合法行为""起诉""故意犯罪"等。否定概念是反映事物不具有某种属性的概念。否定概念也称为负概念，如"非法行为""不起诉""非故意犯罪"等。否定概念是对肯定概念的否定，因此，表达否定概念的语词一般带有"无""不""非"等否定词。但是，并非带有否定词的概念都是否定概念。如"非洲""不丹""无产阶级"等就不是否定概念。

任何概念总是相对一个特定范围而言，一个概念所相对的特定范围，在逻辑上称为论域。理解一个负概念，必须注意它的论域。如"非故意犯罪"是指故意犯罪以外的所有犯罪，它的论域是"犯罪"。而"无罪"指的是"罪"以外的行为，其论域是"人的行为"。论域有大有小，在使用概念的过程中，可以根据实践的需要人为地加以限制。在同一论域中，有确定的正概念，就必定有明确的负概念。

上述几种分类是从不同的角度、按照不同的标准对概念进行的分类。一个概念根据不同的标准可以分别属于不同的种类，如"中国共产党"是一个单独概念，又是一个集合概念，同时是一个肯定概念。从不同角度来考虑概念所属种类，能全面了解概念所反映对象具有的各种属性，有助于明确概念。

💡 拓展训练

● 一、指出下列各题中，标有横线的概念，是集合概念还是非集合概念

1. <u>小兴安岭山脉</u>资源丰富。
2. <u>中国人</u>说话是算数的。
3. 华罗庚是<u>中国人</u>。
4. <u>群众</u>是真正的英雄。
5. 张同志不是<u>党员</u>是<u>群众</u>。

参考答案

● 二、指出下列概念分别属于单独概念还是普遍概念，集合概念还是非集合概念，肯定概念还是否定概念

例：中国共产党（单独概念、集合概念、肯定概念）

1. 法律
2. 中华人民共和国
3. 非正常死亡
4. 无罪

第三节　概念间的关系

概念是人们反映客观事物本质属性的一种思维形式，客观存在的事物与事物之间存在着各种关系，反映客观事物的概念与概念之间也必然存在着一定的关系。逻辑学不研究概念之间的内在关系，仅分析概念之间的外在关系，即外延上的逻辑关系。两个概念外延之间的逻辑关系有下列五种。

一、同一关系

A、B两个概念，如果它们的外延全部重合，即所有的A都是B，并且所有的B都是A，则A与B之间的关系是同一关系。同一关系又叫全同关系，它是指外延完全重合的两个概念之间的关系。如"人民法院"（A）与"国家审判机关"（B）、"宪法"（A）与"根本大法"（B）。这两组概念中的A与B概念之间的关系是同一关系。两个概念在外延上是完全相同的。如"人民法院"与"国家审判机关"两个概念，人民法院是国家审判机关，并且国家审判机关是人民法院。它们从不同的方面反映了同一个对象，外延是完全重合的。"宪法"与"根本大法"亦是如此。

两个概念之间的同一关系可用图3-1表示。

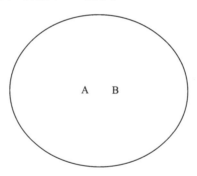

图3-1　同一关系

用圆圈图形直观地来表示概念外延之间的关系，是瑞士数学家欧勒提出来的。人们为了纪念他，把这种图形成为欧勒图。我们可以通过欧勒图正确地表示各种概念的关系，并正确地理解这些概念所反映的事物之间的关系。

同一关系的概念只是外延相同（重合），但内涵不相同。概念内涵反映的是事物的本质属性，而事物的本质属性又是多方面的。对同一事物可以获得不同方面的本质属性的认识，形成不同的概念。因而可能出现两个概念的外延完全相同，而内涵不同的情况。如"人民法院"与"审判机关"，它们的外延相同，但内涵各有所指。人民法院"通常是指中华人民共和国的审判机关"，而审判机关"是依法享有审判权的国家机关，通常称为法院或法庭等"。如果两个概念外延相同，内涵也相同，就不是具有同一关系的逻辑关系,而是两个不同的语词表达同一个概念。如"诉讼"与"打官司"、"检察院"与"检察机关"等。

由于同一关系概念的外延相同,内涵不完全相同,所以,在思维过程中,同一关系的概念可以交替使用,这不仅不违反逻辑,而且可以避免语词的重复,使语言丰富多彩,从而加深对同一对象的认识。

二、真包含关系

真包含关系是指一个概念的部分外延与另一个概念的全部外延重合的关系。A、B 两个概念,如果所有的 B 都是 A,但是有的 A 不是 B,则 A 与 B 之间是真包含关系。如"犯罪"(A)与"危害国家安全罪"(B),"民事诉讼当事人"(A)与"原告"(B)等,上述两个概念之间的关系是真包含关系。如"犯罪"与"危害国家安全罪"概念,所有危害国家安全罪都是犯罪,但并非所有的犯罪都是危害国家安全罪。"犯罪"对于"危害国家安全罪"的关系是真包含关系。"民事诉讼当事人"与"原告"亦是如此。

两个概念之间的真包含关系可用图 3-2 表示。

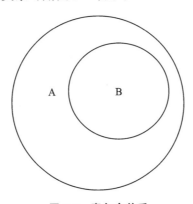

图 3-2 真包含关系

三、真包含于关系

真包含于关系是指一个概念的全部外延与另一个概念的部分外延重合的关系。A、B 两个概念,如果所有的 A 都是 B,但是有的 B 不是 A,则 A 与 B 之间是真包含于关系。如"故意杀人罪"(A)与"杀人罪"(B),"民事法律关系"(A)与"法律关系"(B),上面两个概念之间的关系是真包含于关系。如"故意杀人罪"与"杀人罪"两个概念,所有的故意杀人罪都是杀人罪,但是有的杀人罪,即过失杀人罪不是故意杀人罪。"故意杀人罪"对于"杀人罪"的关系是真包含于的关系。"民事法律关系"与"法律关系"亦是如此。

两个概念之间的真包含于关系可用图 3-3 来表示。

在真包含关系和真包含于关系中有一个外延较大的概念和一个外延较小的概念。在逻辑学中,外延较大的概念叫作属概念,又称为上位概念;外延较小的概念叫作种概

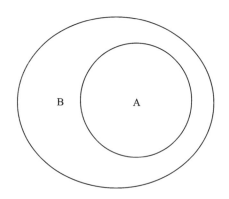

图 3-3　真包含于关系

念，又称为下位概念。如"犯罪"与"危害国家安全罪"，"犯罪"是"危害国家安全罪"的属概念或上位概念，"危害国家安全罪"是"犯罪"的种概念或下位概念。

属概念和种概念的区别是相对的。如"危害国家安全罪"是"犯罪"的种概念或下位概念，而"危害国家安全罪"则是"背叛国家罪"的属概念或上位概念。实际上，真包含关系即是外延较大的概念（属概念）对于外延较小的概念（种概念）的关系，因此，真包含关系又叫作属种关系。真包含于关系即是外延较小的概念（种概念）对于外延较大（属概念）的关系。因此，真包含于关系可叫作种属关系。属种关系和种属关系合起来称为从属关系。

需要指出的是，概念之间的从属关系不是整体与部分之间的关系。具有从属关系的概念外延反映的是大类与小类或类和分子之间的关系。在内涵上，小类或分子具有大类或类的本质属性。而整体和部分之间的关系反映的不是大类和小类或类和分子之间的关系，如"武汉警官职业学院"和"武汉警官职业学院司法管理系"不存在外延上包含与被包含的关系，司法管理系仅是武汉警官职业学院的组成部分。

四、交叉关系

交叉关系是指一个概念的部分外延与另一个概念的部分外延重合的关系。A、B 两个概念，如果它们的外延仅有一部分是重合的，即有的 A 是 B，有的 A 不是 B，而且有的 B 是 A，有的 B 不是 A，则 A 与 B 之间是交叉关系。如"律师"（A）与"辩护人"（B）、"检察官"（A）与"青年人"（B）概念之间的关系就是交叉关系。如"律师"和"辩护人"，有的律师是辩护人，有的律师不是辩护人；并且有的辩护人是律师，有的辩护人不是律师。因而"律师"与"辩护人"外延之间的关系是交叉关系。"检察官"与"青年人"之间亦是如此。

概念间的交叉关系的外延有一部分相同（重合），而有一部分不相同，因此，交叉关系是两个概念的外延部分有重合的关系。

两个概念之间的交叉关系可以用图 3-4 表示。

上述两个概念之间的同一关系、真包含关系、真包含于关系、交叉关系四种关系，逻辑学统称为概念间的相容关系，即两个概念的外延至少有一部分重合的关系。

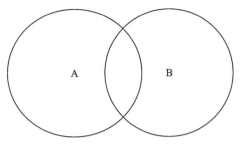

图 3-4　交叉关系

五、全异关系

全异关系又叫不相容关系，是指两个概念的外延没有任何一部分重合的关系。A、B 两个概念，如果它们的外延没有重合，即所有的 A 都不是 B，并且所有的 B 都不是 A，A 与 B 之间是全异关系，全异关系也称为不相容关系。如"拘留"（A）与"逮捕"（B）、"成年人"（A）与"未成年人"（B）等两个概念之间是全异关系。两个概念之间的全异关系可用图 3-5 表示。

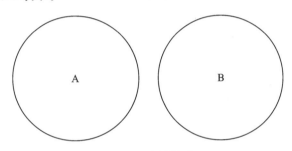

图 3-5　全异关系

全异关系具体分为矛盾关系和反对关系。

矛盾关系是指外延上互相排斥的 A、B 两个概念包含于另一个概念 C（属概念）中，如果 A 与 B 的外延之和等于 C 的全部外延，则 A 与 B 之间的关系是矛盾关系。如"正义战争"（A）与"非正义战争"（B），"成年人"（A）与"未成年人"（B），"合法行为"（A）与"非法行为"（B）等。上列各组概念中 A 与 B 之间的关系是矛盾关系。如"正义战争"与"非正义战争"之间互相排斥，并且外延之和等于属概念"战争"的全部外延。"成年人"与"未成年人"、"合法行为"与"非法行为"这两组概念的情况亦是如此。

两个概念之间的矛盾关系可用图 3-6 表示。

一般地说，一个肯定概念与一个否定概念的外延间具有矛盾关系。如上列概念中，前一个是肯定概念，后一个是否定概念。但并非所有具有矛盾关系的概念都是这种形式。有的两个肯定概念之间也具有矛盾关系。如"唯物主义"与"唯心主义"、"故意犯罪"与"过失犯罪"等每对概念都是肯定概念，它们却是具有矛盾关系的概念。一个肯定概念与一个否定概念之间是否有矛盾关系，应分析二者的外延之和是否等于它们邻近的属概念的全部外延。如果一个肯定概念的外延与一个否定概念的外延之和等于它们邻近的属概念的全部外延，那么这两个概念间的关系属于矛盾关系。

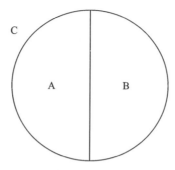

图 3-6 矛盾关系

反对关系是指外延上互相排斥的 A、B 两个概念包含于另一个概念 C（属概念）中，如果 A 与 B 的外延之和小于 C 的全部外延，则 A 与 B 之间的关系是反对关系。如"书证"（A）与"物证"（B），"有期徒刑"（A）与"无期徒刑"（B），"抢劫罪"（A）与"抢夺罪"（B）等。上列各组概念中 A 与 B 之间是反对关系。如"书证"与"物证"的外延互相排斥，都包含于"证据"，而且"书证"与"物证"外延之和小于"证据"的全部外延。因为，刑事诉讼证据除这两种形式外，还有证人证言、被害人陈述、被告人供述和辩解、鉴定结论、勘验、检验笔录等。"有期徒刑"与"无期徒刑"、"抢夺罪"与"抢劫罪"这两组概念的情况亦是如此。在同一个属概念中，如果两个种概念的外延互相排斥，并且它们的外延之和小于该概念的全部外延，那么这两个概念之间是反对关系。

两个概念之间的反对关系可用图 3-7 表示。

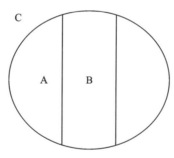

图 3-7 反对关系

把握概念间矛盾关系和反对关系各自的特点，特别是它们的区别，对正确思维来说有着重要的意义。例如，在确认了某甲的行为已构成犯罪的情况下，若否认某甲的行为是"过失犯罪"，就等于确认了他的行为是"故意犯罪"；若否认他的行为是"抢劫罪"，却不等于确认了他的行为是"抢夺罪"。原因就在于前者两个概念之间是矛盾关系，而后者两个概念之间是反对关系。

综上所述，两个不同概念之间的外延关系，总体上不外乎前面所述五种关系；至于矛盾关系和反对关系，则只是全异关系中的两种特殊情形。

以上是仅就两个概念之间的外延关系作出的分析说明，如果要对三个以上概念间的关系作出分析，仍然是以对两个概念间外延关系的分析为基础展开的，只是图形显得更为复杂而已。

拓展训练

- 一、概念间的五种关系是哪五种关系？
- 二、什么是属种关系？什么是种属关系？
- 三、指出下列各组概念之间的关系：
1. 司法工作人员、审判员
2. 教师、律师
3. 青年、法律工作者
4. 贪污罪、盗窃罪
5. 正常死亡、非正常死亡
- 四、用图解的方法表示下列各组概念之间的关系：
1. 法官、共产党员、青年人
2. 工人、铁路工人、先进工作者
3. 社会主义国家、中国、亚洲国家
4. 犯罪、侵犯财产罪、盗窃罪

参考答案

第四节 概念的限制和概括

一、概念内涵与外延之间的反变关系

一个概念的内涵越多，则外延越小；一个概念的内涵越少，则外延越大，这就是概念内涵与外延之间的反变关系。凡具有属种关系的两个概念在内涵和外延之间都具有反变关系，即种概念的内涵比属概念的内涵多，而外延小；属概念的内涵比种概念的内涵少，而外延大。反变关系是概念进行限制和概括的逻辑依据。

例如，"侦察"与"侦查"两个概念，后者的外延（概括的范围）大于前者。侦察，是在进入刑事诉讼程序之前的活动（可以认为是"侦查"的前期工作）；是确认犯罪嫌疑人、查找证据的调查活动；是国家侦察保卫机关根据有关法令规定，运用各种专门手段措施进行的特殊调查研究工作；通常采用相对侦察对象是秘密的方法。其中，国家安全侦察工作更具特殊性，间谍犯罪的国际政治背景、外交关系的复杂性，决定了案情处置的复杂性，如能否破案、何时破案，甚至是否提起诉讼等，都有其相关因素牵制，不能按刑事侦察工作常规处理。而侦查是指依照刑事诉讼法进行的查明案情、收集证据、揭露和证实犯罪的专门调查和强制措施，可按法定程序公开进行。从外延看，专门侦查指讯问、询问、勘验、检查、搜查、扣押（物证、书证）、鉴定、通缉。

二、概念的限制

概念的限制，就是通过增加概念的内涵以减少概念外延的逻辑方法，它使一个外延较大的属概念过渡到一个外延较小的种概念。

例如，对"学生"这个概念，增加"高等学校"这一内涵，其外延就缩小了，变成了"高等学校学生"这个概念。对"高等学校学生"这个概念再增加"湖北"这一内涵，其外延又缩小了，过渡到了"湖北高等学校学生"这一概念，这就是概念的限制过程。人们在表达思想时，如果使用的概念外延过大，就不能明确表达想要表达的内容，这就需要用概念的限制去缩小概念的外延。例如，在"发扬民主"这个判断中，"民主"的外延太大，是资本主义的民主还是社会主义的民主？所以，这里的"民主"要进行限制，改成"发扬社会主义民主"就比较准确了。

对概念进行限制的主要意义，就在于可以使概念指称的对象更为清楚、准确，避免笼统、含混。显然，这是正确思维所不可忽略的；在涉及有关法律的活动中，尤其如此。否则，会因使用的概念笼统、含混而带来意想不到的后果。20世纪80年代初，我国某进出口公司与外商签订了一项进口五万张黄牛皮的经济合同。当时由于我方人员经验不足，合同标的中写为"牛皮"。后外商运来的竟然绝大多数都是水牛皮，严重侵害我方利益。争议发生后，因合同标的写的是"牛皮"而非"黄牛皮"，致使仲裁机关也无法作出有利于我方的裁判。在2001年国内也发生过这样一起影响颇大的纠纷。当时中央电视台对南京"冠生园"用前一年的陈旧月饼馅生产月饼的事件曝光后，《中国商报》又以"月饼危机，'冠生园'惹的祸"为题，做了报道。没想到这却引发了一场官司，1956年以后，除上海外，其余各地的"冠生园"都是各自独立的企业，因此，使用"冠生园"这一名称时，应加域名。报道本应为"南京'冠生园'"，却只称"冠生园"，就让人误以为是指上海"冠生园"了。为此，上海"冠生园"提起诉讼，要求该报赔偿损失。由上可见，必要时对概念进行限制的重要性。

概念的限制可以连续进行。如"学校"可以限制到"高等院校"，再限制到"综合大学"，直到"武汉大学"，这就是连续限制。因限制是由属概念过渡到种概念，所以，全同关系、交叉关系或全异关系的概念不能进行限制，另外，单独概念或集合概念也不能再进行限制。

三、概念的概括

概念的概括，就是通过减少概念的内涵以扩大概念外延的逻辑方法，它使一个外延较小的种概念过渡到一个外延较大的属概念。

例如，对"中国工人阶级"这个概念减去"中国"这个属性，就扩大为"工人阶级"；对"工人阶级"这个概念减去"工人"这个属性，就扩大为"阶级"。这就是概念的概括。人们在表达思想时，如果使用的概念外延过小，同样不能明确表达想要表达的内容。如"司法工作人员必须遵纪守法"，但要遵纪守法的不仅仅只是"司法工作人员"，显然，这里"司法工作人员"的外延过小，应概括为"所有的公民都必须遵纪守法"。

概念的概括也可以连续进行。如"男人"到"人"再到"动物",就是连续概括。概括是种概念过渡到属概念的一种逻辑方法,所以,它只能在属种关系的概念之间进行。同时,当一个概念概括到哲学范畴的时候,就不能再进行概括了,因为再也没有比哲学范畴外延更大的概念了。

值得注意的是,逻辑上所说的对概念的概括或限制,是关于概念外延的扩大或缩小的一种逻辑方法,是在具有从属关系的概念之间进行的。因此,无论是概括或限制,其前后之间的概念关系,只能是属概念与种概念之间的关系;不具有这样的关系,就不是正确的概括与限制,或者说,就根本不是这里所说的概括与限制。例如,由"树叶"到"树枝"再到"树",或者由"湖北省人民政府"到"湖北省武汉市人民政府"再到"湖北省武汉市东西湖区人民政府",这样的概念之间的变化,都不是属概念与种概念之间的过渡,不存在外延大小的变化问题,因而都称不上是这里所说的概念的概括或限制。

拓展训练

- 一、对概念进行限制和概括的逻辑依据是什么?
- 二、什么是概念的限制?什么是概念的概括?
- 三、限制的极限是什么?概括的极限是什么?
- 四、对下列概念进行一次限制和概括:

1. 刑法　　　　　　限制:　　　　概括:
2. 中级人民法院　　限制:　　　　概括:
3. 高等学校法学教材　限制:　　　概括:
4. 脑力劳动者　　　限制:　　　　概括:

参考答案

第五节　定义

一、什么是定义

定义是明确概念内涵的逻辑方法,即揭示概念所反映的事物的本质属性或特有属性的逻辑方法。例如:

① 法律是由立法机关制定,国家政权保证执行的行为规范。
② 商品是用来交换的劳动产品。
③ 名词是用来表示人和事物名称的词。

以上三例分别指出了"法律""商品""名词"这三个概念反映的对象所具有的本质属性,即揭示了这三个概念的内涵,因而都属于定义。

定义由被定义项、定义项和定义联项三个部分组成。被定义项就是要被揭示内涵的概念，如例①中的"法律"，例②中的"商品"，例③中的"名词"。定义项就是用来揭示被定义项内涵的概念，如例①中的"由立法机关制定，国家政权保证执行的行为规范"，例②中的"用来交换的劳动产品"，例③中的"用来表示人和事物名称的词"。定义联项就是表示被定义项和定义项之间的联系的概念，如上述三例中的"是"。

二、下定义的方法

给概念下定义，首先必须了解掌握概念所反映的事物的本质属性。逻辑学只是在人们了解掌握了事物的本质属性的基础上，提供给人们一种下定义的方法。人们在下定义时，经常用到的方法有以下几种。

（一）属加种差定义

用属加种差定义的方法给概念下定义时，首先找出被定义项最邻近的属概念，然后找出被定义项与其他同级种概念之间的差别——种差，最后把最邻近的属与种差加在一起，组成定义。

例如，给"刑法"下定义，首先找出刑法最邻近的属概念"法律"，然后把刑法和其他各种法律加以比较，找出它和其他各种法律（如民法、经济法、婚姻法等）之间的差别，即"规定犯罪和刑罚的"，这就是刑法有别于其他法律的种差。最后，将"种差"和"属概念"相加，组成定义："刑法就是规定犯罪和刑罚的法律。"属加种差定义是下定义时最常用的一种方法，这种下定义的方法可以用下列公式表示：

被定义项 = 种差 + 邻近的属概念

（二）发生定义

发生定义是以事物产生或形成的情况作为种差而作出的定义。例如，我国《刑法》第十四条关于"故意犯罪"的定义："明知自己的行为会发生危害社会的结果，并且希望或者放任这种结果发生，因而构成犯罪的，是故意犯罪。"第二十六条关于"犯罪集团"的定义："三人以上为共同实施犯罪而组成的较为固定的犯罪组织，是犯罪集团。"前一个定义是把"故意犯罪"的产生情况作为种差而下的定义，后一个定义是把"犯罪集团"如何形成的情况作为种差而下的定义。

（三）语词定义

语词定义是说明或规定语词含义的定义。语词定义主要是用来对一些比较难理解的语词进行说明或注释，或者对不十分明确的语词含义加以规定，而不一定是对事物本质属性的揭示。

语词定义有两种，即说明的语词定义和规定的语词定义。

当别人不了解某一个语词的意义时，我们就要用一个语词定义来说明这个语词的含义,这就是说明的语词定义。例如,"乌托邦"原为希腊语,"乌"是没有,"托邦"是地方,"乌托邦"就是指没有的地方,也就是一种空想、虚构的理想的完美境界。这就是对"乌托邦"这个概念的说明的语词定义。

规定的语词定义,就是对一个新的语词或者在某种特殊意义上使用的某些语词作出规定性的解释。法律条文中的定义,基本上是规定的语词定义。因为法律是统治阶级意志的表现,是立法机关根据统治阶级的利益、统治阶级的意志所作的规定。

另外,还有一些下定义的方法,例如,通过揭示被定义对象与其他事物的关系给概念下定义的关系定义,通过揭示事物的功用给概念下定义的功用定义,等等。

三、下定义的规则

为了使定义准确地揭示出概念的内涵,以达到明确概念内涵的目的,除了掌握下定义的方法外,还必须遵守以下几条下定义的规则。

(一)定义项的外延必须与被定义项的外延相等

这条规则要求定义项的外延必须与被定义项的外延是全同关系。定义项的外延既不能大于被定义项的外延,也不能小于被定义项的外延,两者应当相等。违反了这条规则,就要犯"定义过宽"或"定义过窄"的逻辑错误。例如:

① 刑法是关于犯罪和刑罚的法律。
② 刑法是国家制定的法律。
③ 刑法是惩治贪污犯的法律。

例①中的"刑法"和"关于犯罪和刑罚的法律"外延相等,合乎这条规则的要求。例②中的"刑法"和"国家制定的法律"不相等,因为国家制定的法律不只有"刑法",定义项的外延大于被定义项的外延,犯了"定义过宽"的逻辑错误。而例③中的定义项"惩治贪污犯的法律"的外延小于被定义项"刑法"的外延,"惩治贪污犯"只是"刑法"的一部分内容,犯了"定义过窄"的逻辑错误。

(二)定义项中不能直接或间接地包含被定义项

这条规则要求既不能在定义项中直接引用被定义项,又不能用被定义项来解释定义项。我们给概念下定义的目的,就是要用定义项去揭示被定义项的内涵,如果定义项中包含了被定义项,那就达不到明确被定义项内涵的目的。

违反这条规则,就会犯"同语反复"或"循环定义"的逻辑错误。例如:

① 罪犯就是犯了罪的人。
② 辩证法就是同形而上学根本对立的宇宙观,形而上学就是同辩证法根本对立的宇宙观。

例①中定义项直接引用了被定义项,犯了"同语反复"的逻辑错误;例②中因定义项依赖于被定义项来解释,犯了"循环定义"的逻辑错误。

（三）定义项一般不能用否定句形式或负概念

这条规则要求不能使用否定语句或负概念来下定义。因为，定义应当直接揭示被定义项的内涵，但否定句和负概念不能反映被定义项具有何种本质属性，只能说明被定义项指称的对象不具有某种属性，这样就不能达到下定义的目的。例如：

① 合法行为就是不违反法律的行为。
② 报告不是通知。

例①在定义项中用了负概念"不违反法律"；例②是用否定句的形式"……不是……"以上两例都没有达到揭示被定义项"合法行为"和"报告"这两个概念的本质属性的目的，因而都违反了"定义项一般不能用否定句形式或负概念"这一规则。

（四）定义项必须用清楚确切的科学术语

定义要揭示被定义项的内涵，所以要求定义项必须用明确的科学术语表达，不能用晦涩含混的语言，也不能用比喻形式。如果定义项中使用了晦涩含混的语言或比喻形式，就达不到明确概念内涵的目的。例如：

① 生命就是内在关系对外在关系的不断适应。
② 教师是园丁。

例①在定义项中使用了含糊不清的语词，"内在关系对外在关系的不断适应"是令人难以理解的含混概念，没有揭示"生命"的内涵，不能作为定义。例②是用比喻的形式来给"教师"下定义的，虽然富有形象性和启发性，但没有直接和准确地揭示出"教师"的本质属性，也不能作为定义。

拓展训练

- 一、定义是由哪几个部分组成的？
- 二、什么是属加种差定义？
- 三、定义的规则有哪些？违反了定义规则的逻辑错误名称分别是什么？
- 四、下列语句作为定义是否正确？试根据定义的规则分别予以说明。

1. 公民在法律许可的范围内从事劳动或用其他方式取得的货币，叫作合法收入。
2. 犯罪集团就是一起实施犯罪行为的集团。
3. 犯罪行为就是危害社会的行为。
4. 过失罪不是故意犯罪。
5. 贪污犯是侵蚀、破坏社会主义大厦的蛀虫。

参考答案

第六节 划分

一、划分的特征

划分是通过把一个概念所反映的对象分为若干个小类，来揭示这个概念外延的逻辑方法。例如：

① 法律可分为成文法和不成文法。
② 人可分为老年人、中年人、青年人、少年儿童和婴儿。

例①是根据"法律"的表现形式不同来进行划分的，把法律分成两个小类，用来明确它的外延。例②是按照"人"的年龄差别来进行划分的，按不同年龄把人分成五个小类，以明确它的外延。

划分由划分的母项、划分的子项和划分的标准三个部分组成。划分的母项就是被划分的概念，如例①中的"法律"和例②中的"人"。划分的子项就是从母项中划分出来的概念，如例①中的"成文法"和"不成文法"，例②中的"老年人""中年人""青年人""少年儿童""婴儿"。划分的标准也称划分的依据，如例②中的划分标准就是人的年龄差别。

划分不同于分解。划分的目的是揭示概念的外延，划分列出的子列，必须是母项外延指称的对象，因而母项与子项之间的关系，就只能是属概念与种概念的关系。分解则不同，它是把某个概念指称的那个对象整体分解成它的各个组成部分。例如，把"轮船"分解为"前舱""后舱""驾驶室""机房"等；把"人民法院"分为"民事审判庭""刑事审判庭""经济审判庭""行政审判庭"等。这些就都是分解而不是划分，因为这里列出的那些概念指称的对象，并非被划分概念的外延，而是该概念指称的对象的各个组成部分。分解起不到揭示概念外延的作用。

二、划分的方法

划分的方法有一次划分和连续划分两种。

一次划分就是根据划分标准把母项的外延一次划分完毕，这种划分只有母项和子项两层。如把"文学体裁"分为"诗歌""小说""散文""戏剧"四个并列的子项，而对子项不再进行划分。

连续划分是把第一次划分以后的子项作为母项，继续划分出子项，直到满足实践需要为止。如把"文学体裁"分为"诗歌""小说""散文""戏剧"四个子项以后，可以把"小说"作为母项再划分为"中国小说"和"外国小说"这两个子项，还可以把"中国小说"作为母项继续划分，直到满足需要为止。

此外，在实际划分中还有一种特殊的划分方法——二分法。二分法以对象有无某种属性作为划分标准，将一个属概念划分为一个正概念和一个负概念。如把"死亡"分为

"正常死亡"和"非正常死亡";把"考试成绩"分为"及格"和"不及格"。这里对"死亡"和"考试成绩"都是采用二分法作出的划分。

二分法简单易行,这是它的优点。但是,由于它的子项中有一个否定概念,此否定概念的内涵是什么不清楚,这是它的缺点。

三、划分的规则

(一)各子项外延之和必须等于母项的外延

划分后的子项外延之和必须与母项的外延相等,也就是说划分必须相应相称。如果违反这条规则,就会犯"划分过宽"或"划分不全"的逻辑错误。例如:

① 文学作品包括小说、诗歌、散文、戏剧、音乐、雕塑。
② 刑罚的主刑可分为管制、有期徒刑、无期徒刑、死刑。

例①中"文学作品"概念的外延等于"小说""诗歌""散文""戏剧"四个子项的外延之和,而这里却多出了"音乐"和"雕塑"两个子项,犯了"划分过宽"的逻辑错误。例②中把"主刑"的外延分为"管制""有期徒刑""无期徒刑""死刑"四个子项,漏了"拘役"这个子项,犯了"划分不全"的逻辑错误。

(二)划分的标准必须同一

事物有许多属性,按不同的属性可以划分出不同的种类。划分的标准必须同一,这条规则要求我们在同一次划分中,全部子项都必须依据某一标准列出,不允许一部分子项依据这一标准列出,另一部分子项依据另一标准列出。违反这条规则,就会犯"多标准划分"的逻辑错误。例如:

① 法律可分为国内法、国际法和程序法。
② 人可以分为成年人、未成年人、中国人和男人。

例①中同时使用了两个标准进行划分:"国内法"和"国际法"是以法律的适用范围为标准的,而"程序法"则是以法律规定的内容为标准的。例②中对人的划分同时使用了年龄、国籍和性别三个标准,这样的划分,使诸子项的外延互相交叉,界限不清,达不到明确概念外延的目的。

(三)划分出的各子项必须互相排斥

划分出的子项之间应该是不相容关系,必须互相排斥。如果违反这条规则,子项之间就会产生属种或交叉关系,造成子项的重叠,犯"子项相容"的逻辑错误。

例如,"我们班的同学有来自北方的、南方的、广西的,还有桂林的"。这样的划分就出现了"子项相容"的逻辑错误,"南方的""广西的""桂林的"这三个子项是相容的。如果犯"子项相容"的逻辑错误,那么划分时肯定没有按同一标准进行。因此,违反了第(三)条规则也肯定违反了第(二)条规则,但违反第(二)条规则不一定违反

第（三）条规则。如"三角形可以分为等边三角形和不等角三角形"，就违反了第（二）条规则，但没有违反第（三）条规则。

（四）划分的层次必须清楚

划分的层次必须清楚，是指划分所得的子项必须是母项最邻近的种概念，并应当是在同一层次的。如果划分所得的子项不是母项最邻近的种概念或不是同一层次的，就会犯"层次不清"或"越级划分"的逻辑错误。例如：

① 我国的刑罚可分为主刑、罚金、剥夺政治权利和没收财产。

② 我国的刑罚包括管制、拘役、有期徒刑、无期徒刑、死刑、罚金、剥夺政治权利、没收财产。

例①中把"主刑"和"附加刑"的属种概念并立，层次混乱，犯了"层次不清"的逻辑错误。例②中少了中间层次"主刑"和"附加刑"的划分，子项不是母项的最邻近的种概念，造成另一种划分不清，犯了"越级划分"的逻辑错误。

拓展训练

- 一、划分是由哪几个部分组成的？
- 二、划分和分解有什么区别？
- 三、划分的规则有哪些？违反了划分规则的逻辑错误名称分别是什么？
- 四、下列语句作为划分是否正确？为什么？

1. 法定代理人包括代理人的父母、养父母和监护人。
2. 法律分为成文法、不成文法、实体法。
3. 宪法分为序言、总纲、公民的基本权利和义务以及国家机构等部分。
4. 中华人民共和国人民法院包括最高人民法院、高级人民法院、中级人民法院和基层人民法院。有的基层人民法院设有刑事审判庭、民事审判庭和经济审判庭。

参考答案

第三章

判断

◆ **案例导入**

一名记者参加一所中学的校园晚会。他和教数学的杨老师、中学生周丹等人聊天,记者出了一个数学题让大家解答:

"2加3在什么情况下不等于5?"

杨老师问:"是相对数,还是绝对数?"

记者答:"就是一般的数!"

杨老师一时被难住了。周丹在一旁回答:"两只猫加三只老鼠,就不等于五。"

"不要名数。"记者有解释权。

大家想出了各种答案,都被记者否定了。最后,连杨老师也服输了。没想到记者用一句话说出了答案——"如果1加1不等于2,那么2加3不等于5。"

答案一出,大家哄堂大笑。

原来,这涉及充分条件假言判断的真与假。

那么,什么是判断?什么是假言判断?什么是充分条件假言判断?

第一节 判断的概述

一、判断的特征

判断是对客观事物情况有所断定的思维形式,直接表现形式相当于语言中的句子。

所谓客观事物情况,是指客观事物自身具有或者不具有某种性质,或者这一种事物情况同另一种事物情况之间,具有或者不具有某种关系。所谓断定,是指人们对某种事物情况的肯定或者否定,表现的是人们对客观事物情况的一种认知,是对客观事物情况的反映。例如:

① 法律是有强制性的。
② 并非凡有作案时间的人都是作案人。
③ 丹诺是著名的律师而丹宁是著名的法官。
④ 如果他是凶手,那么他到过现场。

以上都是判断。例①肯定了"法律"具有"强制性"的性质;例②否定了"凡有作案时间的人都是作案人"这样的事物情况;例③同时肯定了"丹诺是著名的律师"和"丹宁是著名的法官"这些事物情况;例④则肯定了"他是凶手"与"他到过现场"这两种事物情况之间,存在有"如果……那么……"这样的条件关系。

判断有以下两个逻辑特征。

第一,判断都有所断定,即有所肯定或有所否定。判断断定对象具有某种性质或者对象之间具有某种关系,就是对该对象有所肯定,如例①、③、④。断定对象不具有某种性质或对象之间没有某种关系,就是对对象有所否定,如例②。如果对对象既无所肯定,也无所否定,那就是对对象无所断定,那就不是判断。例如,"雪是白的",这是对对象有所肯定。"雪不是白的",这是对对象有所否定。这两个都是判断。"雪是白的吗?"既无肯定,也无否定,就不是判断。

第二,判断都有真假。判断是对客观事物情况的断定,而不是客观事物本身。因此,就存在断定是否符合客观事物情况实际的问题。如果对事物情况的断定与事物自身的情况相符合,该判断就是真的;否则,就是假的。例如:

① 有的大学生不是学习法律专业的。
② 并非有的大学生不是学习法律专业的。

例①符合客观事物自身的情况,它就是真的。例②所作出的判断不符合客观事物自身的情况,它就是假的。

判断的真或者假,涉及判断的具体内容。要判定一个具体判断究竟是真还是假,必须依靠人们的社会实践和相关的具体学科知识。任何一个具体的判断,对照所断定的客观事物情况来看,它究竟是真是假是确定的。

逻辑学不研究判断具体内容的真与假，只研究判断在形式上的真假特征和判断之间在形式上的真假关系。例如：具有"所有的 S 都是 S"这样形式的判断都是真的；具有"所有的 S 都不是 S"这样形式的判断都是真的；具有"所有的 S 都是 P"这样形式的判断有真有假。这就是判断在形式上的真假特征。又如：如果具有"所有的 S 都是 P"这样形式的判断是真的，那么具有"有的 S 不是 P"这样形式的判断一定是假的。这就是判断在形式上的真假关系。

判断在人的思维中占有重要的地位。单个的概念不能明确地表达思想，概念只有组成判断，才能对认识对象有所断定，表达某种确定的思想。人类的认识成果，用判断的形式固定下来，同时用判断的形式进行表达和交流。

二、判断和语句

判断与语句紧密相联。判断是语句的思想内容，语句是判断的表达形式。判断只有通过语句才能表达。表达判断的语句，称作命题。

但判断与语句又有区别。

第一，所有判断都要用语句来表达，但并非所有语句都表达判断。一般来说，陈述句、反问句表达判断，因为这类句子一般有明显的肯定或者否定的内容。例如："所有的法律都是有强制性的。""张三不是杀人犯。""难道未成年人犯罪就不受法律制裁吗？"这些句子都表达判断。疑问句、感叹句、祈使句一般不表达判断，因为它们一般不对事物作出断定。如果它们对事物作出了断定，那么，它们也表达判断。例如：

① 你是在北京工作吗？
② 多么崇高的理想！
③ 会场内请勿吸烟。

以上三例分别是疑问句、感叹句、祈使句，本身没有对事物作出断定，不表达判断。

第二，同一判断可以用不同的语句来表达。例如："每一个公民都必须遵守法律。""没有一个公民可以不遵守法律。""难道有可以不遵守法律的公民吗？"这三个不同的语句表达的是同一判断。

第三，同一语句可以表达不同判断。例如："罪犯在火车上。"可以表示"罪犯在火车车厢内"，也可以表示"罪犯在火车车厢顶上"。语句中的歧义句，在不同的语境中可以表达不同的判断。

三、判断的种类

判断作为一种思维形式，是对客观事物情况的断定，而客观事物情况是多种多样的。根据判断中逻辑常项的不同，对判断作不同的划分。

根据判断中是否包含"必然""可能""必须""禁止"等模态词，判断分为模态判断与非模态判断两大类。在模态判断中，又分为真值模态判断与规范模态判断。

在非模态判断中，根据判断本身是否包含有其他判断，分为简单判断和复合判断。

简单判断又可分为性质判断和关系判断；复合判断又可分为联言判断、选言判断、假言判断和负判断。

判断的分类，可用图 3-1 表示。

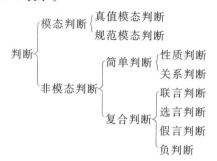

图 3-1　判断的分类

💡 拓展训练

● 一、下列语句是否表达判断？为什么？

1. 认识来自实践。
2. 被告李某某在任厂长期间，是一位形象高大、举止文雅的人。
3. 没有耕耘，哪来收获？
4. 他是犯罪嫌疑人吗？
5. 祝你一路平安！
6. 欲加之罪，何患无辞？
7. 为胜利干杯！
8. 四个现代化的宏伟蓝图一定能实现！

● 二、简述判断的特征及其同语句的关系。

参考答案

第二节　性质判断

一、性质判断的概述

（一）什么是性质判断

性质判断又叫直言判断，就是断定思维对象具有或不具有某种性质的判断。例如：

① 法院是审判机关。
② 有的刑事被告人不是犯罪分子。
③ 所有政法院校的学生都是学过逻辑学的。

以上三个语句表达的都是性质判断。其中，例①断定了"法院"具有"审判机关"的性质；例②断定了"刑事被告人"中有的对象不具有"犯罪分子"的性质；例③断定了"政法院校的学生"都具有"学过逻辑学"的性质。

可见，性质判断就是直接断定"什么是什么"或者"什么不是什么"这样的判断。它本身只由词项（概念）构成，判断中不包含其他判断，因而它属于简单判断。

性质判断是由主项、谓项、联项和量项四部分构成。

主项是表示被断定对象的概念。如例①中的"法院"、例②中的"刑事被告人"、例③中的"政法院校的学生"都是主项。在逻辑学中，主项通常用符号"S"表示。

谓项是表示被断定对象的性质的概念。如例①中的"审判机关"、例②中的"犯罪分子"、例③中的"学过逻辑学的"都是谓项。在逻辑学中，谓项通常用符号"P"表示。

联项也称联结项，它是联结主项和谓项的概念，表示性质判断的质，分为肯定和否定两种，一般用"是"和"不是"表示。在肯定判断表达中，联项有时可以省略。比如例③也可以表示为"所有政法院校的学生都学过逻辑学"。

量项是表示所断定的主项的数量或者范围的概念，表示性质判断的量，分为两种：全称量项和特称量项。全称量项用"所有的"表示，特称量项用"有的"（或"有些"）表示。

由上可知，主项和谓项是性质判断中的可变成分，是性质判断的逻辑变项，可以用符号来代替。而联项和量项则是性质判断中相对固定的部分，是性质判断的逻辑常项。

（二）性质判断的种类

1. 性质判断按照联项的不同，分为肯定判断和否定判断

肯定判断就是断定对象具有某种性质的判断。例如：

① 北京是中华人民共和国的首都。
② 所有共青团员都是青年人。

肯定判断的逻辑形式是"S 是 P"。

否定判断是断定对象不具有某种性质的判断。例如：

① 重庆市不是城市人口最多的直辖市。
② 凡年龄未满18周岁的公民都不是有选举权的公民。

否定判断的逻辑形式是"S 不是 P"。

断定一个性质判断是肯定判断还是否定判断，是根据判断中的联项是肯定联项还是否定联项来决定，而不是根据语句的意义来断定。比如："有些案件不是能公开审理的"是一个否定判断，而"有些案件不是不能公开审理的"也是一个否定判断，而不能从语句的双重否定等于肯定这个意义上认为它是肯定判断。

2. 性质判断按照量项的不同，分为单称判断、全称判断和特称判断

单称判断是断定某个对象具有或不具有某种性质的判断。例如：

① 某甲是无罪的。
② 李××不是成年人。

单称判断的主项是个单独概念，其逻辑形式是"这个 S 是/不是 P"。因为指称的对象是单一、特定的，在具体的判断中，单称量项"这个"往往会省略。

全称判断是断定主项的全部都具有或者不具有某种性质的判断。例如：

① 所有的公民都要遵纪守法。
② 所有的真理都不是一成不变的。

全称判断的逻辑形式是"所有 S 都是/不是 P"。

特称判断是断定主项中至少有一个对象具有或不具有某种性质的判断。例如：

① 有的花是不结果的。
② 有的犯罪嫌疑人是未成年人。

特称判断的逻辑形式是"有些 S 是/不是 P"。

单称判断中，虽然没有出现量项，但由于它的主项是单独概念，因此单称判断实际上也断定了主项的全体具有或不具有某种性质。因此，除非特别说明，一般地，单称判断都作全称判断处理。这样，性质判断可以分为以下四类。

（1）全称肯定判断，标准逻辑形式：所有 S 都是 P。简记为 SAP，简称 A 判断。
（2）全称否定判断，标准逻辑形式：所有 S 都不是 P。简记为 SEP，简称 E 判断。
（3）特称肯定判断，标准逻辑形式：有些 S 是 P。简记为 SIP，简称 I 判断。
（4）特称否定判断，标准逻辑形式：有些 S 不是 P。简记为 SOP，简称 O 判断。

应当注意，特称量项"有些"和日常语言中的"有些"含义不完全相同。在日常语言中，当我们断定"有些 S 是 P"的时候，通常还包含着"有些 S 不是 P"的意思。比如说"我们班有些学生是团员"，是指我们班仅仅有一部分学生是团员，而其他学生不是团员。但是，特称量项"有些"不同，是指"至少有些"，如"我们班有些学生是团员"，是指我们班至少有一个同学是团员，而其他同学可能不是团员，也有可能全部都是团员。

二、性质判断的逻辑特征

（一）性质判断主、谓项的周延性

性质判断主、谓项的周延性，是指一个性质判断的主项或者谓项，在该判断中是否被断定了全部的外延。如果判断中断定了主项或者谓项的全部外延，那么这个主项或者谓项就是周延的；如果判断中没有断定主项或者谓项的全部外延，那么这个主项或者谓项就是不周延的。例如：

① 所有的犯罪行为都是违法行为。
② 正当防卫不是违法行为。
③ 有的犯罪是过失犯罪。
④ 有的一审判决不是生效判决。

例①是个全称肯定判断，它断定了主项"犯罪行为"的全部外延都存在于谓项"违法行为"之中，因此，主项"犯罪行为"是周延的。但这个判断的谓项"违法行为"的外延并没有被全部断定，只是断定了违法行为其中的一部分——犯罪行为，因此谓项"违法行为"就是不周延的。

例②是个全称否定判断。它断定了主项"正当防卫"的全部外延都不是谓项"违法行为"的任何外延，即断定了主项的全部外延和谓项的全部外延相排斥。因此，这个判断既断定了主项"正当防卫"的全部外延，也断定了谓项"违法行为"的全部外延，其主项、谓项都是周延的。

例③是个特称肯定判断，它断定了主项"犯罪"的部分外延存在于谓项"过失犯罪"的外延中，因此主项"犯罪"是不周延的。同时，这个判断也只是断定了谓项"过失犯罪"中的一部分，外延并没有被全部断定，因而谓项"过失犯罪"也是不周延的。

例④是个特称否定判断，它断定了主项"一审判决"的部分外延和谓项"生效判决"的全部外延相排斥，因此主项"一审判决"是不周延的，而谓项"生效判决"是周延的。

由以上四个不同判断的分析，我们可以确定：全称判断的主项周延；特称判断的主项都不周延；肯定判断的谓项都不周延；否定判断的谓项都周延。

A、E、I、O 四类判断主、谓项的周延情况如表 3-1 所示。

表 3-1　A、E、I、O 四类判断主、谓项的周延情况

判断类型	主项 S	谓项 P
A	周延	不周延
E	周延	周延
I	不周延	不周延
O	不周延	周延

判断主、谓项的周延性，必须注意以下两点。

第一，主、谓项的周延性，是相对它们所在的判断而言的。离开判断，单纯的概念无所谓周延不周延。

第二，我们判断主、谓项的周延性，是相对判断的形式结构而言的，不是相对判断所断定的对象本身的实际情况而言的。一个判断的主项（或谓项）是周延的，是指具有该判断的形式结构的任何一个判断的主项（或谓项）的外延都是周延的。例如，"法院就是审判机关"这个全称肯定判断，从实际情况看，它的主项"法院"、谓项"审判机关"是全同关系，都是被断定了全部外延。但在"所有 S 都是 P"这个形式中，谓项是不周延的。因而只能说这个判断的主项"法院"是周延的，谓项"审判机关"是不周延的。又如，"有的共青团员不是青年人"这个特称判断，尽管这个判断是假的，并且事实上"共青团员"的全部外延都在"青年人"的外延之中，只是"青年人"外延中的部分对象，然而就判断形式"有的 S 不是 P"本身来说，主项"共青团员"不周延，而谓项"青年人"周延。

（二）主、谓项相同的 A、E、I、O 四种判断间的真假关系

如果两个性质判断的主、谓项都相同，就称这两个判断是同一素材的判断。例如：

① 所有的被告人都是有罪的。
② 所有的被告人都不是有罪的。
③ 有的被告人是有罪的。
④ 有的被告人是无罪的。

这四个判断主项、谓项都相同，是同一素材的性质判断。不同素材的判断之间一般来说没有直接的真假关系，但同一素材的 A、E、I、O 四种判断之间存在一种真假关系，称为对当关系。

从判断的逻辑形式方面来看，性质判断实际上是对主项和谓项外延关系的断定。但是，不同性质判断断定的外延关系，与主项和谓项这两个概念在客观实际上所具有的外延关系不一定是完全相同的。如果一个性质判断的主项和谓项的外延关系与两个概念在客观方面的外延关系一致，该判断就是真的，否则就是假的。

根据概念间的关系知道，S 与 P 之间有五种关系，即全同关系、真包含于关系、真包含关系、交叉关系和全异关系。A、E、I、O 四种判断在上述五种关系下，都有相应确定的真假，如表 3-2 所示。

表 3-2　A、E、I、O 四种判断间的真假关系

判断的类型 判断的真假 S 与 P 的关系					
SAP	真	真	假	假	假
SEP	假	假	假	假	真
SIP	真	真	真	真	假
SOP	假	假	真	真	真

从表 3-2 中，可以看出，A、E、I、O 四种性质判断相互间有一种特定的真假制约关系。比如，对照表中的一、四行（SAP 与 SOP），可以看出：当 A 为真的时候，O 都是假的；而当 A 为假的时候，O 都是真的。对照其他各行，也可以看出它们相互间的真假关系。A、E、I、O 相互间的真假关系，称为对当关系，包括矛盾关系、反对关系、下反对关系和差等关系。

1. 矛盾关系

矛盾关系是指两个判断既不能同真，也不能同假的关系。即 A 与 O、E 与 I 之间的关系。例如：

A：所有的被告人都是有罪的。
O：有的被告人是无罪的。
E：所有的被告人都不是有罪的。
I：有的被告人是无罪的。

在 A、O 两个判断中，当 A 真时，O 必假；当 A 假时，O 必真。反过来，当 O 真时，A 必假；当 O 假时，A 必真。E 与 I 之的关系同理。

2. 反对关系

反对关系是指两个判断不能同真，可以同假的关系。即 A 与 E 之间的关系。例如：

　　A：我们班所有的同学都是团员。
　　E：我们班所有的同学都不是团员。

在如上 A、E 两种判断中，当 A 真时，E 必假；当 A 假时，E 真假不定（可真可假）。反过来，当 E 真时，A 必假；当 E 假时，A 真假不定。

3. 下反对关系

下反对关系是指两个判断不能同假，可以同真的关系。即 I 与 O 之间的关系。例如：

　　I：甲班有的同学是共青团员。
　　O：甲班有的同学不是共青团员。

这两个判断中，当 I 真时，O 真假不定；当 I 假时，O 必真。同理，当 O 真时，I 真假不定；当 O 假时，I 必真。

4. 差等关系

差等关系是指 A 与 I、E 与 O 之间的关系。当全称判断真时，特称判断必真；当全称判断假时，特称判断真假不定。反过来，当特称判断真时，全称判断真假不定；当特称判断假时，全称判断必假。例如：

　　A：甲班所有学生考试都及格了。
　　I：甲班有的学生考试及格了。
　　E：甲班所有学生考试都没及格。
　　O：甲班有的学生考试没及格。

这几个判断中，当 A 真时，I 必真；当 A 假时，I 真假不定；当 I 真时，A 真假不定；当 I 假时，A 必假。E 与 O 之间的真假关系同理。

对上述四种关系，在逻辑史上，人们曾用一个正方形（见图 3-2）来表示。

这就是传统逻辑中所说的"逻辑方阵"。通过这个方阵，A、E、I、O 四种判断之间的真假关系可以集中地表示出来。

这里需要注意的一点是：在性质判断的分类当中，一般是把单称肯定判断和单称否定判断当作全称肯定判断和全称否定判断来看待的。但在对当关系中，A 与 E 之间是反对关系，不能同真，可以同假；单称肯定判断和单称否定判断之间是矛盾关系，既不能同真，又不能同假。

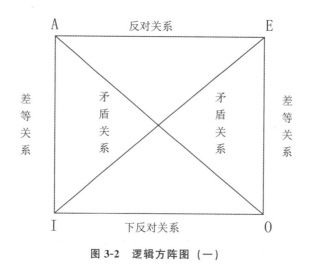

图 3-2 逻辑方阵图（一）

三、性质判断的隐含判断以及揭示其隐含判断的方法

（一）性质判断的隐含判断

一个性质判断所表达的断定，总是隐含了与该判断相一致的或者相等值的断定。例如："本案的作案人是外科医生"这样一个判断，它就等于断定了"至少有一个外科医生是本案的作案人"，也等于断定了"非外科医生都不是本案的作案人"。后面这两个判断，就是前一个判断中所隐含的判断。可见，所谓隐含判断，其实就是一个判断必然可以得出的另一个或几个与其意思相同、真假等值或者一致的判断。

有这样一则笑话：

> 一大爷请客，跟四位好友约好下午六点到一饭馆吃饭。到了五点半，来了三位，有一位没来，这位还是主客。一直等到六点半，那位还没有来。大爷急了，自言自语地说："该来的不来！"其中有一位客人就不痛快了："怎么，该来的不来？那我是不该来的呀！我走吧"他下楼走了。大爷着急地说："哎！真是，不该走的走了！"另外一位客人一听，心里也不痛快了："什么？不该走的走了，没诚意请我呀！我也走吧！"剩下最后一位跟这位大爷是老交情，他说："兄弟，你以后说话可要注意点，哪有这么说话的呀！'不该走的走了'，那人家还不走？以后可别这么说了！"大爷解释说："大哥，我没有说他俩呀！""哦！说我呀，我也走吧！"结果，三位客人全部气走了。

这虽然只是一则笑话，但说明把握一个性质判断所隐含的判断的意义。"该来的不来"，等于说"来的是不该来的"；"不该走的走了"，等于说"没走的是该走的"。难怪客人会被气走。

（二）揭示性质判断的隐含判断的逻辑方法

正确地揭示一个性质判断的隐含判断，需要用到一定的逻辑方法，一般是换质法、换位法，以及换质法和换位法的交替使用即换质位法。

1. 换质法

通过改变一个性质判断的质，并将其谓项换成它的一个矛盾概念，从而得出一个与原判断不同质的性质判断。得出的判断，是原判断必然隐含的判断。

例如：

某甲是非正常死亡。

可换质为：

某甲不是正常死亡。

又如：

小学生不是成年人。

可换质为：

小学生是未成年人。

运用换质法需要注意的是：换质后的判断，其谓项必须是原判断的矛盾概念。否则，换质后所得的判断就不是原判断必然隐含的判断。

例如：

"A案的死者不是40岁以上的人。"

换质为：

"A案的死者是30岁左右的人。"

显然，换质后的判断，就不是原判断必然隐含的判断。因为"30岁左右的人"和"40岁以上的人"是反对关系的概念，而非矛盾关系的概念。

各种性质判断都可以运用换质法揭示其隐含的判断。A、E、I、O四种判断换质情况可用公式表述如下：

$$SAP \longleftrightarrow SE\overline{P}$$
$$SEP \longleftrightarrow SA\overline{P}$$
$$SIP \longleftrightarrow SO\overline{P}$$
$$SOP \longleftrightarrow SI\overline{P}$$

公式中的 $\overline{P}$ 是概念P的矛盾概念；"$\longleftrightarrow$"表示等值，意思是前后判断相互隐含，可以互换。以下同。

通过换质，我们可以从一个肯定判断得到一个否定判断，或者从一个否定判断得到一个肯定判断。这样，就可以从正反两个方面把握同一判断所表示的不同断定。

2. 换位法

通过改变原判断主项与谓项的位置，不改变原判断的质，从而可以得到原判断隐含的但改变了断定对象的判断。

例如：

> 有些律师是青年人。

换位为：

> 有些青年人是律师。

又如：

> 犯罪中止不是犯罪未遂。

换位为：

> 犯罪未遂不是犯罪中止。

需要注意的是：运用换位法时，原判断中不周延的词项在换位后也不得周延。否则，换位后所得到的判断就不是原判断必然隐含的判断。因此，各种类型性质判断的换位，可用公式表示如下：

$$SAP \longleftrightarrow PIS$$
$$SEP \longleftrightarrow PES$$
$$SIP \longleftrightarrow PIS$$

由以上公式可以看出以下两点。

一是由"所有S都是P"必然得出"有的P是S"。原判断中，P是不周延的，换位后，也不能周延，因而只能由全称判断换位得出特称判断。否则，换位得出全称判断，就把本来不周延的谓项P变周延了，得出的判断就不必然是原判断隐含的判断。例如，"A厂生产的矿泉水都是不合格的矿泉水"，若换位为"不合格的矿泉水都是A厂生产的矿泉水"，显然就改变了原判断的意思，不是原判断必然隐含的判断。

二是特称否定判断不能换位。特称否定判断的主项是不周延的，换位后成为否定判断的谓项，必然周延，这样通过换位得出的判断就不是原判断必然隐含的判断。例如，"有些人不是个人主义者"，通过换位得到"有些个人主义者不是人"，后者显然是不成立的，不是原判断必然隐含的判断。

3. 换质位法

一个性质判断，还可以通过换质法和换位法的交替使用，得出更多的隐含判断。这种交替使用换质换位的方法，也叫换质位法。

换质位法，既可以先换质，再换位，也可以先换位，再换质；既可以换一次质位，也可以连续换质换位。但每一次换质或者换位，都必须遵行换质或换位的要求。

例如：

> 所有的共青团员都是青年。

先换质：

　　所有的共青团员都不是非青年。

再换位：

　　所有的非青年都不是共青团员。

或者接着再换质：

　　所有的非青年都是非共青团员。

然后再换位：

　　有些非共青团员是非青年。

即：SAP→SE$\overline{P}$→$\overline{P}$ES→$\overline{P}$A$\overline{S}$→$\overline{S}$I$\overline{P}$

一次性换质位的公式为：

　　SAP→SE$\overline{P}$→$\overline{P}$ES

　　SEP→SA$\overline{P}$→$\overline{P}$IS

　　SIP→SO$\overline{P}$（不能再换位）

　　SOP→SI$\overline{P}$→$\overline{P}$IS

I 判断不能先换质再换位，但可以先换位再换质。例如：

　　SIP→PIS→PO$\overline{S}$

拓展训练

●一、下列判断属于何种性质判断？其主项和谓项是否周延？

1. 不具有中国国籍的人不是中国公民。
2. 无论什么困难都不是不能克服的。
3. 多数司法人员都是具有大学本科以上文化程度的人。
4. 难道非法侵犯他人人身权利的行为还不是犯罪行为吗？
5. 占我们人口 70% 的农民是社会的弱势群体。
6. 人无完人。

●二、若确定下列判断为真，请根据对当关系，指出同一素材的其他几种判断的真假情况。

1. 本案有的证据材料是可靠的。
2. 该厂生产的有些产品不是合格产品。
3. 凡颈部有卡压痕迹的死者都不是自杀身亡的。
4. 所有盗窃行为都是行为主体故意实施的行为。

●三、若确定下列判断为假，请根据对当关系，指出同一素材的其他几种判断的真假情况。

1. A 县法院的法官都是大学法律专业毕业的。

参考答案

2. 参加这次会议的代表有的不是私营企业家。
3. 这所中学大多数学生（80%）都考上了大学。
4. 某法院本月受理的民事案件都不是婚姻案件。

● 四、下列各题中，判断①是否隐含判断②，请运用换质法、换位法或换质位法予以验证。

1. ① 凡肯定判断的谓项都是不周延的。
   ② 凡否定判断的谓项都是周延的。
2. ① 精神上有缺陷的人不能做证人。
   ② 有些不能做证人的人是精神上有缺陷的人。

第三节　复合判断

一、复合判断的特征

所谓复合判断，就是判断本身还包含有其他判断的判断，其表现形式相当于语句中的复句。例如：

① 本案被告人李某某既构成盗窃罪，又构成强奸罪。
② 这篇讲话稿或者是李秘书写的，或者是张秘书写的。
③ 如果死者是中毒而死的，那么死者就会有一系列中毒的症状。
④ 只有年满18周岁，才有选举权。

以上几个判断都是复合判断，它们都包含了两个判断。例①包含"本案被告人李某某构成盗窃罪"和"本案被告人李某某构成强奸罪"两个判断。例②包含"这篇讲话稿是李秘书写的"和"这篇讲话稿是张秘书写的"两个判断。例③包含"死者是中毒而死的"和"死者就会有一系列中毒的症状"两个判断。例④包含"年满18周岁"和"有选举权"两个判断。

同简单判断相比，复合判断有以下几个特征。

第一，复合判断是由两个或两个以上的判断组成，即它们的基本单位是判断。组成复合判断的判断，叫作支判断，它既可以是简单判断，也可以是复合判断。复合判断的支判断是复合判断的具体内容，它是复合判断中的逻辑变项，可以代入不同具体内容。逻辑学为了方便研究不同类型复合判断一般性的逻辑特征，以小写字母 p、q、r 等来表示复合判断中的支判断。为方便学习，本教材只研究两个支判断的复合判断。

第二，复合判断的支判断通过"联结词"联结，不同的联结词显示出不同的逻辑性质。根据逻辑联结词的不同，把复合判断分为联言判断、选言判断、假言判断和负判断四种。

第三，复合判断的真假是由其支判断的真假来确定的。

二、复合判断的基本形式及其逻辑性质

（一）联言判断

联言判断就是断定两种以上事物情况同时存在的判断。例如：

① 张三和李四都要受到法律制裁。
② 某甲有作案动机并且有作案时间。
③ 丹诺是著名的律师而丹宁是著名的法官。

以上三例都是联言判断。例①断定了"张三要受到法律制裁"和"李四要受到法律制裁"两种情况同时存在；例②断定了"某甲有作案动机"和"某甲有作案时间"两种情况同时存在；例③断定了"丹诺是著名的律师"和"丹宁是著名的法官"两种情况同时存在。

联言判断是由两个或两个以上的支判断和联结项构成的。联言判断的支判断叫联言支，一般用符号 p、q 表示。联言判断的联结词是"并且"。

所以，联言判断的逻辑形式是：

$$p\ 并且\ q$$

其中，p、q 是联言支，"并且"在现代逻辑中用符号"$\wedge$"表示，读作"合取"。

因而联言判断的逻辑形式又可表示为：

$$p \wedge q$$

在自然语言中，表示联言判断的联结词多种多样，比如"……和……""并且……""不但……而且……""既……又……""虽然……但是……"另外，联言判断的支判断之间不一定都有联结词；没有任何联结词的两个或两个以上的联言支，表达的也是联言判断。比如，《刑法》第十七条规定，已满十四周岁不满十六周岁的人，犯故意杀人、故意伤害致人重伤或者死亡、强奸、抢劫、贩卖毒品、放火、爆炸、投放危险物质罪的，应当负刑事责任。这其中就包括八个联言支。

一个联言判断的真假是由其联言支的真假来确定的。一个真的联言判断，其全部联言支所断定的事物情况应都存在。从真假条件考虑，一个联言为真，其全部联言支应都真。只要有一个联言支是假的，联言判断就是假的。

联言判断 $p \wedge q$ 的真假值，和支判断 p、q 的真假值关系，可以用真值表（见表 3-3）来表示。

表 3-3　真值表（一）

p	q	$p \wedge q$
真	真	真
真	假	假

续表

p	q	p∧q
假	真	假
假	假	假

（二）选言判断

选言判断就是断定几种可能情况至少有一种存在的判断。例如：

① 这个判决认定事实错误或者适用法律错误。
② 王某致人重伤的行为或者是故意的，或者是过失的。
③ 甲、乙、丙中至少有一人是本案的作案人。

例①断定了"这个判决认定事实错误"和"这个判决适用法律错误"这两种情况至少有一种是真的。例②断定了"王某致人重伤的行为是故意的"和"王某致人重伤的行为是过失的"这两种可能情况至少有一种，至多也只有一种为真。例③断定了"甲是本案的作案人""乙是本案的作案人""丙是本案的作案人""甲和乙是本案的作案人""甲和丙是本案的作案人""乙和丙是本案的作案人""甲、乙和丙是本案的作案人"总共七种可能情况至少有一种为真。

选言判断是由两个或两个以上支判断构成的，选言判断的支判断叫选言支，一般用符号 p、q 表示。从上面三个选言判断的分析可以看出，有的选言判断的选言支之间可以同时并存，不互相排斥，如例①、例③；而有的选言判断的选言支之间相互排斥，不能同时并存，如例②。

根据选言判断的选言支相互之间是否相互排斥，把选言判断分为相容的选言判断和不相容的选言判断两类。

1. 相容的选言判断

相容的选言判断是断定几个选言支至少有一个为真并且可以同真的选言判断。例如：

① 本案或者是内部人作案，或者是外部人作案。
② 某甲和某乙至少有一个是凶手。

以上两例都是相容的选言判断，它们的选言支相互之间并不排斥，可以同时存在。在自然语言中，相容选言判断的联结词一般有"或者……或者……""可能……也可能……""也许……也许……"相容选言判断的联结项一般用"或者"表示。

所以，相容的选言判断的逻辑形式为：

$$p \text{ 或者 } q$$

其中，p、q 是选言支，"或者"在现代逻辑中用符号"∨"表示，读作"析取"。

因而选言判断的逻辑形式又可表示为：

$$p \lor q$$

一个相容选言判断的真假是由其选言支的真假决定的。一个真的相容选言判断，至少有一个选言支断定的情况是真的。只有当各个选言支都为假时，它才是假的。相容的选言判断的真假情况可以用真值表（见表3-4）表示。

表3-4　真值表（二）

p	q	p∨q
真	真	真
真	假	真
假	真	真
假	假	假

2. 不相容的选言判断

不相容的选言判断就是断定选言支中有一个并且只有一个为真的选言判断。例如：

① 一个三角形，要么是钝角三角形，要么是锐角三角形，要么是直角三角形。

② 某甲的血型或者是A型，或者是B型，或者是AB型，或者是O型。

③ 某甲的死亡或者是自杀，或者是他杀。

这三个例子就都表达了不相容的选言判断，它们所分别断定的事物的若干可能情况是不能同时存在的，都有一个且只能有一个选言支为真。例①断定三角形只能是钝角三角形、锐角三角形、直角三角形中的一种。例①断定某甲的血型只能是A型、B型、AB型和O型中的一种。例③断定某甲的死亡"要么是自杀，要么是他杀"这两种情况中的一种。

不相容选言判断的逻辑联结词一般用"要么……要么……""不是……就是……""或者……或者……二者必居其一"等表示。所以，不相容的选言判断的逻辑形式为：

$$\text{要么} p, \text{要么} q$$

其中，p、q是选言支，"要么……要么……"在现代逻辑中用符号"$\dot{\vee}$"表示，读作"不相容析取"。

因而选言判断的逻辑形式又可表示为：

$$p \dot{\vee} q$$

一个不相容选言判断的真假也由其选言支的真假决定。一个真的不相容选言判断，其选言支有一个并且只有一个为真。除此之外，不相容选言判断都是假的。不相容选言判断的真假情况可以用真值表（见表3-5）表示。

表3-5　真值表（三）

p	q	p∨̇q
真	真	假

续表

p	q	p∨q
真	假	真
假	真	真
假	假	假

选言判断是一种比较复杂的判断形式,在使用选言判断时需要注意其中的选言支是否穷尽的问题。如果选言判断反映了事物的全部可能性,则它的选言支是穷尽的;如果选言判断没有反映事物的全部可能情况,则它的选言支是不穷尽的。

一般来说,无论哪种选言判断,都要求选言支必须穷尽。因为如果选言支穷尽,就能保证至少有一个选言支是真的,从而就能保证该选言判断是真的。反之,如果选言支不穷尽,就不能保证至少有一个选言支是真的,从而这个选言判断就可能是假的。在刑事侦查工作中,如果选言支没有穷尽,而且漏掉的恰好是真实的选言支,则会直接影响侦查工作的顺利进行。比如:"某甲的死亡要么是自杀,要么是他杀",某甲的死亡原因,还有可能是疾病、灾害、自然老死等。

(三)假言判断

假言判断就是断定某一事物情况的存在是另一事物情况存在的条件的判断。假言判断又叫条件判断。例如:

① 如果他是凶手,则他有作案时间。
② 未经人民法院依法判决,对任何人都不得确定有罪。
③ 当且仅当你邀请我,我才去。

上面三例分别断定了"他是凶手"是"他有作案时间"的条件,"未经人民法院依法判决"是"对任何人都不得确定有罪"的条件,"你邀请我"是"我才去"的条件。由此可见,假言判断并不直接断定某种事物情况的存在或者不存在,它只是断定了一种事物情况与另一种事物情况之间,存在着某种条件制约关系。

一般来说,假言判断是由两个支判断和联结词组成的。假言判断的支判断,位置在前面的称为前件,通常用符号 p 表示;位置在后面的称为后件,通常用符号 q 表示。联结前、后件的逻辑联结词一般用"如果……那么……""只有……才……""当且仅当……才……"等来表示。

传统形式逻辑中,事物情况之间的条件关系涉及三种:充分条件、必要条件、既充分又必要条件(简称"充要条件")。根据事物情况之间条件的不同,假言判断相应地分为充分条件假言判断、必要条件假言判断以及充要条件假言判断。

1. 充分条件假言判断

充分条件假言判断就是断定事物情况之间具有充分条件的假言判断。

所谓充分条件,就是假设 p 和 q 分别为两个事物情况,如果有 p,必然有 q,而没有 p，是否有 q 不能确定（即可以有 q，也可以没有 q）。这样，p 就是 q 的充分条件。例如：

① 如果死者是砒霜中毒而死的，那么死者的牙根就会呈现青黑色。
② 如果物体摩擦，则物体会生热。

这些都是充分条件假言判断。例①中断定了"死者是砒霜中毒而死的"这一事物情况，是"死者的牙根就会呈现青黑色"这一事物情况的充分条件；例②断定了"物体摩擦"是"物体会生热"的充分条件。

充分条件假言判断的逻辑联结词一般用"如果……那么……""如果……就……""假如……则……""一旦……就……"表示。也可以用逻辑符号"→"（读作"蕴涵"）表示。

充分条件假言判断的逻辑形式为：

如果 p，那么 q

或 p→q

一个充分条件假言判断的真假，是由其前件和后件的真假来确定的。一个真的充分条件假言判断，当前件真时，后件一定真；其前件假，后件可以真，也可以假。只有当前件为真，后件为假时，充分条件假言判断才是假的。

例如："如果天下雨，那么地上湿"这个充分条件假言判断为真，则前件"天下雨"真时，后件"地上湿"必须也真；前件"天下雨"假时，后件"地上湿"可以真，可以假。如果"天下雨"真，而"地上湿"假，那么，"如果天下雨，那么地上湿"就是假的。

因此，充分条件假言判断的真假值与它前件、后件的真假关系，可以用真值表（见表 3-6）来表示。

表 3-6　真值表（四）

p	q	p→q
真	真	真
真	假	假
假	真	真
假	假	真

这就是说，一个充分条件假言判断，只有当前件真而后件假时，该假言判断是假的，其余情况下，它都是真的。这是充分条件假言判断最基本的逻辑特征。

2. 必要条件假言判断

必要条件假言判断就是断定事物情况之间具有必要条件的假言判断。

所谓必要条件，就是假设 p 和 q 分别为两个事物情况，如果没有 p，就必然没有 q，而有了 p，却未必有 q（即可以有 q，也可以没有 q）。这样，p 就是 q 的必要条件。例如：

① 只有年满 18 周岁，才有选举权。
② 只有死者的尸斑呈紫蓝色，死者才是亚硝酸盐中毒而死的。

它们都是必要条件假言判断。例①中断定"年满 18 周岁"这一事物情况，是"有选举权"这一事物情况的必要条件；例②断定"死者的尸斑呈紫蓝色"是"死者才是亚硝酸盐中毒而死的"的必要条件。这种判断如果用一个公式来表示，就是：

$$只有 p，才 q$$

其中"p"和"q"分别表示前件和后件；"只有……才……"是联结词，也可以用逻辑符号"←"（读作"逆蕴涵"）表示。即：

$$p ← q$$

除了"只有……才……"必要条件假言判断的逻辑联结词还可以用"除非……否则不……""没有……没有……""不……不……"来表示。

一个必要条件假言判断的真假，是由其前件和后件的真假来确定的。一个真的必要条件假言判断，当前件假时，后件一定假；其前件真，后件可以真，也可以假。只有当前件为假，后件为真时，必要条件假言判断才是假的。

例如："只有年满 18 周岁，才有选举权"这个必要条件假言判断为真，则前件"年满 18 周岁"假时，后件"有选举权"必须也假；前件"年满 18 周岁"真时，后件"有选举权"可以真，可以假。如果"年满 18 周岁"假，而"有选举权"真，那么，"只有年满 18 周岁，才有选举权"就是假的。

因此，必要条件假言判断的真假值与它前件、后件的真假关系，可以用真值表（见表 3-7）来表示：

表 3-7 真值表（五）

p	q	p←q
真	真	真
真	假	真
假	真	假
假	假	真

也就是说，一个必要条件假言判断，只有当其前件假而后件真时，该假言判断才是假的，其余情况下，它都是真的。这是必要条件假言判断最基本的逻辑特征。

3. 充要条件假言判断

充要条件假言判断是断定事物情况之间具有充分必要条件的假言判断。

所谓充要条件，就是既充分又必要条件，就是假设 p 和 q 分别为两个事物情况，如果有 p，必然有 q，如果没有 p，就必然没有 q，这样，p 就是 q 的充要条件。反过来，如果有 q，就必然有 p，如果没有 q，就必然没有 p，这样，q 也是 p 的充要条件。例如：

一个数是偶数当且仅当它能被 2 整除。

这就是一个充要条件假言判断。它断定"一个数是偶数"这一事物情况，既是"它能被 2 整除"这一事物情况的充分条件，又是"它能被 2 整除"的必要条件。这种判断如果用一个公式来表示，就是：

当且仅当 p，才 q

其中"p"和"q"分别表示前件和后件；"当且仅当……才……"是联结词，也可以用逻辑符号"$\leftrightarrow$"（读作"等值"）表示。即：

$$p \leftrightarrow q$$

日常生活中，表达充要条件假言判断的逻辑形式还有"如果 p 则 q，并且只有 p 才 q"；或者表达为"如果 p 则 q，并且非 p 则非 q，"等等。例如："人不犯我，我不犯人；人若犯我，我必犯人。""凡事预则立，不预则废。"这两个判断就都表达了一种事物情况同另一种事物情况之间，不但是充分条件关系，而且是必要条件关系。

充要条件假言判断的真假，是由其前件和后件的真假来确定的。一个真的充要条件假言判断，当前件真时，后件一定真；当前件假时，后件一定假。而当前件为真，后件为假，或前件为假，后件为真时，充要条件假言判断均假。

如上例，"一个数是偶数当且仅当它能被 2 整除"，假若充要条件假言判断为真，则前件"一个数是偶数"真时，后件"它能被 2 整除"也真；前件"一个数是偶数"假时，后件"它能被 2 整除"也假。当"一个数是偶数"真，而"它能被 2 整除"假，或者，"一个数是偶数"假，而"它能被 2 整除"假，那么，整个判断就是假的。

所以，充要条件假言判断的真假值与它前件、后件的真假关系，可以用真值表（见表 3-8）表示。

表 3-8　真值表（六）

p	q	$p \leftrightarrow q$
真	真	真
真	假	假
假	真	假
假	假	真

也就是说，一个充要条件假言判断，只有当其前件真而后件真，前件假而后件假时，该假言判断才是真的，其余情况下，它都是假的。这是充要条件假言判断最基本的逻辑特征。

4. 正确使用假言判断

假言判断是在司法工作特别是刑事侦查工作中运用较多的一种判断形式。侦查人员无论是分析认定案件性质还是刻画作案人条件，都是以现场勘查得知的客观事物情况为基础，然后借助已知的事物情况之间的条件制约关系，来进行推理获得认知。因此，了解和把握假言判断的逻辑知识，对于司法工作具有重要意义。

一是假言判断的前件与后件互为条件。对于充分条件假言判断 $p \rightarrow q$ 来说，前件 p 是后件 q 的充分条件，如果把后件 q 当作前件，前件 p 当作后件，会发现 q 和 p 之间的真假逻辑值，与 $q \leftarrow p$ 的真假逻辑值是相同的。也就是说，在充分条件假言判断 $p \rightarrow q$

中，前件 p 是后件 q 的充分条件，q 是 p 的必要条件。同样的道理，对于必要条件假言判断 p←q 来说，p 是 q 的必要条件，但反过来，q 是 p 的充分条件。

这就是说，充分条件假言判断与必要条件假言判断之间可以相互转换。在刑事侦查中，能够帮助工作人员更为准确地作出相应的断定。例如：通过现场勘查发现"现场有李某留下的脚印"，便可以推断"李某到过案发现场"。在做这样的分析的时候，实际上就是断定了"现场有李某留下的脚印"这一事物情况是"李某到过案发现场"这一事物情况的充分条件；也等于断定了"李某到过案发现场"这一事物情况是"现场有李某留下的脚印"这一事物情况的必要条件。

二是准确把握逻辑联结项的含义。由于假言判断是反映事物情况之间的条件关系的判断，因而必须了解和把握事物之间的联系实质，才有可能作出正确的断定。例如：

① 如果某甲到过现场，那么某甲就是凶手。
② 只有停电，灯才不亮。

以上两例假言判断都是错误的。例①中的前件"某甲到过现场"与后件"某甲就是凶手"是必要条件关系，应该运用必要条件假言判断的逻辑联结词"只有……才……"而它用了一个充分条件假言判断的逻辑联结词"如果……那么……"例②刚好相反，"停电"是"灯才不亮"的充分条件，却将其表达成了必要条件关系。

在司法工作实践中，一定要避免这样的逻辑错误，否则会导致推断不正确。例如，一案中陈某某被人杀害，侦查人员通过尸检发现死者胃容物内有浓烈酒味。于是由此推断认定"死者临死前同凶手在一起喝过酒"，并进而推断"凶手是与死者熟悉的人"。像这样的推断显然是不能成立的。

三、负判断的等值式及其应用意义

（一）负判断的特征

负判断是否定某个判断的判断，又叫判断的否定。它是一种比较特殊的复合判断，不同于简单判断中的性质判断的否定判断。例如：

① 并非所有的犯罪分子都要受到法律的制裁。
② 并不是只要掌握了法律专业知识，就能成为优秀的法律工作者。
③ 不可能只有刘某某和李某某都在广州，王某某才会去广州作案。

这三例都是负判断。例①是对"所有的犯罪分子都要受到法律的制裁"这个全称肯定判断的否定。例②是对"只要掌握了法律专业知识，就能成为优秀的法律工作者"这个充分条件假言判断的否定。例③是对"只有刘某某和李某某都在广州，王某某才会去广州作案"这个多重复合判断的否定。

负判断中被否定的那个判断，就是该负判断的支判断。如上三例所示，负判断的支判断，既可以是简单判断，也可以是复合判断，还可以是多重复合判断，用 p 表示。负判断的逻辑联结词一般用"并非……""并不是……""……是假的"表示，也可用逻辑符号"¬"（读作"非"）表示。

负判断的逻辑形式为：

并非 p

或 ¬p

负判断和其支判断之间是矛盾关系，不能同真，也不能同假。负判断的逻辑值与支判断的逻辑值之间的关系，可以用真值表（见表3-9）表示。

表 3-9　真值表（七）

p	¬p
真	假
假	真

按照负判断的支判断是简单判断还是复合判断，把它分为两类：简单判断的负判断和复合判断的负判断。

（二）简单判断的负判断及其等值判断

对于负判断，关键是要把握它的等值判断。把握了一个负判断的等值判断，才能正确理解：当否定了某个判断的时候，实际上等于作出了一个什么样的判断。

简单判断的负判断，主要讨论性质判断的负判断。性质判断的负判断就是否定某个性质判断的判断。根据负判断与其支判断的真假关系可知，一个性质判断的负判断，就等值于与该性质判断相矛盾的对应判断。根据性质判断间的对当关系可知：

(1) "并非这个 S 是 P"，等值于 "这个 S 不是 P"。

(2) "并非这个 S 不是 P"，等值于 "这个 S 是 P"。

(3) "并非所有 S 都是 P"，等值于 "有的 S 不是 P"。公式为：

$$¬SAP \longleftrightarrow SOP$$

(4) "并非所有 S 不是 P"，等值于 "有的 S 是 P"。公式为：

$$¬SEP \longleftrightarrow SIP$$

(5) "并非有的 S 是 P"，等值于 "所有 S 不是 P"。公式为：

$$¬SIP \longleftrightarrow SEP$$

(6) "并非有的 S 不是 P"，等值于 "所有 S 是 P"。公式为：

$$¬SOP \longleftrightarrow SAP$$

（三）复合判断的负判断及其等值判断

1. 联言判断的负判断及其等值判断

联言判断 "p 并且 q" 的负判断是 "并非（p 并且 q）"。在联言判断中，只要有一个联言支为假，那么整个判断就是假的。因此，与联言判断的负判断等值的判断，就是一个相应的选言判断，即 "并非（p 并且 q）" 等值于 "非 p 或者非 q"。用逻辑符号可表示为：

$$¬(p \land q) \longleftrightarrow ¬p \lor ¬q$$

例如：并非张三和李四都是法律专业的学生，等值于：或者张三不是法律专业的学生，或者李四不是法律专业的学生。

2. 相容选言判断的负判断及其等值判断

相容选言判断"p 或者 q"的负判断是"并非（p 或者 q）"。在相容选言判断中，当所有选言支都为假时，整个判断才是假的。因此，与相容选言判断相等值的判断，就是一个相应的联言判断。即"并非（p 或者 q）"等于"非 p 并且非 q"。用逻辑符号可表示为：

$$\neg(p \vee q) \leftrightarrow \neg p \wedge \neg q$$

例如：并非他或者是盗窃犯，或者是杀人犯，等值于：他既不是盗窃犯也不是杀人犯。

3. 不相容选言判断的负判断及其等值判断

不相容选言判断"要么 p，要么 q"的负判断是"并非（要么 p，要么 q）"。不相容选言判断有且只有一个选言支为真时，这个判断才是真的，其他情况下都是假的。因此，与不相容选言判断的负判断相等值的判断是一个相应的选言判断，即"并非（要么 p，要么 q）"等值于"或者（p 并且 q）或者（非 p 并且非 q）"。用逻辑符号可表示为：

$$\neg(p \dot{\vee} q) \leftrightarrow (p \wedge q) \vee (\neg p \wedge \neg q)$$

例如：并非逆水行舟要么前进，要么后退，等值于：逆水行舟或者既前进又后退，或者既不前进又不后退。

4. 充分条件假言判断的负判断及其等值判断

充分条件假言判断"如果 p，那么 q"的负判断是"并非（如果 p，那么 q）"。充分条件假言判断只有当前件真，后件假时，它才是假的，其他情况下都是真的。因此，与充分条件假言判断的负判断相等值的判断是一个相应的联言判断"p 并且非 q"，即："并非（如果 p，那么 q）"等值于"p 并且非 q"。用逻辑符号可表示为：

$$\neg(p \rightarrow q) \leftrightarrow p \wedge \neg q$$

例如：并非只要李某到过案发现场，李某就是作案人，等值于：李某到过案发现场，但李某不是作案人。

5. 必要条件假言判断的负判断及其等值判断

必要条件假言判断"只有 p，才 q"的负判断是"并非（只有 p，才 q）"。必要条件假言判断只有当前件假，后件真时，它才是假的，其他情况下都是真的。因此，与必要条件假言判断的负判断相等值的判断是一个相应的联言判断"非 p 并且 q"，即："并非（只有 p，才 q）"等值于"非 p 并且 q"。用逻辑符号可表示为：

$$\neg(p \leftarrow q) \leftrightarrow \neg p \wedge q$$

例如：并非只有造成被害人死亡的后果，才能构成故意杀人罪，等值于：虽然没有造成被害人死亡的后果，也能构成故意杀人罪。

6. 充要条件假言判断的负判断及其等值判断

充要条件假言判断"当且仅当p，才q"的负判断是"并非（当且仅当p，才q）"。充要条件假言判断只有前件与后件一真一假的情况下，它才是假的，前件与后件同真同假的情况下都是真的。因此，与充要条件假言判断的负判断相等值的判断是一个相应的选言判断"p并且非q"或者"非p并且q"，即："并非（当且仅当p，才q）"等值于"（p并且非q）或者（非p并且q）"。用逻辑符号可表示为：

$$\neg (p \leftrightarrow q) \leftrightarrow (p \land \neg q) \lor (\neg p \land q)$$

例如：并非当且仅当被告人犯罪的证据充分、确实，才可以认定被告人有罪，等值于：虽然被告人犯罪的证据充分、确实，但没有认定被告人有罪，或者虽然被告人犯罪证据不充分、不确实，但认定被告人有罪。

7. 负判断的负判断及其等值判断

负判断"并非p"的负判断是"并非（并非p）"，双重否定等于肯定，负判断的负判断等值于p。用逻辑符号可表示为：

$$\neg (\neg p) \leftrightarrow p$$

（四）复合判断形式之间的转换及其应用意义

所谓复合判断形式之间的转换，是在不改变一个复合判断真假值的条件下，将其转换为另一个判断形式不同的复合判断。这样的转换是建立在不同判断形式等值关系的基础上的，也就是说，转换后的判断与原判断必须真假等值。对复合判断形式的转换，也是对该复合判断所隐含的判断的揭示。这里只介绍一些最基本的复合判断的转换形式。

1. 充分条件假言判断与必要条件假言判断之间的转换

假言判断的前件与后件互为条件，所以一个假言判断若断定前件是后件的充分条件，也就等于断定了后件是前件的必要条件；若断定前件是后件的必要条件，也就等于断定了后件是前件的充分条件。根据这样的关系，就可以把一个充分条件假言判断，转换为一个必要条件假言判断；一个必要条件假言判断也可以转换为一个充分条件假言判断。即"如果p，那么q"可转换为"只有q，才p"；而"只有p，才q"也可转换为"如果q，那么p"。用逻辑符号公式表示即为：

$$(p \to q) \leftrightarrow (q \leftarrow p)$$
$$(p \leftarrow q) \leftrightarrow (q \to p)$$

例如：

如果死者是砒霜中毒而死的，那么死者的牙根就会呈现青黑色。

可以转换为：

只有死者的牙根呈现青黑色，死者才会是砒霜中毒而死的。

又如：

只有年满18周岁，才有选举权。

可以转换为：

  如果有选举权，那么年满 18 周岁。

  在上述两种转换关系的基础上，根据假言判断的逻辑特征，还可以转换得出更多的、不改变判断真假值的不同的假言判断形式。比如"如果 p，那么 q"可转换为"如果非 q，那么非 p"，再进一步转换为"只有非 p，才非 q"。上述转换关系可用逻辑符号表示为：

$$(p \rightarrow q) \leftrightarrow (\neg q \rightarrow \neg p) \leftrightarrow (\neg p \leftarrow \neg q)$$

  例如："如果数 X 能被 8 整除，那么数 X 能被 4 整除。"可以转换为"如果数 X 不能被 4 整除，那么数 X 不能被 8 整除"；可以再转换为"只有数 X 不能被 8 整除，数 X 才不能被 4 整除"。

  同理，对必要条件假言判断，也可以得出如下转换公式：

$$(p \leftarrow q) \leftrightarrow (\neg p \rightarrow \neg q) \leftrightarrow (\neg q \leftarrow \neg p)$$

2. 假言判断与选言判断之间的转换

  假言判断与选言判断之间的转换，是指：当一个假言判断为真时，等值于一个何种形式的选言判断；当一个选言判断为真时，又等值于一个何种形式的假言判断。

  ①"如果 p，那么 q"可以转换为"非 p 或者 q"。用逻辑符号可表示为：

$$(p \rightarrow q) \leftrightarrow (\neg p \text{ 或者 } q)$$

  例如："如果被害人是被钝器打击致死的，那么被害人身上就有钝器击伤的痕迹"这一充分条件假言判断，可以转换为"或者被害人不是被钝器打击致死的，或者被害人身上有钝器击伤的痕迹"这一选言判断。

  ②"只有 p，才 q"可以转换为"p 或者非 q"。用逻辑符号可表示为：

$$(p \leftarrow q) \leftrightarrow (p \text{ 或者 } \neg q)$$

  例如："只有发现被害人尸体的地方不是第一现场，现场才不会留下任何杀人痕迹"这一必要条件假言判断，可以转换为"或者发现被害人尸体的地方不是第一现场，或者现场留下杀人痕迹"这一选言判断。

  ③"p 或者 q"可以转换为"如果非 p，那么 q"，或者"只有 q，才非 p"。用逻辑符号可表示为：

$$(p \lor q) \leftrightarrow (\neg p \rightarrow q) \leftrightarrow (q \leftarrow \neg p)$$

  例如："刘某或者郭某不是本案的作案人"这个选言判断，可以转换为"如果刘某是本案的作案人，那么郭某就不是本案的作案人"，或者"只有郭某不是本案的作案人，刘某才是本案的作案人"。

  司法工作者懂得并熟练把握不同复合判断形式之间的转换关系，具有重要的实践意义。把握各种复合判断形式之间的转换关系，实际上也就把握了一个复合判断的隐含判断，有助于更好地理解一个复合判断所表达的断定。一方面有助于在同一思维过程中做到前后断定一致，另一方面有利于在论证过程中对自己不同意的某个复合判断给以恰当的反驳。

（五）真值表判定方法

真值表是用来揭示一个复合判断逻辑真假值的图表。借助真值表，不仅能简明地反映一个复合判断的真值情况，还可以用来判定任意两个或两个以上的支判断相同而判断形式不同的复合判断是否等值。

例如，要断定"并非如果气温降到了冰点以下，就不能继续施工"与"气温降到了冰点以下，但仍能继续施工"是否等值，就可以用真值表的方法来进行。

首先，把判断化成逻辑符号表达式。用"p"和"q"来表达它们的支判断，上面两个判断的逻辑形式可表示为："¬（p→q）"和"p∧¬q"。

然后，画出包含支判断 p、q 的真值表（见表 3-10）。

表 3-10　真值表（八）

p	q	¬q	p→q	¬（p→q）	p∧¬q
真	真	假	真	假	假
真	假	真	假	真	真
假	真	假	真	假	假
假	假	真	真	假	假

由表 3-10 可以看出，这两个判断的真假值是相等的，也就是说，这两个判断是等值的。

拓展训练

● 一、简答题

1. 什么是复合判断？从逻辑学的角度看，复合判断与简单判断有哪些不同点？
2. 简述各种复合判断的逻辑形式和逻辑性质。

参考答案

● 二、若已知"王某会驾驶汽车"这一判断为假，则下面的复合判断哪些必然真？哪些必然假？哪些不能判定其真假？为什么？

1. 王某或者会驾驶汽车，或者不会驾驶汽车。
2. 王某不但会驾驶汽车，而且会驾驶摩托车。
3. 如果王某不会驾驶汽车，王某就不会是本案的作案人。
4. 只有王某会驾驶汽车，王某才会是这个犯罪集团的成员。
5. 并不是只要王某会驾驶汽车，王某就是本案的作案人。
6. 只有王某是律师，王某才会驾驶汽车。

● 三、写出与下列负判断具有等值关系的判断：

1. 并非有些圆是方。
2. 并非兼听不明或偏信不暗。
3. 并非只要李某具有作案时间，李某就是本案的作案人。
4. 并非只有贪污才犯大错误。

5. 并非他既聪明又能干。

6. 不努力学习而想取得好成绩，这是不可能的。

● 四、把下面的假言判断转换为选言判断，或者把选言判断、负判断转换为假言判断：

1. 如果本案不是奸情杀害，那么就是谋财害命。

2. 只有死者是被人用刀杀死的，死者身上才会有致命刀伤。

3. 这起火灾事故只能或者是有人纵火，或者是不慎失火。

4. 并非刘某和杨某都是该案的知情人。

● 五、用真值表方法判定下列各题中的①、②两个判断是否等值：

1. ① 并非只有非 p 才非 q。

   ② p 并且非 q。

2. ① 或者李某不是本案的作案人，或者李某去过作案现场。

   ② 并非李某去过作案现场，他就是本案的作案人。

第四节　模态判断

一、模态判断与真值模态判断

从广义上说，模态判断是指一切包含有模态词（如"可能""必然""必须""禁止"等）的判断。本书主要介绍两种模态判断：一种是包含有"必然""可能"等模态词的判断，叫作真值模态判断，人们通常从狭义上称之为模态判断；一种是包含有"应当""禁止""允许"模态词的判断，叫作规范模态判断，简称规范判断。

（一）真值模态判断

真值模态判断，是反映事物必然性和可能性的判断。简称模态判断。例如：

① 罪犯可能畏罪潜逃。

② 共产主义必然胜利。

这两例都是模态判断。例①反映了罪犯畏罪潜逃的可能性，例②反映了共产主义胜利的必然性。

人们使用模态判断，一般是出于以下两种情况。一种情况是用模态判断（必然，可能）来反映事物本身确实存在的某种必然性或可能性，如例①、例②。另一种情况是我们对事物是否确实存在某种情况，一时还不十分清楚、确定，因而只好用可能判断来表示自己对事物情况断定的不确定的性质。例如："其他天体上可能有生物。""他可能是复员军人。"诸如此类的判断，表示出人们对一时还不很了解的事物情况所作的一种推测。

按模态判断是反映事物的可能性还是必然性，模态判断可分为可能判断和必然判断，而可能判断和必然判断都既有肯定的，也有否定的。

1. 可能模态判断

可能模态判断，也称或然模态判断，是反映事物情况可能存在的判断。例如：

① 某甲可能是凶手。
② 今天可能不下雨。

这两例是或然模态判断，例①是对"某甲是凶手"的可能性作了肯定的断定，是可能肯定模态判断；例②是对"今天下雨"的可能性作了否定的断定，是可能否定判断。用符号"◇"表示模态词"可能"，那么可能模态的逻辑形式可以表示为：

可能 p（或◇p）
可能非 p（或◇¬p）

2. 必然模态判断

必然模态判断，是断定某种事物情况具有必然性的模态判断。例如：

① 改革会遇到阻力，这是必然的。
② 扎实的基本功必然不是一天能练就的。

这两例是必然模态判断。例①是对"改革会遇到阻力"的必然性作了肯定的断定，是必然肯定判断。例②是对"扎实的基本功是一天能练就的"的必然性作了否定的判断，是必然否定判断。用符号"□"表示模态词"必然"，那么必然模态判断的逻辑形式可以表示为：

必然 p（或□p）
必然非 p（或□¬p）

表达必然判断的模态词，除"必然"外，还有"一定""必定""必将""总是"之类的语词。

（二）真值模态判断之间的真假关系

真值模态判断之间的真假关系与同一素材的 A、E、I、O 四种性质判断之间的真假关系类似，同素材的"必然 p"与"必然非 p"、"可能 p"与"可能非 p"之间也具有一种对当关系。

1. 反对关系

"必然 p"与"必然非 p"之间是反对关系，二者不能同真，但可以同假。即：当"必然 p"为真时，"必然非 p"必假；当"必然 p"为假时，"必然非 p"真假不定。反过来亦然。

2. 矛盾关系

"必然p"与"可能非p"、"必然非p"与"可能p"之间的关系都是矛盾关系,既不能同真,也不能同假。因此,由其中一个判断真,可推知另一个判断假;由其中一个判断假,可以推知另一个判断真。

3. 下反对关系

"可能p"与"可能非p"之间是下反对关系,二者不能同假,但可以同真。即:当"可能p"为假时,"可能非p"必真;当"可能p"为真时,"可能非p"真假不定。反过来亦然。

4. 差等关系

"必然p"与"可能p"、"必然非p"与"可能非p"之间都是差等关系,二者既可以同真,也可以同假。所谓同真,是指当已知必然判断为真时,则其可能判断也为真;所谓同假,是指当已知可能判断为假时,则其必然判断也为假。但是,当已知必然判断为假时,其可能判断真假不定;当已知可能判断为真时,其必然判断真假不定。

真值模态判断之间的真假关系,也可用逻辑方阵图(见图3-3)表示。

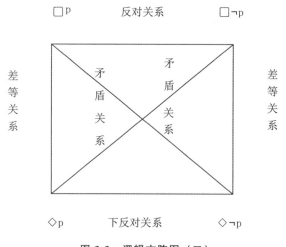

图3-3 逻辑方阵图(二)

根据真值模态判断间的矛盾关系,可以得知一个真值模态判断负判断的等值判断。

真值模态判断的负判断,也就是否定某个真值模态判断的判断,表现为判断中对模态词的否定。例如"并非必然……""不一定……""不可能……""不可能不……"都是对一个真值模态判断的否定。

真值模态判断的负判断,等值于被否定模态判断的矛盾判断。断定"不必然p",是对"必然p"的否定,等值于"可能非p",而不等值于"必然非p"。例如:"并非学习成绩好的人必然品德好",等值于"学习成绩好的人可能品德不好",而不等值于"学习成绩好的人必然品德不好"。

二、规范判断

（一）规范判断概述

所谓规范判断，就是要求人们以某种方式作出或不作出某种行为的判断，简单来说，就是包含有"必须""允许""禁止"这类模态词（简称"规范模态词"）的判断。其语句表现形式相当于语法学中所说的"祈使句"或"命令句"。例如：

① 一切学校必须推广使用普通话。
② 允许学生参加或不参加英语竞赛。

这些都是规范判断。例①表示，一切学校（规范承受者）推广使用普通话这一行为是必须的。例②表示，学生参加或不参加英语竞赛都是允许的，既可以参加英语竞赛，也可以不参加英语竞赛，对此，学校并不作出任何硬性规定。

规范判断可以是简单判断，如例①；也可以是复合判断，如例②。其中"学生参加或不参加英语竞赛"可以视作具有两个选言支的选言判断。也就是说，通过运用各种逻辑联结词如"¬"（否定）、"∧"（合取）、"∨"（析取）、"→"（蕴涵）等等，我们可以把某些简单的规范判断结合成各种复合规范判断。正如一切复合判断归根结底都是以简单判断为基础一样，复合规范判断也是以简单的规范判断为基础。在本书中，我们仅分析简单的规范判断。

在现代规范逻辑中，作为逻辑常项的规范模态词（简称规范词）通常有三个：必须（Obligation，简写为"O"）、禁止（Forbid，简写为"F"）、允许（Permission，简写为"P"）。

由此，规范判断也可相应地分为三种：表示某一行为属必须的规范判断、表示某一行为属禁止的规范判断和表示某一行为属允许的规范判断。而这三种规范判断又都可以或是肯定的（这里的"肯定"不是真假意义上的肯定，而仅表示做某件事，或采取某种行动），或是否定的（这里的"否定"也不是真假意义上的否定，而仅表示不做某件事，或不采取某种行动），因此，规范判断相应分为以下六种。

（1）必须肯定判断，是规定某种行为必须履行的判断。如"教师应当为人师表"。如以"p"表示判断变项，则可用符号表示为"必须 p"或"Op"。

（2）必须否定判断，是规定某种行为必须不实施的判断。如"一切公民的言行必须不违反社会公共利益"。可用符号表示为"必须非 p"或"O¬P"。

（3）禁止肯定判断，是规定某种行为不得实施的判断。如"禁止体罚学生"。可用符号表示为"禁止 p"或"Fp"。

（4）禁止否定判断，是规定某种行为不得不实施的判断。如"禁止不遵守公共秩序"。可用符号表示为"禁止非 p"或"F¬p"。

（5）允许肯定判断，是规定某种行为可予实施的判断。如"大学生选修第二外语是允许的"。可用符号表示为"允许 p"或"Pp"。

（6）允许否定判断，是规定某种行为可予不实施的判断。如"身体伤残的学生不参加力不胜任的体育锻炼是允许的"。可用符号表示为"允许非 p"或"P¬p"。

从以上分类可看出，在各种规范判断中，规范词在判断中的位置是可以有所不同的。规范词既可以在整个判断的中间，也可以在整个判断的前面或者后面。另外，"必须"型规范判断，模态词除了"必须""应当"以外，还可用"有义务……""有……的义务""有……的责任"等来表达。"允许"型规范判断，模态词还可用"可以……""可……""有权……""有……的权利"等来表达。

在上述六种判断中，禁止 p（Fp）与必须非 p（O¬P）、禁止非 p（F¬p）与必须 p（Op）的断定是相等的，因而可以用"必须 p"来表示"禁止非 p"（如"禁止不遵守纪律"就可用"必须遵守纪律"来表示和代替）；用"必须非 p"来表示"禁止 p"（如"禁止危害公共利益"就可用"必须不危害公共利益"来表示和代替）。这样一来，上述六种规范判断实际上可归结为以下四种：

（1）必须 p（Op）
（2）必须非 p（O¬P）
（3）允许 p（Pp）
（4）允许非 p（P¬p）

（二）规范判断相互间的逻辑关系

如前所述，规范判断是一种表示对一定人的行为的直接命令或规定的判断，因而它和可能判断、必然判断这类真值模态判断显然有所不同，它通常不直接用于表示真假。也就是说，规范判断不像其他判断那样，是依其是否与客观事实相符合而确定其真假的，而是根据这种判断的断定是否符合所在社会的行为规范而确定其正确还是不正确的。因此，当我们分析各种规范判断之间的逻辑关系时，主要是分析各种规范判断之间正确与否（而不是真实与否）方面的制约关系，而不像分析同一素材的各种性质判断和可能判断与必然判断之间的关系时那样，去着重分析它们之间在真值上的相互制约关系。

四种规范判断之间的逻辑关系，概括起来，也具有类似传统逻辑中 A、E、I、O 四种性质判断之间的那种对当关系，因而也可以借助逻辑方阵来加以表示和说明。

四种规范判断之间的逻辑关系，也可用逻辑方阵图（见图 3-4）表示。

根据图 3-4，可以得出规范判断的以下几种逻辑关系。

（1）必须 p（Op）与必须非 p（O¬P）之间的关系。二者之间的关系为：一个正确，另一个就不正确；一个不正确，另一个正确与否不定。这也可以说是一种反对关系。

（2）必须 p（Op）与允许非 p（P¬p）、必须非 p（O¬P）与允许 p（Pp）之间的关系，可以说是一种矛盾关系，即一个正确，另一个不正确；反之亦然。

（3）允许 p（Pp）与允许非 p（P¬p）之间的关系，类似于一种下反对关系，即一个错误，另一个就正确；一个正确，另一个正确与否不定。

（4）必须 p（Op）与允许 p（Pp）、必须非 p（O¬P）与允许非 p（P¬p）之间的关系，则类似于差等关系。即："必须"判断正确，则"允许"判断必定正确；"必须"判断不正确，则"允许"判断正确与否不定；"允许"判断正确，则"必须"判断正确与否不定；"允许"判断不正确，则"必须"判断一定不正确。

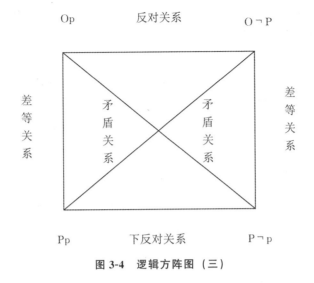

图 3-4 逻辑方阵图（三）

（三）刑法规范判断的一般特征和结构特点

所谓刑法规范判断，是国家机关制定的、表述对犯罪行为制裁的法律规范判断，主要指具体的刑法条文（条款）。刑法规范判断是审理刑事案件时构建法律推理的基本前提，是对案件作出定性、判处结论的法律依据。在司法实践中，援用刑法条款得出定性、判处结论，是通过推理实现的。而推理是否合乎逻辑，又与作为该推理的前提、特别是大前提的判断结构有关。因此，了解刑法规范判断的一般特征和它的结构形式，以及不同结构形式的逻辑性质，有助于准确援引适用法律条文。

1. 刑法规范判断的一般特征

（1）刑法规范判断具有明显的强制性。

刑法规范是规定犯罪和刑罚的法律规范，并且是通过国家专门机关的强制力来保证实施的，因而表达刑法规范的法律条文，也就是刑法规范判断，就具有特别明显的强制性。

刑法规范判断不是对实际出现的客观情况的断定，也不是要求人们如何行为的规范，而是关于违反法律规范的各种情况的预见、假定，以及这些情况一旦出现时将如何制裁的规定。因此，对于规范假定的承受者来说，不论你是否理解，也不管你是否同意，它都具有无可争辩的约束力。

由于刑法规范判断具有明显的强制性，用以作为推理基本依据的前提，它也就具有不容争辩的可接受性——"因为规定是如此这般，所以就应这样执行"。因而依据前提合乎逻辑地推出的结论，当然也就具有强制性。

（2）在同一个国家的法律体系内，刑法规范判断与其他法律规范判断之间具有关联性。

表面来看，任一刑法条款相对独立，可以单独援用，但其实它与其他法律规范判断之间，在结构或内容方面都具有关联性。

第一，刑法规范判断与其他法律规范判断之间，在逻辑结构方面具有关联性。

一个完整的法律规范体系，包括假定、处理和制裁三个组成部分。刑法规范判断表述的，只是这一法律规范体系中的制裁部分。与之联系的假定、处理部分，则表述在其他法律文件中。例如：《宪法》第五十四条规定：

中华人民共和国公民有维护祖国的安全、荣誉和利益的义务，不得有危害祖国的安全、荣誉和利益的行为。

用规范模态判断逻辑形式表达，上述《宪法》条文可简化为：

"必须 p，禁止非 p"

然而法律规范只规定出"应当怎样，并且禁止怎样"，显然是不完整的，还得有对违禁者将怎样制裁的规定。没有对违禁者的制裁规定，"法律"也就不成为法律了。《刑法》条文中关于各种犯罪行为的刑罚规定，就是对违禁者的制裁规定。例如：

（a）勾结外国，危害中华人民共和国的主权、领土完整和安全的，处无期徒刑或者十年以上有期徒刑。（《刑法》第一百零二条）

（b）投敌叛变的，处三年以上十年以下有期徒刑。（《刑法》第一百零八条）

这些条文，实际上就是与上引《宪法》条文相联系的，对"违禁者"的制裁规定，也不妨将其看作是与《宪法》条文相联系的另一判断成分。它们之间在结构形式上的联系，可表示如下：

"必须 p，禁止非 p；如果非 p［即（a）、（b）等等］，则处以 q。"

第二，在刑法体系内，刑法规范判断相互间在内容方面具有关联性。

在刑事审判活动中，作为法律推理的大前提的是刑法分则条文。而刑法分则条文的内容，实际要受到刑法总则条文的制约。

例如，《刑法》第二百三十四条规定：故意伤害他人身体的，处三年以下有期徒刑、拘役或者管制。似乎，只要确认"某人故意伤害他人身体"，就可以联结该条文构成推理并得出判处结论。然而，实际并不如此。对上述第二百三十四条刑法规范判断，并不能孤立看待，它在内容方面要受到如下若干刑法规范判断的制约。

首先，所指实施"故意伤害他人身体"行为的人，并非泛指一切实施这种行为的人。其内容要受《刑法》第十七条关于刑事责任年龄规定的制约；同时，还要受《刑法》第十八条关于行为人是否具有刑事责任能力规定的制约。

其次，所指"故意伤害他人身体"的行为，也不是泛指一切这样的行为，它的内容又要受《刑法》第十三条关于"情节显著轻微危害不大的，不认为是犯罪"这一判断的制约。

最后，在"作某种行为，处××刑"之间的逻辑联结上，还要受有关从重、从轻、减轻、免除处罚或数罪并罚等方面规定的制约。

总而言之，在司法实践中，在援引适用刑法分则条文构建法律推理时，需要考虑到刑法规范判断相互之间内容方面的关联性，才能准确援引适用相关条文。

2. 刑法规范判断的结构形式

从法律规范的总体结构来看，刑法规范判断是与命令性、禁止性规范判断相联系的制裁性规范判断。三者联系起来，可表述为：

必须 p，禁止非 p；如果非 p，那么 q

刑法规范判断，是这一表达式中"如果非 p，那么 q"这一部分。不过，在具体的刑法规范判断（主要是指刑法分则条文）中，"非 p"一般被列举描述为各种具体的违禁情况（a）、（b）等等。关于违禁情况的描述，又叫罪状描述或者行为模式，亦即构成要件。

就刑法规范判断本身来说，它只是表明：一旦"p"，即某种犯罪行为实际发生，那么就"q"，某种法律后果就随之而来。国家专门机关就应根据立法者给予的指令，予以某种处罚。

因此，从判断的结构形式来看，刑法规范判断中关于违禁情况的描述（即罪状描述）是假定的条件，相当于一个假言判断的前件；某种处罚规定，则是与之相连接的后件，即法律后果。因此，可以把刑法规范判断表述成如下的假言规范模态判断结构：

（禁止 p）如果 p，那么处以 q

需要注意的是，这个结构中，前件"p"部分和后件"q"部分，具体的结构形式比较复杂。特别是它的前件部分，往往既有联言判断的形式，又有选言判断的形式，甚至联言、选言相互交错。这就使得刑法规范判断一般表现为多重复合规范判断的形式。尽管如此，刑法规范判断包含的各支判断间的逻辑关系，与一般的复合判断并无不同，同样具有合取、析取、蕴涵等逻辑性质，遵循的也是一般复合判断所遵循的逻辑规律。因此，我们要析解刑法规范判断各支判断间的逻辑关系，也不会感到有什么困难。

拓展训练

● 一、根据模态方阵填空

1. 已知□p 真，可知□¬p ＿＿＿，◇p ＿＿＿，◇¬p ＿＿＿。
2. 已知□p 假，可知□¬p ＿＿＿，◇p ＿＿＿，◇¬p ＿＿＿。
3. 已知◇¬p 真，可知□p ＿＿＿，□¬p ＿＿＿，◇p ＿＿＿。
4. 已知◇¬p 假，可知□p ＿＿＿，□¬p ＿＿＿，◇p ＿＿＿。

参考答案

● 二、简答题

1. 断定"明天小王可能不来参加讨论会"，是否等于断定"明天小王可能来参加讨论会"？为什么？
2. 说"本案死者不一定不是自杀"这一判断，是否等于说"本案死者一定是自杀"？
3. 否定"某甲可能是作案人"这一判断，等于肯定了什么样的判断？
4. 断定"并非 A 队不必然能战胜 B 队"，是否等于断定"A 队不可能不能战胜 B 队"？

第四章

推理的概述

◆ 案例导入

一村民向包公告状:"家里的耕牛被人害了,但是它没有死,而是被人割了舌头。"包公大惑不解,便细问缘由。问毕,包公对那村民说:"你来报案有人知道吗?"村民说无人知道。包公随即附耳吩咐村民:"你回去悄悄把牛杀了,把肉拉到远处去卖,尽量挽回一些损失,免得牛吃不了草饿瘦了连肉也不值钱。"

数日后,包公升堂办案,又有人来报案,该人控告有人私宰耕牛,触犯了宋朝禁止私自宰杀耕牛的法律,必须严厉惩处。他指控的正是前次报案的村民。包公听毕,突然大怒,大声斥责报案人:"为什么偷割牛舌,还要置别人于死地,还不从实招供?"

该报案人大惊失色,遂匍匐在地,招认了他伤害村民耕牛的罪行。

包公为什么就能断定控告人是伤害耕牛的人呢?

作为三大逻辑思维形式之一，推理是指根据已经形成的命题（判断）并遵循一定的逻辑规则，从中推出新的命题（判断）的思维过程。人的思维活动，主要表现为一系列推理活动；人们对某个问题的思考或论证过程，实则也表现为一系列推理的运用过程。人们进行思维和推理活动，要以一定的具体知识为基础，也与人的智力、心理等因素相联系，同时还包含一定的推理结构形式。推理的结构形式是相同类型推理的共性。逻辑学对推理的研究主要是提供关于推理结构形式方面的知识，让人们正确认识所运用的推理及其所得结论的逻辑性质，把握运用各种类型推理的逻辑要求，从而保证推理正确，并扩展人们运用推理的能力。在逻辑学中还要研究概念、命题（判断）这些思维形式，对这些问题的研究，从根本上来说还是服务于推理研究的。也正因为如此，逻辑学常常被视为一门关于如何正确推理的科学。

第一节　推理的特征

一、什么是推理

推理就是根据一个或几个已知命题推导出另一个命题的思维形式。例如：

例①
犯罪是具有社会危害性的行为，
所以，不具有社会危害性的行为不是犯罪。

再如下面这段话：

现场勘查证明，A地现场发现的这具尸体是出现尸斑的尸体；而法医学知识告诉我们，凡是出现尸斑的尸体都是死后2—4小时的尸体，因此可以肯定，A地现场发现的这具尸体是死后2—4小时的尸体。

这段话表述的实际上就是一个推理，它表明"A地发现的这具尸体是死后2—4小时的尸体"这个命题，既不是直接感知的，也不是胡乱猜测得来的，而是根据这样两个已知命题，即"A地现场发现的这具尸体是出现尸斑的尸体"，和"凡是出现尸斑的尸体都是死后2—4小时的尸体"，并借助这两个命题的联结而推导出来的。逻辑学中为了便于研究推理的结构，就把人们实际运用的各种各样的推理，整理排列为相应的推理形式，并用一横线表示推理中的已知命题同推出命题之间具有的推导关系：横线上面表示得出某个命题的根据，是推理中已知为真或确定为真的命题；横线下面表示推导得出的命题。对上述推理，我们可以整理排列为下面的推理形式：

例②
凡是出现尸斑的尸体都是死后2—4小时的尸体，
A地现场发现的这具尸体是出现尸斑的尸体，

所以，A地现场发现的这具尸体是死后2—4小时的尸体。

又如下面的推理形式：

例③

金是能导电的，
银是能导电的，
铜是能导电的，
铅是能导电的，
铁是能导电的，
金、银、铜、铅、铁都是金属，
───────────────
所以，所有的金属都是能导电的。

这个推理推导出的命题，就是横线下面的"所有的金属都是能导电的"这个结论。这个推理中横线上面讲述的那些情况，就是那位科学家进行推理的根据，是该推理的已知命题。

上述例①、例②、例③分别反映的都是一个推理过程，例①是以一个已知命题作为前提，例②是以两个已知命题作为前提，例③是以多个已知命题作为前提。

推理也称推论、推测。它可以在名词的意义下被理解为那种静态的、既成的命题组合方式，即逻辑学中所说的推理这种思维形式，如上面的例①、例②、例③便是。它也可以在动词的意义下被理解为那种根据已知推未知，亦即由一些命题向另一个命题过渡的、动态的思维活动过程，也就是指在人们头脑中凭借空间想象能力而展开的一种智力活动。这样的智力活动，正如毛泽东同志所说的：《三国演义》所谓"眉头一皱，计上心来"，我们普通说话所谓"让我想一想"，就是人在脑子中运用概念以作命题和推理的功夫。"眉头一皱"表明头脑中正在展开这样的智力活动，正在进行由已知推未知、由一些命题向另一个命题过渡；而"计上心来"，则表明通过这样的智力活动已获得了某种结果，即结论。人们把描写侦查破案的小说称为"推理小说"，这里所说的"推理"就是动态意义的；日常语言中所说的"推理能力"中的"推理"，也是动态意义的。

"推理"一词的静态意义和动态意义有时并无严格的界限。譬如，就一个具体的推理而言，当我们侧重于它获得某种结论的思考或分析过程来看，说它是个"推理"，这是动态意义的；而当我们侧重于这一既成的推理的命题组合方式，并把它的命题组合方式排列起来考察的时候，说它是个"推理"，就是静态意义的。逻辑学中研究的各种推理，考察的就是静态意义下既成的推理形式；而目的则是动态意义下的推理活动，亦即如何正确运用这些推理的问题。

人们获得的认识总要表现为这样或那样的命题。而得出这些命题的途径，可能来自感知，也可能来自胡乱猜测，当然还可能来自推理。推理的根本特点就在于"推"，是有根据的一种推导活动，是由一个或一些命题向另一个命题的过渡。因此，它既不同于直接的感知，也不同于"瞎猜"。感知，是人们对客观事物情况的直接反映；"瞎猜"，则是不依赖任何根据而作出的断定。比如，在一荒郊野地躺着张三的尸体，围观者对张三的死因议论纷纷。李四说："我猜，张三肯定是被人杀害的。"这里，李四作出的"张三肯定是被人杀害的"这一命题，就是"瞎猜"的，他什么根据也没有。王五说："我亲眼看见有人紧追张三，并从背后捅了他一刀，把张三杀死了。张三是被人杀害的。"这里，王五作出的"张三是被人杀害的"这一命题，就是他直接的感知。假若侦查人员到达现场并通过尸检发现，死者（张三）背上有自己无法形成的致命伤，据此得出结论说："死者（张三）是被人杀害的。"这里，侦查人员作出的"张三是被人杀害的"这一命题，就既不是感知，更不是瞎猜，而是推理所得了。又比如，有人指着一个鼓囊囊的口袋，问大家口袋里装的是什么？甲随口就回答说："口袋里装的都是玻璃球。"乙上前用手伸进口袋，当其第一次摸出的是一个玻璃球，第二次摸出的又是一个玻璃球，接着第三次、第四次、第五次摸出的也都是玻璃球的时候（尽管口袋里的东西他并没有全部摸出来看），然后回答说："口袋里装的都是玻璃球。"丙则上前打开口袋仔细看了里面装的东西后说："哇！口袋里装的都是玻璃球。"这里，虽然他们三人的回答都一样，然而甲的回答却是"猜"得的，丙的回答则是感知的，只有乙的回答，才是根据"已知"通过推理得出的。由上可见，推理同感知、瞎猜是大有区别的。

二、推理的组成及其语言表达形式

推理是根据一个或几个已知命题推导出另一个命题的思维形式，是有根据的推导活动，是由已知命题向另一个命题的过渡，因此，任何推理都必然包含有这样三个组成要素，即前提、结论和推导关系。

推理的前提，就是推理赖以进行的、作为推导出某个命题的根据的那些已知命题。如前面例①、例②、例③中横线上面的那些命题，就分别是该推理的前提。实际思维中，推理的前提总是推理运用者已知为真或确定为真（或假定为真）的命题，是该推理赖以进行的基础和出发点，也是通过推理要证明某个命题为真的理由或根据。

推理的结论，就是根据推理的前提推导出来的那个命题。它是依赖于已知命题的过渡而得出的命题。如前面例①、例②、例③中横线下面的命题，就分别是例①、例②、例③这三个推理的结论。

推理的前提和结论，是构成推理的要素中显现出来的组成成分。此外，还有一个隐藏于推理中间的、非常重要的要素，即前提与结论之间的推导关系。由前面的例子可以看出，推理虽然是由一些命题组合而成的命题序列，但是，它绝不是任意的一些命题的简单堆砌或随意的拼凑、组合；它的一些命题同另一个命题之间总是存在着某种逻辑联系。这种逻辑联系，就是它们之间构成的推导关系。

任何命题都有其内容和逻辑形式两个方面，推理也有其具体内容和逻辑形式两个方面。推理的具体内容就是前提命题和结论命题所反映的客观事物情况。它的逻辑形式，也就是它的前提与结论之间的逻辑联系，亦即它们之间的推导关系，具体表现为它们之间的联结方式。推理前提与结论之间的联结方式，又叫推理的结构形式，简称推理形式。例如下面这个推理：

违法行为都具有社会危害性，
张三的行为是违法行为，
─────────────
所以，张三的行为具有社会危害性。

如果我们用"M""P""S"依序替换上例中先后出现的"违法行为""社会危害性"

"张三的行为"这几个概念，该推理前提与结论之间的联结方式，亦即它所采用的推理形式就是：

$$M—P$$
$$S—M$$
$$S—P$$

又如下面这个推理：

如果死者的胃容物有大量未消化的食物，那么，死者是进食后不久死亡的，

（某个）死者的胃容物有大量未消化的食物，

所以，（某个）死者是进食后不久死亡的。

如果我们以逻辑变项"p""q"分别代替"死者的胃容物有大量未消化的食物"和"死者是进食后不久死亡的"，该推理的逻辑形式就是：

如果 p，那么 q
p
所以，q

该推理形式还可以进一步用符号公式表示为：

$$p \rightarrow q$$
$$p$$
$$\therefore q$$

再如本节前面所举例③那个推理，其前提与结论之间的联结方式则是：

S_1 是 P，
S_2 是 P，
……
S_n 是 P，
S_1，S_2，…，S_n 都属于 S，

所以，所有 S 都是 P。

从上述例子可以看出，推理的前提与结论之间的推导关系，是推理的关键要素，也是逻辑学在推理方面特别关注的核心问题。推导关系的实质，就在于它能把前提的真（无论是确实为真还是假定为真）传递给结论，能用前提的真来证明结论必然真或非常可能为真；并且，承认结论的真还必须依赖于承认或相信前提的真。正是推理中的这种推导关系，才使得人们承认该推理的前提，就必须承认或者相信它的结论；并且，承认或相信它的结论，仅仅是基于承认或相信它的前提。否则，命题与命题之间就不成其为正确的推理关系，甚至它们的组合就根本不成其为推理。

概念、命题（判断）、推理都要借助一定的语言形式来表达。推理的语言表达形式，其实是关于命题与命题之间具有的推导关系的语言表达形式。这种推导关系，亦即日常

语言中用"因为……所以……"这类语词或相当于这类语词表达的关系，如"由于……所以……""……因而……""……因此……""……所以……"其中"所以""因而""因此"之后的那个命题就是推理的结论；而"因为""由于"或相当于这类语词之后的那些命题，就是前提。此外，在语言表达中，当我们为了证明某个论断或观点的正确性而陈述其理由或根据时，尽管没有上述那类表达推导关系的语词，然而作为理由或根据的命题，同所要证明的命题（亦即所要证明的论断或观点）之间，也总是（并且应当是）具有推导关系的：作为理由或根据的命题就是推理的前提；而所要证明的论断或观点，则是该推理的结论。

由于"因为""所以"以及与之含义相似的语词，表达了前后命题之间具有推导关系，所以，我们在口头或书面语言表达中就不要随意乱用，使用时一定要考虑到该语词前后的命题之间是否具有推导关系，否则就会闹笑话。譬如这样两句话："我母亲是农家妇女，今年已经七十岁了。"这两句话作为一个联言命题，逻辑上并没有什么错。可是，若在它们中间加上诸如"因为""所以"之类的语词，就会成为笑话。这两句话表达了两个独立存在的事物情况，相互之间没有"因为—所以"的推导关系。司法工作中，如果在制作法律文书时不注意这个问题，也难免会出现这样的笑话。例如，有份判决书中就这样写道："由于被告杜××长期旷工，在外鬼混，致使该厂连续三个多月未能完成生产任务。"被告一个人旷工，怎么就可以使得一个厂几个月不能完成生产任务？前后两个命题之间，哪有什么推导关系？还有份判决书中这样写道："经查证明，原告张×与被告程××确系新中国成立前由父母包办的婚姻关系，因而实属难以维持下去的婚姻关系，故准予离婚。"难道新中国成立前由父母包办的婚姻关系，就一定是难以维持下去的婚姻关系？显然，这个推导关系是不成立的。

三、推理是有预定目的的思维活动

推理作为人们头脑中的思维活动，不是盲目展开的，也不是头脑中随时随地都在进行着的。人们运用推理本身是一种自觉的活动，是有预定目的的一种思维活动。不是出自某种预定目的，头脑中就不会去思考，也就不会有推理的发生。

人们运用推理的"预定目的"，主要有两种情形。一是基于认识的需要。当某人在实践中获得了某些认识，掌握了某些已知命题，引发了他头脑中对问题的思考，并希望能够根据这些已知的情况去探寻未知的情况，以求获得关于事物情况的某种新的认识的时候，他头脑中就会用到推理。二是基于论证的需要。某人为了证明或确立某个命题的真实性或虚假性，就会有意识地为之"寻找"理由或根据。"寻找"时，就不能不思考理由或根据同所要证明的命题之间的说明关系（这当然不包括那种不假思索而乱列"理由"的情形）。这一思考过程，也就是他在头脑中运用推理的过程。论证中，只有当他作这样的思考的时候，他的头脑中才会有推理的发生。简言之，所谓推理的"预定目的"，就是或者由已知的（即前提）命题出发，求结论命题；或者由确立的结论命题出发，"寻找"能推导出它的前提命题。不过，这只是就其表现出来的情形说的而已，实际上，当我们为了证明或确立某个命题的真实性或虚假性而"寻找"理由或根据的时候，头脑中进行的推理活动，也还是由前提（理由或根据）到结论（需要证明的命题）

的推导活动，与前一种情形并无根本的区别。何况，当我们把通过推理获得认识的过程倒过来表述的时候，也就相当于后一种情形了。

推理是人们获得对客观事物的认识的必不可少的思维形式。人们获得的关于客观事物的认识，不外来自两个途径，一是感知，二是推理。感知是认识主体在实践活动中凭借感觉器官直接获得的经验性知识，亦即亲知。就任何一个具体的认识主体而言，都不可能也不必要事事依靠直接经验，由直接经验而得的知识终究是很少的，大量都是通过推理间接得来的。并且，就人类总的知识来说，基本上也都是在前人已有的知识和新的感性材料的基础上运用推理而得的。正因如此，恩格斯指出：甚至形式逻辑也首先是探求新结果的方法、由已知到未知的方法。不但人们要获得新的知识就必须运用推理，而且，也只有当人们有了某种认识需要的时候，也就是只有有了某种"预定目的"的时候，思维中才会有意识地运用所掌握的已知前提，并在此基础上展开推理活动，也才有推理的发生。

就以前面所举的例②来说，面对"A地现场发现的这具尸体是出现尸斑的尸体"这一情况，对于在现场围观的一般群众而言，尽管他们也会感知这一情况，然而也仅仅是感知而已，对之往往会不以为然；没有认识的需要，头脑中当然也就没有推理的发生。但是，对于侦查人员来说就不同了，因为他们勘查现场、检验尸体的目的，就是为了弄清死者的有关情况，以便根据已知推未知，最终查明案件的真相。因此，面对现场尸体出现尸斑的情况，侦查人员的头脑中就会有意识地联系到已知的、法医学提供的知识，推知"这具尸体是死后2—4小时的尸体"。显然，如果侦查人员不是出于这种认识的需要，他的头脑中也不会有例②这个推理的发生。

由于推理是一种有预定目的的思维活动，所以只有人们出自推理的需要，才会有意识地去运用已有的知识，或者进一步去收集可供推理需要的知识，并将其作为前提进行推理活动。以前面谈到的例③那位科学家运用推理的情形为例，当这位科学家在实践经验中了解到铜、铁等某些金属都能导电的情况后，他头脑中就产生了疑问，从而也就引发了如何根据这些已知情况而获得某种认识的思考，亦即有了推理的预定目的；也正是为了更好地运用推理，他才会有意识地通过实验进一步了解金、银、铅等其他金属是否具有导电属性，实则也就是进一步收集可供推理需要的前提。再以前面所举的回答口袋里面所装何物的例子来说，乙为什么要先从口袋里一次又一次地摸几个东西出来看呢？也正是由于他头脑里已经有了运用推理的意识，所以才会这样有意识地"寻找"可供推理需要的前提。

引例中，包公断"牛舌案"时，运用了假言命题推理中带有假设性的推断、推论，并以假设性的推断、推论为指引去"查找"相关联的事实，完成最后的推理。包公对嫌疑人的所有情况都是未知的，但包公认为只有割牛舌的人，才能知道牛是在未真正死亡前被主人宰杀的。该人知道牛是在未真正死亡前被主人宰杀的，所以该人就是割了牛舌的人。此案中，包公紧紧围绕着"有了某种条件就有相应的某种结果"进行分析：作案人既不偷走牛，又不杀死牛，却单单把牛舌割下，其后果就是牛被饿死。既然要陷害牛主人，那么作案人肯定在关注着牛主人的行动，得知牛主人违反法律宰杀耕牛后必然会恶人先告状。

在为证明或确立某个命题的真实性或虚假性的论证中，有的理由与命题之间没有所需要的推导关系，其证明和论证并不成立，我们称这种情况为"乱列理由"。因为论证者头脑中没有结合预定目的，列举理由时也就没有推理的发生，"乱列"自然也就难免。例如，20世纪70年代中期，某地农村一个拖拉机训练班发生了一起盗窃案，当地有关部门认定是该班学员、青年农民何某所为。他们在上报材料中列举之所以"认定是何某所为"的若干理由中，就还列有这样两条"理由"：一条是，"何某的父亲在抗美援朝时被俘过"；另一条是，"何某不是该训练班的正式学员"。显而易见，这两条所谓的"理由"，同关于何某是否盗窃的论断之间，哪有什么推导关系？又哪能成为认定何某盗窃的"理由"？

现实生活中类似上述那样乱列理由的事例并不少见，这样的"论证"不但会闹笑话，而且不堪一"驳"。学习逻辑学，应懂得推理是有预定目的的思维活动，头脑中没有某种预定目的，没有对推理的需求，就不会有推理的发生，当然更谈不上所谓推理的能力了。

💡 拓展训练

- 一、什么是推理？它有哪些特征？怎样区别一个句组或句段是否表达了推理？
- 二、为什么推理是有预定目的的思维活动？
- 三、正确的推理能力与主观主义的想象、臆测，有无相同之处？区别点在哪里？

第二节　推理的类型及其区别与联系

一、推理的分类

推理的结构形式多种多样。逻辑学从不同的角度、按照不同的标准将推理分为若干种类型，目的在于研究不同类型推理形式的推导特点及其规律性，了解不同类型推理结论的逻辑性质，从而使得我们不但能有意识地运用各种推理，而且指导我们正确地运用各种推理。

根据不同的划分标准，对推理可以进行不同的分类。

（一）根据前提的数量，可分为直接推理和间接推理

以一个命题为前提推出结论的推理就是直接推理。例如：

　　商品是用来交换的劳动产品，
　　所以，有些劳动产品是商品。

以两个或两个以上的命题为前提推出结论的推理就是间接推理。例如：

　　物理学是研究物质结构、物质相互作用和运动规律的自然科学，

力学是研究物体的机械运动和平衡规律的，

所以，力学属于物理学范畴。

（二）根据前提与结论之间是否具有蕴涵关系，可分为必然性推理和或然性推理

必然性推理是前提蕴涵结论的推理，即在推理形式有效的情况下，由真前提能够必然推出真结论的推理。对这类推理来说，只要其前提是真的，推理形式是有效的，那么结论就必然为真。这种运用有效的推理形式进行的推理，我们也可以称之为有效推理。或然性推理是前提不蕴涵结论的推理，即前提真结论未必真的推理，即使推理形式正确，也不能由真前提必然地推出真结论。也就是说，或然性的推理形式，虽然前提是真的，却不能保证结论也是真的，要保证得到真实可靠的结论，我们还必须依赖其他方法。例如：

凡想要考大学的人都需要学习努力点，
你是想考大学的人，

所以，你需要学习努力点。

上例中的两个前提都是真的，推理的结论也是真的。这是一个必然性推理。又如：

某中学的语文教学水平很高，
某中学的数学教学水平很高，
某中学的英语教学水平很高，
语文、数学、英语是某中学的教学课程，

所以，某中学所有课程教学水平都很高。

上例就是一个归纳推理，只不过结论涉及的知识范围超过了前提涉及的知识范围，不能保证其结论是真的。这是一个或然性推理。

（三）根据推理思维进程的方向不同，可分为演绎推理、归纳推理、类比推理

从一般性、普遍性认识推出个别性、特殊性认识的推理就是演绎推理。演绎推理的前提和结论之间具有必然性。例如：

张林喜欢所有的喜剧电影，
《加菲猫》是喜剧电影，

所以，张林喜欢《加菲猫》。

归纳推理是从特殊性知识的前提到一般性知识的结论的推理。归纳推理的前提和结论之间具有或然性。例如：

蘑菇没有叶绿素，
香菌没有叶绿素，

地衣没有叶绿素，

蘑菇、香蕈、地衣都是菌类植物，

所以，凡菌类植物都没有叶绿素。

类比推理，就是从特殊性知识的前提到特殊性知识的结论的推理。类比推理的前提和结论之间具有或然性。例如：

菱形有一组邻边相等，对角线互相垂直且平分，

正方形也有一组邻边相等，

所以，正方形的对角线也互相垂直且平分。

（四）根据推理中前提繁简的不同，可分为简单命题推理和复合命题推理

以简单命题为前提推出结论的推理就是简单命题推理。根据简单命题种类的不同，简单命题推理又可以分为性质命题推理、关系命题推理等。例如：

菱形是四边形的一种，

正方形是菱形的一种，

所以，正方形是四边形的一种。

上例就是一个简单命题推理中的关系命题推理。

以复合命题为前提推出结论的推理就是复合命题推理。根据复合命题种类的不同，复合命题推理又可以分为联言推理、选言推理、假言推理和二难推理等。比如：

如果剧本好，他就会参演，

这个剧本好，

所以，他会参演。

上例是一个复合命题推理中的假言推理。

上述关于推理的分类，由于划分根据不同，所以是互相交叉的。同一个推理可以分属不同的种类。比如三段论推理属于演绎推理，也属于必然性推理，还属于间接推理。

推理的主要种类如图 4-1 所示。

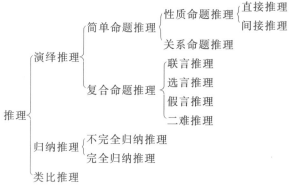

图 4-1　推理的主要种类

二、不同类型推理的区别

如前所述，根据不同的标准可以将推理分为若干种不同的类型。各种不同类型的推理之间既相互区别又相互联系。本书着重分析演绎推理、归纳推理和类比推理之间的区别与联系。

演绎推理、归纳推理和类比推理的主要区别如下。

（一）由前提推导出结论的思维进程方向不同

演绎推理是由一般到特殊（或个别）的推理，是从前提中那个反映一般性事物情况的命题，推出一个反映特殊性或个别性事物情况的命题。

归纳推理则与之相反，它是由特殊（或个别）到一般，也就是从一系列特殊性或个别性事物情况，推出一个反映一般性事物情况的命题。

类比推理比较独特，它既不是由一般到特殊（或个别），也不是由特殊（或个别）到一般，而是由特殊到特殊或者由个别到个别，亦即由一个反映此类（或这个）事物情况的命题，推出一个反映另一类（或另一个）事物情况的命题。

（二）由前提推出结论的推理特点不同，因而对前提数量的要求也不同

1. 演绎推理的特点

由于演绎推理是由一般推向特殊，是根据一般性的命题来证明或确认某个较特殊性的或个别性的命题的推理，所以，在运用演绎推理时，人们总是基于所需认识的关于某类或某个对象事物情况的命题出发，再将其导入头脑中已有的、相关的一般性知识（命题）断定的范围，然后联结而得出关于某类或某个对象事物情况的结论。因此，演绎推理的典型情况，一般是由这样三个命题组成的：一是需待认识的关于某类或某个对象事物情况的命题，称作演绎推理的小前提，它通常是人们直接感知而得的；二是用以作为认识某类或某个对象事物情况基本依据的一般性命题，称作演绎推理的大前提，它通常是人们头脑中已有的、包括了某类或某个对象事物情况在内的一般性知识；三是通过两个前提的联结而得出的命题，即结论。

演绎推理虽然是由一般推向特殊（或个别）的推理，然而实际思维中运用演绎推理的认识起点却是小前提。有了小前提，并且有进一步认识某类或某个对象的需要，亦即有了某种预定目的，人们才会有意识地将其与头脑中的已有知识联系起来，从而得出关于某类或某个对象的新的认识，即结论。就以前面所举的例②来说：侦查人员经过在发案现场对死者尸体的检验后得知，"A地现场发现的这具尸体是出现尸斑的尸体"，这是直接的感知。可是，"出现尸斑的尸体"说明什么呢？侦查人员自然就会联想到头脑中已有的知识，亦即"寻找"到他得以认识当前具体对象情况的大前提，"凡是出现尸斑的尸体都是死后 2—4 小时的尸体"。通过大、小前提的联结，于是得出了关于某个对象（即"A地现场发现的这具尸体"）的新的认识，即结论。这表明，演绎推理就其由前

提推导出结论的思维进程来说，是由"一般"推向"特殊"，然而从演绎推理的实际运用来说，其认识起点是"特殊"，然后再联系（或"寻找"）"一般"，而后得出结论。

可见，所谓演绎推理的"演绎"，其实就是把大前提反映的一般性知识展现出来并使之具体化，或者说，是依据一般性知识而对具体对象认识的延伸和扩展。推理形式上，其前提一般由大前提和小前提构成。但直接推理中，基于前提和结论之间的蕴涵关系，推理在形式上具有必然性，传统逻辑也将其归入演绎推理，而直接推理只有一个命题作为前提。如传递关系推理、假言连锁推理等推理形式，推理的前提可以有两个以上。

2. 归纳推理的特点

如前所述，归纳推理是由特殊（或个别）推向一般的推理。它由"特殊"（或"个别"）推出"一般"的过程，其实就是从一系列特殊性（或个别性）的具体事例中，概括出共同的属性并将其扩展到同类事物中去，从而得出关于该类事物的整体性结论。唯物辩证法告诉我们，人们能够通过感知而直接认识的对象，只能是个别性或特殊性的；然而个性中包含有共性，特殊中包含有一般，因此，我们也就能够通过对一系列具体事例的考察，从中概括出它的共性，获得关于该类事物的整体性认识。这是归纳推理之所以能够由"特殊"（或"个别"）推出"一般"的认识论基础，也是它能够从一系列个别性或特殊性事例中概括出关于一类事物整体性结论的客观依据。

归纳推理的根本特点，就在于它的结论是来自对前提所列举事物情况的概括，并且，是在前提已知事物情况基础上的扩展和延伸。

例如，一位法医观察了甲、乙、丙、丁、戊5具因一氧化碳中毒死亡的尸体，看到这5具尸体的皮肤都呈现出樱花般的粉红色，于是，这位法医认为，凡因一氧化碳中毒致死的人，其皮肤都会呈现出樱花般的粉红色。

他的推理过程如下：

甲因一氧化碳中毒致死，其皮肤呈现出樱花般的粉红色，
乙因一氧化碳中毒致死，其皮肤呈现出樱花般的粉红色，
丙因一氧化碳中毒致死，其皮肤呈现出樱花般的粉红色，
丁因一氧化碳中毒致死，其皮肤呈现出樱花般的粉红色，
戊因一氧化碳中毒致死，其皮肤呈现出樱花般的粉红色，
甲、乙、丙、丁、戊都是因一氧化碳中毒死亡的人，

所以，所有因一氧化碳中毒致死的人，其皮肤都会呈现出樱花般的粉红色。

在这里，这位法医仅仅根据5个因一氧化碳中毒致死的人，其皮肤呈现出樱花般的粉红色这种个别性知识的前提，得出了"所有因一氧化碳中毒致死的人，其皮肤都会呈现出樱花般的粉红色"这种一般性知识的结论，显然，前提与结论之间没有必然联系。

正是由于归纳推理的上述特点，首先，决定了它前提命题的数量不同于演绎推理，是不受限制、可多可少的。当然，又不能太少。如果前提考察的事例仅一两个，显然就难以从中发现一类事物的共性或规律性，归纳推理也就派不上用场；即使轻率地得出结论，其前提对结论的支持强度也极低。其次，它的结论只能是全称性的或能适用于任何

情况下的一般性命题，若只是得出一个特称性的或只能适用于某个具体情况的命题，就不成其为在运用"归纳推理"。

3. 类比推理的特点

类比推理表面看来似乎其前提就是甲、乙两个（或两类）对象，其实它推理的依据或者说它用以作为推理的前提，是甲、乙两个（或两类）对象的若干相同或相似的属性。因此，在前提的数量方面，它也不同于演绎推理而与归纳推理相似，是不受限制、可多可少的，当然也不能太少。如果仅仅依据甲、乙两个对象的某一或两个属性相同，就推知它们的另一个属性也相同，就谈不上是在进行真正意义上的"类比"。类比推理与归纳推理的主要区别，就在于它的结论不仅不是对前提已知情况的概括，而且结论也不是比前提命题断定范围更为宽泛的全称命题，它只是关于某个特殊的类或关于某个具体对象的命题。

（三）前提与结论之间逻辑联系的性质不同

演绎推理的前提与结论之间的联结方式，亦即它推理的逻辑形式，是确定的。因此，在完全符合推理形式要求的情况下，其逻辑变项代入相应的概念或命题，无论它的内容是哪个方面的，只要代入的命题为真，它的结论就必然真。若结论不真，则其前提中就必然至少有一个前提为假。所以说，演绎推理的前提与结论之间的联系具有必然性。不过，特别值得说明的是，这是就演绎推理的推理形式完全符合它的逻辑要求的情况来说的。如果所运用的推理，虽然也属于演绎推理的形式，然而并不完全符合它在推理形式方面的逻辑要求，其前提与结论之间的联系，就不具有这样的必然性。在这种情况下，即使它的前提都真，结论也未必就真；尽管结论为假，它的前提也不一定就假。

就推理的前提与结论之间逻辑联系的性质来说，归纳推理与类比推理都不同于演绎推理，它们的前提与结论之间的联系都不具有必然性。无论归纳推理还是类比推理，尽管它们都有各自的推理形式，但是，其推理形式并不是确定的，它们只不过是对该类型推理的公式表述而已，不像演绎推理那样，可以在逻辑变项中代入相应的具体概念或命题。它们的推理形式本身，其前提与结论之间就没有必然的联系，因此，即使归纳推理或类比推理的前提都真，它们的结论也未必就真。

为什么归纳推理（尽管完全归纳推理例外）和类比推理，不能保证在前提真的情况下，结论必然真呢？根本原因就在于这两种推理都是扩展性的推理，其结论都超出了前提已知的事物情况的范围。有限的前提，不可能为扩展了的结论提供完全强有力的支持，更不可能保证在前提真的情况下结论必然真。

虽然归纳推理与类比推理都只是一种或然性推理，但是其认识意义不可忽视，它们都是人们在已知事物情况的基础上扩展知识的重要手段。特别是类比推理，往往能把人的认识从一个领域引申到另一个领域，其应用更是具有极大的灵活性，因而比演绎推理，甚至比归纳推理都更具创造性。

三、不同类型推理的联系

演绎推理、归纳推理和类比推理，若仅从推理本身来看，它们之间的区别是明显的，然而在实际思维中，它们的运用是相互联系的，很少有孤立地运用某种推理而不涉及其他类型推理的情形。从理论上来说，各种类型的推理更是相互联系、密不可分的。特别是演绎推理与归纳推理之间的关系，尤为如此。它们既相互区别，又相互依赖、相互渗透。

演绎推理同归纳推理之间的联系，或者说它们之间的相互依赖关系，主要表现如下。

第一，演绎推理的大前提，亦即作为演绎推理基本依据的一般性命题，要靠归纳推理提供。

演绎推理能够由一般推出特殊，首先要依赖于它的反映某类事物情况的一般性命题，即它的大前提。可是，这个一般性命题是从哪里来的？谁都知道，人们能够直接认识的，只能是这个或那个具体的事物，不可能直接获得关于某类事物的整体性知识。要获得这样的知识，就必须借助归纳推理。没有归纳推理，就不可能有演绎推理必不可少的、作为大前提的一般性命题。用前面谈到的例②那个演绎推理来说，侦查人员为什么能够根据"A地现场发现的这具尸体是出现尸斑的尸体"，推知"A地现场发现的这具尸体是死后2—4小时的尸体"？是依赖于它的大前提："凡是出现尸斑的尸体都是死后2—4小时的尸体"。可是，这个一般性命题是怎么来的？它只能是人们通过对若干具出现尸斑的尸体及其死亡时间的具体事例的考察后，通过归纳推理得出。可见，没有归纳，就谈不上演绎。

第二，归纳推理的运用，又不可能是盲目的，它必须依赖于演绎推理的指导。

离开了演绎推理的指导，就不能正确地分析这些具体事例或现象，也不能解决观察什么、实验什么的问题。不仅如此，归纳推理得出的结论，其可靠程度究竟如何，靠归纳推理本身也是不能证明的，必须通过演绎推理来验证。如前所述，归纳推理因其是扩展性的推理，结论超出了前提的范围，即使其前提都真实可靠，结论也不必然可靠。要验证其结论的可靠程度，归纳推理自身不可能解决，必须依赖演绎推理，也就是把归纳推理所得的结论作为大前提，用以认识或预测未知事物情况，看其与该归纳推理所得的结论是否相符。若验证情况与归纳推理的结论相符，就能够提高该结论的可信度，对该结论起到支持的作用；反之，则表明该结论不可靠，对之就有必要予以修正甚至给以否定。

下面，我们不妨结合具体实例，进一步来说明演绎推理与归纳推理之间相互联系的情形。

某地发生了一起碎尸案。侦查人员经过艰苦细致的工作，从全市收集到被碎尸者的尸块虽然有40多块，但拼凑起来还不到该尸体的三分之二；何况这些尸块还高度腐败，根本无法辨认出死者身份。不言而喻，要侦破这起案件，首先必须查明死者的身份，为此，就不能不刻画出死者的特征，以便查证。可是，通过对尸块的检验后，可以肯定的只是死者是个女性，另外就是从死者的一块下颌骨发现，死者已萌生智齿。侦查人员据此运用演绎推理："萌生智齿是一种生理变化，而生理变化是同年龄有关的，可见萌生智齿是同年龄有关的。"然而，生理变化以及人的发育情况，还会受到气候和饮食习惯等诸多因素的影响，那么，本市萌生智齿的女性究竟该是多大年龄呢？经过查找一些相关资料后仍不得而知。为了获得这个一般性命题，侦查人员运用了如下归纳推理。侦查人员在当地抽查了50多名已萌生智齿的女性，结果发现，她们的年龄都是在19岁到

21 岁之间，没有低于 19 岁和高于 21 岁的事例，于是便得出了这样的结论："萌生智齿的女性都是 19 岁到 21 岁之间的人。"把这个归纳推理整理出来就是这样的：

妇女 1　年龄为 20 岁，
妇女 2　年龄为 19 岁，
妇女 3　年龄为 21 岁，
妇女 4　年龄为 19 岁，
……
妇女 51　年龄为 20 岁，
妇女 52　年龄为 19 岁，
这 50 多名妇女都是萌生智齿的女性，
所以，萌生智齿的女性都是 19 岁到 21 岁之间的人。

为了验证这一结论的可靠性，借助演绎推理，侦查人员又随意抽查了若干名萌生智齿的妇女，结果也没有发现有超出结论中年龄范围的事例。于是他们根据这个一般性命题，运用演绎推理，由"被碎尸者是萌生智齿的女性"，推知"被碎尸者是 19 岁到 21 岁之间的人"。

上例表明，侦查人员头脑中如果没有演绎推理的指导，想不到萌生智齿同年龄有关，就不可能有意识地去抽查萌生智齿女性的年龄情况，归纳推理的运用就无从谈起。而不通过归纳推理，就得不到关于那个被碎尸者年龄的认识。由此可见，在实际思维中归纳推理与演绎推理的关系，确实也就如恩格斯指出的那样：归纳和演绎，正如分析和综合一样，是必然相互联系着的。

拓展训练

- 一、推理主要有哪几种类型？
- 二、直接推理和简单推理的关系是什么？
- 三、必然性推理、或然性推理与演绎推理、归纳推理、类比推理之间的关系是什么？

第三节　推理的有效性与合理性

人对世界的正确认识，必须来自正确的思维，正确的思维首先必须是合乎逻辑的思维，主要又是指推理必须合乎逻辑。那么，什么样的推理才是合乎逻辑的推理呢？

推理合乎逻辑，亦即人们常说的推理具有逻辑性。推理的逻辑性，其实也可以说，就是指推理的合理性。构成一个现实的推理，都有形式和内容两个方面，但逻辑学只研究推理的形式。因此，如果撇开前提内容方面的"合理性"，即前提的真假问题不谈，仅从"逻辑本身",亦即推理形式方面的角度来看,所谓推理的"合理性",就是指一个推理的前提给予了结论一定程度的支持而使得结论具有一定程度的可接受性,或指其前提能够为其结论提供足够支持强度的推理。

推理的有效性,亦称推理形式的正确性,就是指推理的前提与结论之间联系的逻辑必然性。"合理"的或者说"合乎逻辑"的推理,当然包括有效的推理。但是,并非只有有效的推理,才是"合理"的、"合乎逻辑"的推理。譬如,我们运用的某种推理,如果它的前提与结论之间的联结方式具有必然性,而且运用时又完全符合该种推理形式规则的要求,由此得出必然性的结论,这样的推理在形式上就是有效的推理。一个在形式上有效的推理,当然是"合理"的、"合乎逻辑"的推理。如果我们运用的某种推理,它的前提与结论之间的联结方式本身就不具有必然性,亦即不是有效的推理,但是,我们在运用这种推理时,却能够符合它"逻辑本身"的要求,得出的不是必然性而只是或然性的结论,或者,只把它的结论看作是或然性的,在这样的条件下,只要它的前提可以为得出这种或然性结论提供一定程度的支持,并且运用时注意努力提高其支持强度,这样的推理虽然不是有效的,但也必须承认它是合理的,因而也可以说它是合乎逻辑的。

因此,推理的有效性,不等于推理的合理性;非有效的推理,不等于就一定是不合逻辑的推理。是否"合理"的关键,在于所运用的推理是否符合它"逻辑本身"的要求,能不能正确看待它结论的逻辑性质。若推理形式本身就是有效的,因而把它的结论看作是必然性的,这样的推理当然是合理的,合乎逻辑的;若推理形式本身并不是有效的,因而只把它的结论看作是或然性的,并且能正确看待它的结论的可靠程度,这样的推理也是合理的、合乎逻辑的。只有当所运用的推理,推理形式本身并不有效,运用时却把它当作是有效的推理,把本来不具有必然性的结论看作是必然性的,或者,把前提对其支持强度极低的结论,看作是非常可靠的,这样的推理就不具有合理性,因而也就是不合逻辑的。

推理的有效性,所指的推理的前提与结论之间联系的逻辑必然性,显然,这只有演绎推理才具有;其他如归纳推理(完全归纳推理除外)、类比推理,其前提与结论之间的联系,都不具有这样的必然性,当然也就谈不上形式的正确性,从而也就无所谓推理的有效性。可见,如果把推理的"有效性",等同于推理的"合理性"或"逻辑性",就等于宣布说归纳推理、类比推理,"天生"就是不合逻辑的推理。然而这样一来,因为演绎推理的大前提又要靠归纳推理提供,岂不是又等于说演绎推理的大前提必然会"打上'不合逻辑'的烙印"了吗?

一个演绎有效的推理,是指完全符合该种推理形式规则要求的推理。这种推理因其前提与结论之间的联系具有逻辑必然性,所以不管代入什么样的内容,只要完全符合推理形式规则的要求,它都能保证由真的前提得出真的结论。例如下面这个推理:

  所有金属都是导电的,
  X是金属,

  所以,X是导电的。

上述推理,在形式上就是一个有效的推理。其有效性就在于:"X"无论代入什么样的概念,只要代入的具体概念能使得"X是金属"这个命题为真,那么结论"X是导电的"这个命题就必然为真。这样的推理由于它在形式方面完全符合该种推理形式规则的要求，因而它能保证把前提的真实性传递给结论；结论的真实性，能由它前提的真实性给以完全足够的证明。

然而，即使是演绎形式的推理——由大、小前提加结论组合而成的推理，并不都是这样有效的推理。因为这种类型推理的有效性，是以完全符合其推理形式方面规则的要求为条件的，如果不完全符合其规则要求，它也就失去了它的有效性。本书下一章将要具体介绍各种形式演绎推理的规则，目的就在于了解它们各自在什么情况下才具有这样的有效性。但是，这绝不意味着不完全符合规则要求的演绎形式的推理，就是不能运用的、完全错误的、不合乎逻辑的推理，更不能因此而说它的结论就是必然错误的推理——非有效的推理不能保证它的结论必然真，但不等于说它的结论就必然假。实际上，不完全符合规则要求的演绎推理，也还可以是合理的、合乎逻辑的。比如下面这个推理：

很多大学生是共青团员，
李某是大学生，
所以，李某是共青团员（是"可能的"）。

显然，这个推理不是有效的，即使它的前提都真，结论也不必然真。但是，它的前提也给予了结论一定的支持强度，如果只是将其结论看作或然性的，这样的推理无疑也应当承认它是合理的。

推理的有效性问题，是就演绎推理的逻辑形式来讲的，其有效性可以保证推理的必然性，同样也保证推理的合理性。有效的推理是合理以及合乎逻辑的，但不能因此说，不是有效的推理就不是合乎逻辑的推理。因为合理性和合乎逻辑是就推理的前提给予结论的支持强度来说的，在其支持强度范围内其具有合理性且是合乎逻辑的，也就是说，合理性不等于必然性。认为不是有效的推理就不是合乎逻辑的推理，并不能合理地解释归纳推理、类比推理的问题。对于归纳推理和类比推理来说，其推理在形式上不具有演绎推理的有效性。但其推理中，前提对结论有不同程度的支持作用，在其"逻辑本身"上依然是合理的以及合乎逻辑的。

随着逻辑学研究的发展，关于演绎推理形式的有效性的内容也在丰富和发展。国内有位学者，在其《美国高校普通逻辑教学体系探究》一文中就谈到："在推理有效性问题上，（美国）一些逻辑教科书提出了'有效性程度'这一概念，认为推理的有效性可分为必然有效（DV）、强（S）、中（M）、弱（W）几个等级。"[①] 文中还举例谈到：

勃郎斯果园中的每个苹果都属A级＋这个苹果是勃郎斯果园的
这个苹果是A级（DV）
几乎所有勃郎斯果园中的苹果都属A级＋这个苹果是勃郎斯果园的
这个苹果是A级（S）

---

① 贺善侃：《美国高校普通逻辑教学体系探究》，载《现代逻辑与逻辑比较研究》，开明出版社1992年版，第233页。

勃郎斯果园中的苹果约有一半是 A 级＋这个苹果是勃郎斯果园的
这个苹果是 A 级（M）
勃郎斯果园中的苹果少数属 A 级＋这个苹果是勃郎斯果园的
这个苹果是 A 级（W）

上例中的第一种情形，即有效性强度为 DV 的情形，就是我们前面所说的有效推理的情形，也是国内普通逻辑教材中都承认其为正确的、合乎逻辑的演绎推理的情形。此外，结论的有效性强度为 S、M、W 的几种情形，就都不是有效的推理，也是国内普通逻辑教材中斥责的错误推理。我们认为，这些推理形式虽然不是有效的，但也并不一定就是错误的（除非不恰当地夸大了其结论的可信度或者说夸大了结论的有效性强度）。对于这些非有效的推理，若能正确看待其结论的逻辑性质，注意分析并努力提高其前提对结论的支持强度，推理就还是合理的。因此，不能简单地将这些推理统统看作是不合逻辑的推理。

就拿上面结论强度为 S 的推理来说，它结论的可靠程度就比较高。虽然它还不是绝对可靠的，还不能保证没有例外的情况出现。但是，这样的推理，因其前提与结论之间的联系比较强，前提为结论提供了比较强的证据支持，只要它的前提都真，结论就很可能为真，所以，它的结论具有比较强的可接受性。这样的推理当然是合理的。

再看上面结论强度为 M 的推理。它结论的可靠程度同前一种情形相比就比较弱。它前提命题断定的情况，没有为结论的可靠性和可接受性提供更强的证据支持，使得前提与结论之间的联系相对较弱，似乎若有若无。因此，即使它的前提都真，结论也只不过是真假参半。对于这样的推理，尽管对它的结论既不能轻易地接受，也不能简单地拒斥，但是还得承认它的前提为其结论提供了一定程度的支持，因而也就还得承认该推理有一定的合理性，不能简单地斥之为"不合逻辑"。

至于上面结论强度为 W 的这个推理，情形又有不同。其前提命题的断定情况，使得前提同结论之间的联系很弱，前提只为结论提供了很弱的支持。因此，即使在它的前提都真的情况下，其结论为真的可能性也很低。这样的推理，其合理性当然也就低。

实际思维中运用演绎推理的情形，往往有如上种种。尽管这些推理的前提对其结论的支持强度大不一样，但是，它们的前提都为它们的结论提供了一定程度的支持。我们在运用这些推理时，只要对其结论可靠程度的判定，没有超出该推理前提对结论的支持强度，就应当承认这样的推理是合理的，合乎逻辑的。

强调注意推理的合理性，指出合乎逻辑、具有逻辑性的推理并不只是有效的推理，而且包括虽然不是有效的，却是合理的推理，其意义在于可以使我们在理解推理有效性的基础上，把握推理的合理性，以便在灵活运用各种推理的同时，随时注意分析和提高其前提对结论的支持强度，增强推理的合理性，进而增强思维的逻辑性。就拿侦查人员对刑事案件的侦破工作来说，无论是现场勘查还是作调查访问，目的都是刻画作案人的特征，进而根据这些特征去寻找作案人，其间非得用到这样的演绎形式的推理：

P 是 M
S 是 M

S 是 P

显然，这是一个非有效的演绎推理形式。如果侦查人员能够在理解推理有效性的基础上，把握推理的合理性，就可以在提高其前提对结论的支持强度上下功夫。譬如，侦查人员根据对某起凶杀案被害人尸体检验和遗留在现场的凶器给出命题："凶手是外科医生。"若仅仅以此为依据，再结合"王某是外科医生"，得出"王某是凶手"（当然，只是认定他为"作案嫌疑人"）的结论，很明显，它的前提对结论的支持强度就非常弱，因为起"M"作用的"外科医生"这个概念的外延太大。为了提高其前提对结论的支持强度，就应努力缩小这个概念的外延。比如，若还得知凶手是"三十岁左右的人"，是"与被害人非常熟悉的人"，将其组合成为复合概念后，就获得"凶手是与被害人非常熟悉的、三十岁左右的外科医生"这样的命题。以这样的命题作为依据，假如可以肯定"王某是与被害人非常熟悉的、三十岁左右的外科医生"，由此得出"王某是凶手"（当然，只是认定他为"作案嫌疑人"）的结论，这样的推理尽管也仍然是非有效的演绎推理，但推理的合理性大大增强了。如此运用推理，我们当然不能说它是"不合逻辑"的。

应当看到，在日常思维中，在社会科学领域，特别是司法活动领域，人们运用的推理属有效性推理的情形是比较少见的；大量都是非有效的，然而又是具有一定程度合理性的推理。譬如，在运用证据证明案件事实的过程中，如果司法人员运用的推理都是有效推理的话，那当然再理想不过了。然而，这在很多情况下是难以做到的。事实上，司法人员在这个过程中所用的推理，即便是演绎形式的推理，若单就一个个的具体推理来看，也差不多都是，而且往往也只能是非有效的推理（当然，若干个这样的具体推理有机组合后，其认识意义大不一样）。我国《刑事诉讼法》第五十五条规定，证据确实、充分，应当符合以下条件：① 定罪量刑的事实都有证据证明；② 据以定案的证据均经法定程序查证属实；③ 综合全案证据，对所认定事实已排除合理怀疑。因此，对于比较复杂的案件某个方面事实的认定，其证明标准是达到"排除合理怀疑"，即排除其他一切可能性，从而得出确定无疑的唯一结论。

在侦查破案工作中，情况更是如此。尽管侦查人员每前进一步几乎都要用到逻辑推理，但是，由于破案的过程基本上属于对案件事实的探索过程，更免不了非有效推理的运用。如果把这些推理都看作是不合逻辑的，要求侦查人员只能运用有效推理的话，那几乎等于要他们舍弃对推理的运用。

拓展训练

● 一、如何理解推理的有效性与合理性？
● 二、推理的有效性与合理性的关系是什么？实际思维中注意推理的合理性，有何重要意义？

第四节　证据的运用与逻辑推理

推理具有从已知推未知的特点，因而有其重要的认识作用，是人们在认识客观事物过程中不可缺少的一种智力手段。在法学领域，推理的作用尤为突出。就以司法人员对案件的裁决、判处来说，其结论都不能是随意作出的断定，都必须有得出该结论的理由、根据；"以事实为根据，以法律为准绳"，这是司法人员办案必须遵循的基本原则。基于这一原则而得出裁决、判处结论的过程，本身就是运用推理的过程。

"以事实为根据"，在刑事诉讼活动中就是要运用证据来确定案件的客观真实性。这样的"确定"，当然不是简单的断定，要经历一个复杂的思维过程。其间，司法人员既免不了要运用逻辑推理，又要避免凭"想当然"办案，为此，就很有必要进一步认识推理在这一过程中的重要作用，懂得什么样的推理才是合理的，亦即合乎逻辑的推理，从而把握正确推理与主观主义臆测之间的界限，避免因推理错误而陷入主观主义的泥坑。

一、运用证据证明案件事实的过程，是一个复杂的逻辑推理过程

众所周知，刑事诉讼活动的任务就是要查明案件事实，以确定某一犯罪事实是否发生，弄清犯罪者是谁。但是，案件事实不是我们可以直接感知的，更不可能因我们认识的需要而重现。那么，司法人员是凭借什么而获得对案件事实的认识的？就是靠收集和占有证据材料，并在此基础上通过逻辑推理来认识的。

要运用证据证明案件事实，不仅必须掌握证据，而且，证据必须确实、充分。为此，办案人员不仅要注意收集证据，而且必须对收集到的证据进行审查判断。所以，运用证据证明案件事实的过程，其实也是不断收集证据，审查判断证据，进而认定案件事实的过程。这一过程，贯穿在刑事诉讼活动的各个阶段，不但审判阶段存在，侦查、起诉阶段也同样存在。

收集证据，是司法人员为了发现和取得证据而进行的诉讼活动，也是司法人员接触、认识、掌握和运用证据的过程。为了保证及时发现和取得证据，司法人员在收集证据之前，必须在大致了解案情的基础上，经过初步的分析和思考，以确定收集证据的方向、范围以及应采取的步骤、方法等。否则，收集证据的活动就难以展开。所以，收集证据的过程，不但是一个艰苦细致的实践活动过程，而且是一个不断分析、认识的过程。

收集证据，目的在于用以证明案件事实，而要能用以证明案件事实，证据就必须确实、充分。为此，对收集到的证据还必须进行审查判断，不但要审查判断证据本身的确实性、可靠性，更要判定证据的充分性，亦即判定证据与证据之间、证据与案件事实之间有无联系，能不能用以证明案件事实。这要求司法人员要特别善于思索，要有科学的思维方法。

为什么这样说呢？

大家知道，能证明案件事实的证据，分为直接证据和间接证据。一般来说，直接证据与案件事实的联系明显，可以直接反映出案件的事实。比如，证人陈述他目睹被告人行窃，只要这一陈述本身被证明真实可靠，就可以证明被告人实施了盗窃这样的案件事实。间接证据则不同，它同案件事实之间的联系不那么明显，而且每个间接证据只能反映出案件事实的某个片段、某个侧面，不可能反映出案件事实的全貌。因此，要运用间接证据证明案件事实，就必须借助逻辑推理。只有通过逻辑推理，才能把握证据同证据、证据同案件事实之间的联系，才能联结案件事实的各个片段，以认识案件的主要事实。

直接证据虽然可以直接反映出案件的主要事实，但是，直接证据通常是在司法人员掌握了间接证据之后，对案件事实已有了初步认识的基础上才获得的，并且，获得的直接证据是否可靠，常常要靠间接证据来证明。因此，不仅运用间接证据证明案件事实时必须运用逻辑推理，运用直接证据实际上也离不开逻辑推理。为了说明这个问题，我们不妨结合案例作一简要分析。

某地农村一个储蓄所，在值班人员离所外出（约半小时）买饭回来后，发现保险柜里存放的7000多元现金被盗。侦查人员经过现场勘查发现，"保险柜的门、锁、四周均无撬压痕迹"。这是侦查人员直接感知到的案件事实（痕迹物证）。但是，这一证据事实自身，并不能说明案件事实的情况，更不能直接反映出谁是作案人。然而，稍具经验的侦查人员只要经过一番分析思考，就不难由这一证据事实推出这样的案件事实片段："本案作案人是用钥匙打开保险柜的。"在此基础上又可得知："本案作案人是掌握钥匙或有接触钥匙条件的人。"

显然，上述关于案件事实（虽然仅是片段）的认识，不是侦查人员直接感知到的，而是根据已获取的证据事实，并结合背景知识，通过一系列逻辑推理而得到的。若把这些推理整理出来，就是下面这样一些推理形式。

① 根据已有知识（经验知识和痕迹学知识）：

　　如果这个保险柜是用工具撬开的，那么，这个保险柜上面就必然会留下撬压痕迹。

而现场勘查得知：

　　"这个保险柜上面没有撬压痕迹。"

于是，上述已知情况联结后便可推知：

　　所以，这个保险柜不是用工具撬开的。

若用相应的符号代替上述内容，就可看出它实际上就是这样一个演绎推理形式：

　　如果 p，那么 q
　　非 q

　　所以，非 p

② 在上述推理基础上，又根据已有知识：

　　任何一个保险柜能够被打开，只能或者用工具撬开，或者用钥匙打开。

根据上面推理得知：

这个保险柜不是用工具撬开的。

上述已知情况联结后，又可推知：

所以，这个保险柜是用钥匙打开的。

用相应的符号代替内容后，便可看出它实际上是这样一个演绎推理：

或者 p，或者 r
非 p

所以，r

③ 在上述推理基础上，再借助已有知识：

只有某人掌握钥匙或有接触钥匙条件，他才能用钥匙打开保险柜。

联结推理②的结论可知：

本案作案人是用钥匙打开保险柜的。

于是可以推知：

所以，本案作案人是掌握钥匙或有接触钥匙条件的人。

若以相应符号代替具体内容，这个演绎推理的形式就是：

只有 t，才 r
r

所以，t

通过上述推理，在一定程度上刻画出了作案人的具体条件。不过，实际思维中侦查人员在进行这样的思考时，头脑中是一闪即过的，他也不会想到究竟运用了一些什么样的推理。但是，"没有想到"这是一回事，事实上是怎么推论的则是另一回事。其实，只要我们对侦查人员的上述分析略加思索，就不难看出他的上述推理过程。

正是借助类似上述这样一系列的推理，办案人员才能从已感知的证据材料中，获得关于案件事实的认识，把握犯罪分子必须具备的某项条件。尽管这样的认识还只是关于案件的片段认识，但是，根据收集到的各种证据材料，分别通过上述推理，就可以从不同侧面反映出案件事实的全貌，从而获得对案件主要事实的认识。

值得我们注意的是，不仅运用证据认识案件事实时要依靠逻辑推理，而且在勘查现场、收集证据的过程中，实际上也离不开逻辑推理。需要收集的证据材料，是与案情有联系的事实材料，可是，怎样确定某种现象或某个事实材料，与案情是有联系还是没有联系，是该收集还是不需要收集呢？比如，一起刑事案件发生后，侦查人员进入现场，面对那么多事实材料，究竟应注意哪些情况，应收集哪些材料呢？显然，这不是靠直观可以解决的。如果不通过思维活动，不借助逻辑推理，就很难确定。仍以前面分析的例子来说，为什么侦查人员要注意观察保险柜上面有没有撬压痕迹呢？正是由于侦查人员的头脑中，已经把它同保险柜是怎样被打开的，把它同本案是盗窃保险柜里的现金这个基本案情联系起来了的缘故。正如恩格斯指出的那样：没有理论思维，就会连两件自然的事实也联系不起来，或者连二者之间所存在的联系都无法了解。事实材料与案情之间的联系，不是凭感官可以直接感知的，不借助理论思维来把握，不通过推理使它们的联系显示出来，就会在收集证据的过程中忽略这些材料，影响对案情的认识。

例如这样一起案件：某天晚上，某地农村青年妇女徐××吃完晚饭后不久，她的邻居叫她端热水回去洗澡。徐××端回热水后只擦了身子，随即关上大门，点上煤油灯，独坐堂屋做针线活。不久，突然从她家厨房里窜出一名歹徒，将煤油灯吹熄并在徐××身上乱砍了20余刀，迅即从后门逃去。徐××重伤未死。案发后，侦查人员勘查现场时，在徐××倒卧处发现一把柴刀，上面还留有血迹。显然，这把柴刀是同案情有联系的事实材料，当然应当收集。经了解，这把柴刀是被害人家里自己用的，原放在厨房靠水缸的地面上。而水缸盖上面还放有一把菜刀，歹徒未曾动用。表面看来，这把菜刀就同厨房里面的其他东西，诸如水缸、板凳、碗筷等一样，没有因案件的发生而变化，似乎与案情没有什么联系。其实，借助推理就可以发现，这把菜刀虽然不是证明某人犯罪的证据，但反映了案件事实的某个方面。侦查人员起初正是忽略了这把菜刀，只是根据歹徒事前潜伏在厨房内，并且是乘被害人不备时窜出作案这些情况，分析本案是预谋杀人，并且在这一认识的基础上结合其他材料，认定本案是奸情杀害。当侦破工作走了一段弯路之后，侦查人员这才回过头来联想到这把菜刀，感到原先对案件性质的认定不妥。因为，如果是预谋杀人，那就应该是自带凶器或者选用更易致人死亡的凶器。可是，本案作案人不仅没有自带凶器，而且，菜刀与柴刀同放一处，他为什么不用锋利的菜刀而用不锋利的柴刀呢？由此可以推知，本案不可能为预谋杀人。这里，正是借助推理，才使得看起来似乎与案情无关的菜刀，同案情联系起来，反映了本案不可能是预谋杀人的性质。

由此可见，不仅判断证据、运用证据证明案件事实时，必须依靠逻辑推理，而且收集证据时也不能不运用逻辑推理。

二、证据运用中要注意把握逻辑推理与主观臆断的界限

运用证据证明案件事实的过程，是一个复杂的认识过程，必须借助逻辑推理。而能否正确运用推理，特别是能否正确看待推理结论的逻辑性质，又与能否正确认定案件事实密切相关。因此，司法人员运用证据证明案件事实的能力，很大程度上取决于其逻辑思维能力。

所谓逻辑思维能力，也叫空间想象能力，主要表现在推理能力上。这种能力虽然也是在头脑中展开的，具有想象的色彩，但不同于主观主义的想象、臆测。它是在感性材料的基础上，运用概念、判断、推理等思维形式，对客观对象进行间接、概括反映的一种能力。但是，推理能力与主观主义的想象、臆测，二者之间并没有不可逾越的鸿沟。如果推理运用不当，或者不能正确看待所运用推理的结论的逻辑性质，就可能因此而陷入凭主观臆断，亦即凭"想当然"办案的主观主义泥坑，而这正是司法工作的大忌。因此，在证据运用中如何正确运用推理并正确看待推理结论的逻辑性质，划清正确的逻辑推理与凭"想当然"办案的界限问题，就成为司法工作者不可不重视的问题。

司法人员应当具有的逻辑思维能力，不是一般意义上所谈的想象能力。它的特点如

下。第一，它是以可靠的感性材料为基础，绝非凭空乱想。比如前面例子中，侦查人员经过一番思考后，得出"本案作案人是掌握钥匙或有接触钥匙条件的人"这个结论，就是产生于"保险柜上面没有撬压痕迹"这一可靠的感性材料基础上的。第二，它是以已有的知识，即已认识到的客观事物情况间的必然联系为依据。前例中，侦查人员为什么能够由感知到的事实材料——"保险柜上面没有撬压痕迹"，推知"保险柜不是用工具撬开的"？是由于他依据已认识到的两种事物情况之间的这种联系："如果保险柜是用工具撬开的，那么，保险柜上面就必然留下撬压痕迹。"这种联系，是事物情况自身的、客观的、必然的联系。推理所依据的这一认识（即推理者头脑中已有的、用以进行推理的背景知识），因其正确地反映了客观事物情况之间的联系，所以是真实可靠的。第三，在由前提得出结论的过程中，结论的逻辑性质没有超越前提所能给予的支持强度，具有合理性。亦即：如果前提与结论之间的联结方式具有必然性，并且运用时完全符合相应推理形式规则的要求，由此得出必然性的结论，或者，把结论看作是必然性的，这当然是合理的；如果前提与结论之间的联结方式只具有或然性，或者，不完全符合相应推理形式规则的要求，其结论就只具有或然性，或者只能将其结论看作是或然性的。总之，在对待推理所得结论逻辑性质的问题上，结论没有超出前提的支持强度。仍以前面例子来说，侦查人员在分析案情时所运用的逻辑推理，完全符合相应的推理形式规则的要求，因而得出必然性的结论既是有效的，更是合理的。司法人员应当具有的所谓逻辑思维能力，也就是具有上述特点的推理能力。

而主观主义的想象、臆测，则与此不同。它虽然通常也有一定的感性材料作基础，并不一定都是凭空乱想，而且，也要在这些感性材料的基础上进行由此及彼的推导，但是，在进行推理时，其特点是：或者以想象的事物情况之间的（而不是事物情况自身的、客观的）联系作为推理的依据，不顾推理前提的真实性；或者不分析所运用推理的前提与结论之间联结方式的逻辑性质，过分夸大前提对结论的支持强度。不但如此，主观主义的想象、臆测最根本的特点，还在于它是凭"想当然"来认识事物——本来得出结论的依据就是"想"出来的联系，却还把依据胡猜乱想或者胡乱推导出来的结论当作事实，视为"当然如此"。司法人员若以这样的思维方式办案，那就不是在凭借什么推理能力，而是在凭"想当然"办案了——这就陷入了主观主义的泥坑。

在《汇苑详注》一书中，就载有如下这样一则古代判例。某县县官张忠定，有一天在回县衙途中，见到一个从钱库出来的小吏，胡须上粘有一文小钱。县官火冒三丈，认定这个钱吏必有贪污，当即令差役将其抓回县衙，并令给以杖刑。钱吏不服，顶撞了几句，县官更是火上加油，于是写下一纸判决处斩。判决书共16个字，曰："一日一钱，千日千钱；绳锯木断，水滴石穿。"

钱吏胡须上粘有一文小钱，这是事实，也是县官感知到的材料。但是，"胡须上粘有一文小钱"同"偷钱"有什么必然联系呢？怎么能从他胡须上粘有一文小钱，就推断他必定偷了钱呢？何况，即使是偷了钱，根据这一天偷了一文钱，也不能由此必然推出他每天都偷了一文钱，一千天就偷了一千文钱。"千日千钱"本来就是胡乱推导出来的结论，却还把它当作事实，并以之作为定案根据。这里，这位县官不是在运用逻辑推理，而是在凭"想当然"办案。

人们熟悉的昆曲《十五贯》中的县官过于执，也是这种凭"想当然"办案的典型。他在认定熊友兰与苏成娟通奸，并且合谋杀害了苏父尤葫芦的时候，也运用了"推理"。

他根据苏戍娟"艳如桃李",就推断她"焉能无人勾引";根据她"年正青春",推断她"岂能冷若冰霜"。在此基础上进一步推断"熊、苏二人必然勾搭成奸"。此外,他又根据"尤葫芦丢失的钱是十五贯",而"熊友兰身上的钱也是十五贯",于是据此认定:"熊友兰身上的钱就是尤葫芦身上的钱。"如此等等。显然,在这一系列推论过程中,不能说过于执一点根据都没有;问题就在于他用以作为推理的依据,本来就是想象出来的,而非客观事物情况间必然的联系,何况运用推理时又不顾及前提对结论的支持强度,把本来只具有或然性(而且或然性程度很低)的结论,看作是必然性的,而且将其当作事实。显然,这也不是真正在运用逻辑推理,而是在凭"想当然"办案。

其实,现实生活中也不乏类似的"办案"实例。如果我们对那些经媒体报道出来的冤、假、错案略加分析,就不难看出办案人员头脑中凭"想当然"办案的思维痕迹。例如这样的案例:张某与韩某两家,因小事发生冲突,后扭打起来。在混乱中张某被打伤,告到法院。办案人员为弄清谁是打伤张某的凶手,进行了调查了解。后从一证人提供的证言中得知,打伤张某的人是韩某的儿子(证言的可靠情况,未予判定)。而韩家又有三个儿子,究竟是哪一个儿子打的呢?于是法庭审理时,就叫韩家的三个儿子都到庭让证人辨认。韩家的老大、老三都按时到庭,经证人辨认予以否定;唯独老二因发生纠纷时不在场,自认为与己无关,没有到庭。法院办案人员竟然由此作出推论:"有意回避就是不敢到庭让证人辨认;既然老二不敢到庭让证人辨认,可见是有意回避。"据此,判老二负责赔偿医药费。不言而喻,这哪里是在运用逻辑推理,完全是在凭"想当然"办案。

从上面的分析可以看出,主观主义的想象、臆测,亦即人们常说的"想当然",虽然也要运用推理,但它同我们强调的司法人员必须具有的推理能力不是一回事。关键就在于主观主义的想象、臆测,是把本来不存在的联结臆想为存在的或把本来不具有必然性的结论看作是具有必然性的,并以之代替事实。比如前面谈到的处理钱吏的那位县官,如果他根据钱吏胡须上粘有一文小钱这个事实,推断他"有可能偷了钱",然后认真调查一番,再作定论,这并没有错;错就错在他把"可能偷了钱"看作"必然偷了钱",并且据此定案。《十五贯》中的过于执也是如此,如果他根据"尤葫芦丢失的钱是十五贯","熊友兰身上的钱也是十五贯",从而得出结论说"熊友兰身上的钱可能是尤葫芦身上的钱",仅仅作为一个疑问提出,这当然也没有什么不可以;问题在于他把本来没有关联的两笔钱臆想为一笔钱,或者把上述推理得出的或然性结论,不经查实直接当作必然性结论。

司法工作中注意把握上述界限,很有意义。如前所述,因为在运用证据证明案件事实的过程中,既离不开逻辑推理,又免不了要用到如恩格斯所说的"有缺陷的推理";既强调司法人员必须具有较强的逻辑推理能力,又要避免凭"想当然"办案,陷入主观主义的泥坑。所以,能否正确看待所运用的推理结论的逻辑性质,就显得特别重要。

拓展训练

- 一、如何理解运用证据证明案件事实的过程是一个复杂的逻辑推理过程?
- 二、证据运用中如何把握逻辑推理与主观臆断的界限?

三、案例分析。

某市郊区发现一具无名男尸。经勘查证明，死者是大量出血死亡的，现场周围却无大量血迹。据此警方认定，发现尸体的现场不是第一现场。

那么，作案现场在哪里呢？犯罪分子又应当具备什么样的作案条件呢？警方对案情作了如下分析：

作案现场只能或者在城区，或者在别处野地，或者在发现尸体现场附近的农舍家中。如果作案现场在别处野地，犯罪分子在发现尸体附近的农舍家中作案，则发现尸体的现场就必然会留下犯罪分子搬运尸体及被害人遗物而多次往返的足迹，然而现场勘查证明，这里只有犯罪分子留下的一人一次往返的足迹。可见，作案现场在城区。

城区距发现尸体的现场有20多千米，犯罪分子要将死者的尸体搬运至此，就必须要用运载工具。而所用的运载工具又只能或者是汽车，或者是三轮车，或者是自行车。因死者是大量出血死亡的，若运载工具是三轮车或自行车，沿途就必然会有连续漏落的血迹。但经仔细勘查，沿途都没有漏落的血迹，因此，运载工具不可能是三轮车或自行车，可以肯定，运载工具是汽车。

只有犯罪分子是汽车司机，他才能用汽车运载被害人尸体；本案的犯罪分子既然是用汽车运载被害人尸体的，可见，本案的犯罪分子是汽车司机。

分析上述案例，指出警方在分析该案过程中运用以及有目的地收集了哪些证据进行推理？是怎样运用的？请写出这些推理的运用过程。

第五章

演绎推理

◆ 案例导入

某日，公孙龙骑着白马去某城探望朋友，在城门处被城卒拦了下来。城卒指着城门口张贴的告示说："先生，骑马进城要交钱。"公孙龙赶紧下马，准备牵着马进城，城卒还是拦着他说："先生，马如果进城，就要交钱。"公孙龙非常不高兴，他拍了拍马的脖子说："我这个是白马，不是马。"城卒耐心地解释道："上面规定，所有的马进城都要交钱。"公孙龙指着告示说："我已经认真看了，告示上说的是马进城要交钱，并没有说白马进城要交钱。"

城卒奇怪地看着公孙龙问道："先生，白马不是马吗？"公孙龙反问道："难道白马是马吗？"城卒肯定地说："白马当然是马，这毫无疑问。"公孙龙笑了："好，你认为白马是马，那么黄马、黑马是不是马？"城卒点了点头说："黄马、黑马都是马。"公孙龙道："你确定黄马、黑马是马？"城卒坚定地说："同样毫无疑问，黄马、黑马都是马。"公孙龙笑道："既然如此，那么你告诉我，白马是黄马还是黑马？"城卒摇了摇头说："白马就是白马，怎么会是黄马、黑马？"公孙龙依然笑容满面地道："刚才你已经确认黄马、黑马是马，现在又确认白马不是黄马、黑马，那么白马怎么会是马呢？难道白马是黄马、黑马吗？"城卒立即怔住了，只能眼睁睁看着公孙龙牵着马扬长而去。

那么，公孙龙关于白马非马的推理是正确的吗？

第一节 简单命题推理

一、直接推理

直接推理是以一个命题作为前提而推导出结论的推理，是相对间接推理而言的。例如：

> 马克思主义不是教条主义，
>
> 所以，凡教条主义都不是马克思主义。

直接推理有各种类型，这里只介绍两种：一是运用性质命题对当关系直接推理；二是运用性质命题变形直接推理。

（一）对当关系直接推理

对当关系直接推理是根据同素材的 A、E、I、O 四种命题之间的逻辑关系来进行的推理。

根据 A、E、I、O 四种命题彼此之间的关系，分别有反对关系、差等关系、矛盾关系和下反对关系四种。相应地，对当关系直接推理也有四种，即反对关系直接推理、差等关系直接推理、矛盾关系直接推理和下反对关系直接推理。

1. 反对关系直接推理

反对关系存在于 A 与 E 之间，它们两者之间不能同真，可以同假。因此，根据反对关系，可以由一个命题的真推出另一个命题的假，即：

$$SAP \rightarrow \neg SEP$$

例如：

> 所有的犯罪分子都要受到法律制裁，
>
> 所以，并非所有的犯罪分子都不要受到法律制裁。

同样：

$$SEP \rightarrow \neg SAP$$

2. 差等关系直接推理

差等关系存在于 A 与 I、E 与 O 之间，它们之间的真假关系是：当全称命题真时，特称命题必真；当全称命题假时，特称命题真假不定；当特称命题假时，全称命题必假；当特称命题真时，全称命题真假不定。因此，根据差等关系，由全称命题的真，可以推出特称命题必真；由特称命题的假，可以推出全称命题必假，即：

$$SAP \rightarrow SIP$$

$$\neg SIP \rightarrow \neg SAP$$

例如：

① 凡作案者都有作案时间，

所以，有的作案者有作案时间。

② 并非有些罪犯是天生的，

所以，并非所有的罪犯都是天生的。

同样：

$$SEP \rightarrow SOP$$
$$\neg SOP \rightarrow \neg SEP$$

3. 矛盾关系直接推理

矛盾关系存在于 A 与 O、E 与 I 之间，它们的真假关系是既不能同真，也不能同假。因此，根据矛盾关系，可以由一个命题的真直接推出另一个命题的假，由一个命题的假直接推出另一个命题的真，即：

$$SAP \rightarrow \neg SOP$$
$$\neg SAP \rightarrow SOP$$
$$SIP \rightarrow \neg SEP$$
$$\neg SIP \rightarrow SEP$$

例如：

① 所有的人都要遵纪守法，

所以，并非有些人不要遵纪守法。

② 并非所有的合同都是有效的，

所以，有的合同不是有效的。

③ 有些学生是团员，

所以，并非所有的学生都不是团员。

④ 并非有些犯罪行为是合法行为，

所以，所有的犯罪行为都不是合法行为。

同样：

$$SEP \rightarrow \neg SIP$$
$$\neg SEP \rightarrow SIP$$
$$SOP \rightarrow \neg SAP$$
$$\neg SOP \rightarrow SAP$$

4. 下反对关系直接推理

下反对关系存在于 I 与 O 之间,它们之间不能同假,可以同真。因此,根据下反对关系,可以由一个命题的假直接推出另一个命题的真,即:

$$\neg SIP \rightarrow SOP$$

例如:

> 并非有些学生是学法律的。
> 所以,有些学生不是学法律的。

同样:

$$\neg SOP \rightarrow SIP$$

对于同素材的 A、E、I、O 四种命题,如仅仅从真假关系来说,可以构成以下四种直接推理:

1) 从一个命题真推出另一个命题假

反对关系(A 与 E)和矛盾关系(A 与 O、E 与 I)就属于这种关系。

(1) 由 A 真可推出 E 假($SAP \rightarrow \neg SEP$)。

例如,从"所有的金属都是导电体"(A)是真的,推出"所有的金属都不是导电体"(E)就是假的。

(2) 由 E 真可推出 A 假($SEP \rightarrow \neg SAP$)。

例如,从"所有的金属都不是非导电体"(E)是真的,推出"所有的金属都是非导电体"(A)就是假的。

(3) 由 A 真可推出 O 假($SAP \rightarrow \neg SOP$)。

例如,从"所有的金属都是导电体"(A)是真的,推出"有的金属不是导电体"(O)就是假的。

(4) 由 O 真可推出 A 假($SOP \rightarrow \neg SAP$)。

例如,从"有的金属不是非导电体"(O)是真的,推出"所有的金属是非导电体"(A)就是假的。

(5) 由 E 真可推出 I 假($SEP \rightarrow \neg SIP$)。

例如,从"所有的金属都不是非导电体"(E)是真的,推出"有的金属是非导电体"(I)就是假的。

(6) 由 I 真可推出 E 假($SIP \rightarrow \neg SEP$)。

例如,从"有的金属是导电体"(I)是真的,推出"所有的金属都不是导电体"(E)就是假的。

2) 从一个命题假推出另一个命题真

矛盾关系(A 与 O、E 与 I)和下反对关系(I 与 O)就属于这种关系。

(1) 由 A 假可推出 O 真($\neg SAP \rightarrow SOP$)。

例如,从"所有的客观事物都是不运动的"(A)是假的,推出"有的客观事物不是不运动的"(O)就是真的。

(2) 由 E 假可推出 I 真($\neg SEP \rightarrow SIP$)。

例如,从"所有的客观事物都不是运动的"(E)是假的,推出"有的客观事物是运动的"（I）就是真的。

（3）由 O 假可推出 A 真（¬SOP→SAP）。

例如，从"有的客观事物不是运动的"（O）是假的，推出"所有的客观事物都是运动的"（A）就是真的。

（4）由 I 假可推出 E 真（¬SIP→SEP）。

例如，从"有的客观事物是不运动的"（I）是假的，推出"所有的客观事物都不是不运动的"（E）就是真的。

（5）由 I 假可推出 O 真（¬SIP→SOP）。

例如，从"有的客观事物是不运动的"（I）是假的，推出"有的客观事物不是不运动的"（O）就是真的。

（6）由 O 假可推出 I 真（¬SOP→SIP）。

例如，从"有的客观事物不是运动的"（O）是假的，推出"有的客观事物是运动的"（I）就是真的。

3）从一个命题真推出另一个命题真

差等关系（A 与 I、E 与 O）就属于这种关系。

（1）由 A 真可推出 I 真（SAP→SIP）。

例如，从"所有的金属都是导电体"（A）是真的，推出"有的金属是导电体"（I）就是真的。

（2）由 E 真可推出 O 真（SEP→SOP）。

例如，从"所有的金属都不是绝缘体"（E）是真的，推出"有的金属不是绝缘体"（O）就是真的。

4）从一个命题假推出另一个命题假

差等关系（A 与 I、E 与 O）就属于这种关系。

（1）由 I 假可推出 A 假（¬SIP→¬SAP）。

例如，从"有的侵略战争是正义的"（I）是假的，推出"所有的侵略战争都是正义的"（A）也是假的。

（2）由 O 假可推出 E 假（¬SOP→¬SEP）。

例如，从"有些科学家不是知识分子"（O）是假的，推出"所有的科学家都不是知识分子"（E）也是假的。

对当关系推理可以用公式概括，如表 5-1 所示。

表 5-1 对当关系推理公式

推出 已知真	SAP	SEP	SIP	SOP	推出 已知假
SAP	真	假	真	假	SOP
SEP	假	真	假	真	SIP
SIP	—	假	真	—	SEP
SOP	假	—	—	真	SAP

（二）命题变形直接推理

命题变形直接推理，又称性质命题、隐含命题的揭示，是指通过改变一个命题的形式而直接推出一个新命题或结论的推理形式。这种推理以性质命题为前提，并且是以一个命题为前提而推出结论，因而也是直接推理。例如，由"本案作案人是外科医生"可以推出这样一个结论："有的外科医生是本案作案人。"这个推理就是通过交换原命题主、谓项位置实现的，也称命题变形推理。在法律领域运用命题变形推理的意义在于，通过这种推理可以用不同的命题形式全面揭示或阐述某一法律规范或法律命题的含义。这种推理主要包括换质法、换位法和换质位法。

1. 换质法

换质法就是通过改变作为前提的性质命题的质而推出一个新命题的推理方法。其推理分两步：首先，改变原命题的联项，把"是"改为"不是"或者把"不是"改为"是"；其次，把原命题的谓项概念变成它的矛盾概念。例如，由"关系到老百姓利益的事都不是小事"可以推出"关系到老百姓利益的事都是大事"，这一新命题，就是通过换质法推导出来的。

进行换质法推理，要保证从真实的前提推出真实的结论，即保证结论与前提等值，必须遵循以下两条逻辑规则：

第一，改变原命题的质，即把肯定命题变为否定命题或者相反，原命题的主项和量项保持不变；

第二，把原命题的谓项（P）变为它的矛盾概念（$\overline{P}$）。

对 A、E、I、O 这四种性质命题均可以运用换质法进行推理。

（1）SAP→SE$\overline{P}$，即由一个全称肯定命题作前提推出全称否定命题的结论。例如：

①所有司法类专业的学生都是要学逻辑学的，

所以，所有司法类专业的学生都不是不要学逻辑学的。

（2）SEP→SA$\overline{P}$，即由一个全称否定命题作前提推出全称肯定命题的结论。例如：

② 所有的迷信都不是科学，

所以，所有的迷信都是伪科学。

（3）SIP→SO$\overline{P}$，即由一个特称肯定命题作前提推出特称否定命题的结论。例如：

③ 有些错误是可以避免的，

所以，有些错误不是不可以避免的。

（4）SOP→SI$\overline{P}$，即由一个特称否定命题作前提推出特称肯定命题的结论。例如：

④ 有些问题不是能一时解决的，

所以，有些问题是不能一时解决的。

通过换质法，可以从正反两个方面加深对同一对象的认识，也可以从不同的方面来表述同一命题的内容。如例③，一方面，肯定了"有些错误"具有"可以避免的"性质，另一方面，通过换质否定了"有些错误"具有"不可以避免的"性质，使我们对"有些错误是可以避免的"这个命题的认识更加明确、更加深入。

2. 换位法

换位法就是通过交换作为前提的性质命题的主项和谓项的位置，推出一个新命题的推理方法。例如，以命题"所有的犯罪行为都是违法行为"为前提，把它的主项"犯罪行为"和谓项"违法行为"的位置相互交换，从而得到一个新命题："有的违法行为是犯罪行为。"这种命题变形推理就叫换位法推理。

为了保证从真实的前提推得真实的结论，进行换位法推理必须遵循以下逻辑规则：

第一，交换原命题主项和谓项的位置，即把主项变为谓项，把谓项变为主项，原命题的质保持不变；

第二，主项和谓项在原命题中不周延的，换位后也不能周延。

根据这两条规则，我们来看 A、E、I、O 这四种性质命题的换位情况。

（1）SAP→PIS，对 A 命题运用换位法进行推理，只能得到一个特称肯定命题。例如：

① 所有的商品都是劳动产品，

所以，有的劳动产品是商品。

（2）SEP→PES，对 E 命题运用换位法进行推理，可以得到一个相应的全称否定命题。例如：

② 所有未遂犯都不是过失犯，

所以，所有过失犯都不是未遂犯。

（3）SIP→PIS，把 I 命题的主、谓项位置相互交换后，得到的结论还是一个特称肯定命题。例如：

③有些学生是团员，

所以，有些团员是学生。

（4）O 命题的主项不周延而谓项周延，因此，不能运用换位法进行推理。因为 O 命题换位后，原来不周延的主项到了谓项上却周延了，违反了换位法的第二条规则。

3. 换质位法

换质位法是指综合运用换质法和换位法从一个性质命题推出若干新命题的推理方法。进行换质位法推理，既可以先换质再换位，也可以先换位再换质，直到满足实际思维需要或者不能继续推理为止。不论是进行换质还是进行换位，都应当遵循相应的逻辑规则，以保证推出的结论与前提等值。A、E、I、O 这四种性质命题换质位法推理的进程可用公式表示如下。

（1）A 命题，先换质的推理进程为：SAP→SE$\overline{P}$→$\overline{P}$ES→$\overline{P}$A$\overline{S}$→$\overline{S}$IP→$\overline{S}$O$\overline{P}$。先换位的推理进程为：SAP→PIS→PO$\overline{S}$。

（2）E 命题，先换质的推理进程为：SEP→SA$\overline{P}$→$\overline{P}$IS→$\overline{P}$O$\overline{S}$。先换位的推理进程为：SEP→PES→PA$\overline{S}$→$\overline{S}$IP→$\overline{S}$O$\overline{P}$。

（3）I 命题，如果先换质，SIP→SO$\overline{P}$，则无法再推。所以，对 I 命题而言，先进行换质，则不能进行换质位推理。先换位的推理进程为：SIP→PIS→PO$\overline{S}$。

（4）O 命题，O 命题不能换位，所以只能从先换质开始进行推理，其推理进程为：SOP→SI$\overline{P}$→$\overline{P}$IS→$\overline{P}$O$\overline{S}$。

由上可见，对一个性质命题连续地运用换质位法进行推理，可以得到一系列新命题，从而将原命题所包含的思想内容充分地展示出来。在法律上，要从不同的侧面、通过不同的命题形式去揭示和明确一个法律规范（或法律命题）的含义，这个方法是很有用的。另外，虽然对一个性质命题可以连续地进行换质位法推理，但是这一进程不是无限止的，它有一个"极限"，这个"极限"通常是 O 命题。因为最后的那个 O 命题一般是由 I 命题通过换质推出的，要是再换质就会回到原来的 I 命题，没有意义；而根据规则，O 命题又不能进行换位，因而推理无法再进行下去。

变形法推理可以用十个公式概括，如表 5-2 所示

表 5-2　变形法推理公式

名称	换质法推理	换位法推理	换质位法推理
公式	SAP→SE$\overline{P}$	SAP→PIS	SAP→$\overline{P}$ES
	SEP→SA$\overline{P}$	SEP→PES	SEP→$\overline{P}$IS
	SIP→SO$\overline{P}$	SIP→PIS	—
	SOP→SI$\overline{P}$	—	SOP→$\overline{P}$IS

换质位法没有自己特别的规则，可以先换质再换位，也可以先换位再换质，但要遵守换质法和换位法的规则。另外，换质位以后还要注意语句通顺。

二、三段论

承前所述，间接推理是由两个或两个以上的命题为前提推出结论的推理。三段论是演绎推理也是间接推理的典型形式。

（一）三段论的定义和公理

1. 三段论的定义及其结构

三段论就是借助于两个性质命题中共同词项的联结作用而推出结论的演绎推理。它也是适用法律过程中最常用、最典型的一种法律形式推理。司法工作人员在适用法律时，通常是根据有关的法律规定，把它应用于已查实的案件事实，两者构成已知命题即前提，然后对案件作出最终的法律判决，即结论。这一过程从逻辑形式上看就是一个三段论推理。

三段论推理通常表现为以两个性质命题为前提，从中推出另一个性质命题作为结论。例如：

① 所有知道案件情况的人（M）都有作证的义务（P），

你（S）是知道案件情况的人（M），

所以，你（S）有作证的义务（P）。

② 哺乳动物（M）都不是用鳃来呼吸的（P），

人（S）是哺乳动物（M），

所以，人（S）不是用腮来呼吸的（P）。

三段论由三个性质命题组成，其中两个是前提，一个是结论。三段论中有三个不同的概念：大项、小项和中项。其中，结论中的谓项叫大项，用字母 P 表示；结论中的主项叫小项，用字母 S 表示；在两个前提中都出现但在结论中不再出现的概念叫中项，用字母 M 表示。三段论的两个前提中，包含大项的前提叫大前提，包含小项的前提叫小前提，通常情况是大前提在前而小前提在后。三段论推理的"奥秘"就在于通过中项在前提中的两次出现把大项和小项联结起来，从而组成一个新的命题，得到推理的结论。因此，三段论简单地可以理解为通过一个大前提和一个小前提推导出一个结论的过程。例如：

所谓的大前提，即已知的一般性规则/原理，如"人会死亡"；

所谓的小前提，即当前研究的特定情况，如"苏格拉底是人"；

推出结论，即根据一般规则/原理，对特定情况作出的命题，如"苏格拉底会死"。

在思考与表达过程中应用时，只要给出的大前提是无可争议的，小前提涉及的信息是真实准确的，那么得出的结论就是一个不可辩驳的结果，以该结论进行表达时就更具说服力。至此，可以把三段论的逻辑结构表示如下：

M—P

S—M

S—P

2. 三段论的公理

三段论推理是一种必然性推理，能由前提必然地推出结论，是有其公理依据的。所谓公理，就是指那些为大家公认、不证自明的道理。不少科学理论体系便是建立在若干公理基础之上的。三段论推理的公理为：一类事物的全部是什么或不是什么，那么该类事物中的部分也是什么或不是什么。即对一类事物的全部对象进行断定，那么对该类事物中的每一个对象也应该进行断定。

如在例①中，我们在大前提中断定了所有的 M 类事物都有 P 的属性，在小前提中断定了 S 属于 M 类事物，则 S 同样具有 P 的属性，如图 5-1 所示。在例②中，我们在大前提中断定了所有 M 类事物都不具有 P 的属性，在小前提中断定了 S 属于 M 类事物，则 S 同样不具有 P 的属性，如图 5-2 所示。

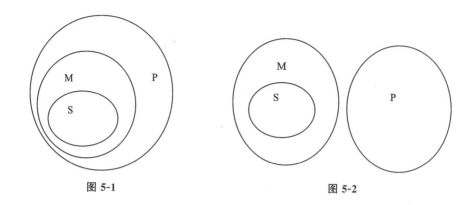

图 5-1　　　　　　　　　　图 5-2

这一公理反映了现实世界中存在的一般和个别的关系,即客观对象间属和种的包含关系,这种关系是三段论推理的客观基础和逻辑根据。三段论推理就是以有关某一类思维对象的一般性知识为前提,从中推得有关该类思维对象中的部分或者个别对象的特殊性知识。适用法律过程中的三段论推理,通常是以一条具有普遍适用性的法律规定为大前提,以反映某一案件事实的命题为小前提,然后对这个案件作出判决的。其推理过程可用公式表示如下:

　　　具有普遍适用性的法律规定,
　　　已确认的具体案件事实,
　　　────────────────
　　　关于该案件的判决结论。

在逻辑学中,将遵循由一般到个别的思维进程进行的推理称为演绎推理。

3. 三段论的规则

为保证三段论推理的正确、有效,必须遵守一定的逻辑规则。这些规则实质上是三段论公理的具体化,是以三段论公理为依据。在进行三段论推理的时候,只有遵守这些规则,才能确保从真实的前提推出真实的结论,保证推理的逻辑性和有效性。三段论推理的规则有以下七条。

规则1:一个三段论中只能有三个不同的项。

三段论是通过中项的媒介作用来确定大、小项之间关系的一种推理形式。如果一个三段论只有两个项,那么它们在两个前提中势必重复出现,这样就不可能推出结论,因而也不可能构成三段论。如果大、小前提中出现四个项,那就说明两个前提的主、谓项都不相同,这样就没有一个项可以起到媒介作用,无法确定大、小项的关系,同样不能推出结论。三段论之所以能够由两个性质命题作前提而得出结论,原因在于中项对两个前提所起的联结作用。因此,一个三段论中只能有大项、小项、中项三个不同的项。如果中项在两个前提中不是相同的概念,就等于没有了中项。而没有了中项,作为前提的两个命题也就成了与结论毫无逻辑关系的命题。因此,如果两个前提中没有相同的概念作中项,中项的桥梁和媒介作用就无从谈起,不仅不能将两个前提联结起来,更无法确立大项和小项的关系,进而得不到必然可靠的结论。例如:

农民是党和政府特别关注的弱势群体，

本案犯罪嫌疑人是农民，

所以，本案犯罪嫌疑人是党和政府特别关注的弱势群体。

这个三段论的中项"农民"在大、小前提中只是语词相同而概念不同。其中，大前提中的"农民"指的是农民全体，是集合概念，而小前提中的"农民"指的是一类对象，是非集合概念。由于二者并不是同一概念，所以无法得出有效合理的结论。

违反这条规则，就会犯"中项不同一"或"四概念"的逻辑错误。在适用法律的三段论推理中，某项法律规定（大前提）与具体案件事实（小前提）的一致是作出正确法律判决（结论）的保证。要是两者不相符合或者不完全符合，从逻辑上讲属"四概念"的逻辑错误。

规则2：中项在前提中必须至少周延一次。

如果中项在前提中的两次出现一次都不周延，即中项概念的外延一次也未被作出全部的断定，那就可能出现这样的情况：大项与中项概念的一部分外延发生关系，小项与中项概念的另一部分外延发生关系。这意味着，大项与小项可能无法和中项概念的同一部分外延发生关系，于是大项和小项之间的关系就无法确定，从而得不到必然性结论。例如：

本案作案人是外科医生，

张某是外科医生，

所以？

这个推理的中项概念"外科医生"在大前提和小前提中都处于肯定命题谓项的位置上，均不周延，无法确定张某和本案作案人之间的外延关系，因此得不出必然性结论。

违反这条规则，就会犯"中项不周延"的逻辑错误。在法律推理中，有时会发生这样的情况：根据某项犯罪活动需要具备一定的条件或者具有某种特点，而某人也具备这一条件或者其行为有类似的特点，就断定他从事了该项犯罪活动。例如，犯罪分子必有作案时间，某嫌疑人无法证明自己在案发时间内究竟在干什么，于是就断定他是犯罪分子。再如，犯罪分子在作案后都会想方设法迅速逃离现场，在某个案发现场见到某人正试图快速离开，就断定他是作案人。像这样的思维、推断过程，实际上就存在"中项不周延"的问题，其结论也是不可靠的。

规则3：前提中不周延的项，在结论中也不得周延。

这条规则是针对大项和小项的，因为中项仅在前提中出现而在结论中是不出现的。三段论推理是一种演绎推理，演绎推理除了在思维进程上有从一般到个别这一特征外，还有一个特征是它的前提和结论间是一种蕴涵关系，即结论的断定范围不超出前提的断定范围，也即前提蕴涵结论。如果大项或小项在前提中不周延，那便意味着它的外延在前提中没有被全部作出断定，而要是它在结论中变为周延的了，便意味着它的全部外延都被作出了断定。结论断定的范围超出了前提的断定范围，如此便使前提和结论间的蕴涵关系不复存在。因此，即使前提真，结论也未必是真。

例如，有人这样来"推理"：

律师都是熟悉法律知识的，
这家单位的管理人员都不是律师，
所以，这家单位的管理人员都不是熟悉法律知识的。

如果这个"推理"的前提都是真的，它的结论也不具有必然性。之所以出现前提真而结论假的情况，从逻辑上讲，是因为这个推理的大项概念"熟悉法律知识的"，在前提中作为肯定命题的谓项是不周延的，而在结论中变成周延的了，犯了"大项不当扩张"的逻辑错误。

引例中，公孙龙也用了三段论推理：黄马、黑马是马，白马不是黄马、黑马，所以白马不是马。在这个推理中，大前提是肯定命题，大项"马"是大前提的谓项，是不周延的；而结论是否定命题，"马"是结论的谓项，否定命题的谓项是周延的。也是犯了"大项不当扩张"的逻辑错误。

这种情况也可能发生在小项概念上，看下面的"推理"：

法官都是23岁以上的公民，
法官都是司法工作者，
所以，司法工作者都是23岁以上的公民。

小项概念"司法工作者"在前提中是全称肯定命题的谓项，是不周延的，在结论中却成了全称命题的主项，变得周延了。三段论推理中出现这种情况，属于犯了"小项不当扩张"的逻辑错误。

规则4：由两个否定的前提推不出结论。

两个前提都是否定的，意味着大项和小项与中项的关系都是相排斥的，这样，中项起不到桥梁或媒介作用，从而无法确定大项和小项之间的关系，推不出必然的结论。例如：

不能辨认自己行为的精神病人不负刑事责任，
本案被告不是不能辨认自己行为的精神病人，
所以？

在这个推理中，大项"负刑事责任"和小项"本案被告"及中项"不能辨认自己行为的精神病人"都相排斥，所以人们无法据此确定概念"负刑事责任"与"本案被告"究竟是什么关系，自然就推不出结论。

规则5：若前提之一是否定命题，则结论必为否定命题；若结论为否定命题，则前提中必有一个否定命题。

既然两个否定的前提推不出结论，因而当一个前提是否定的时候，另一个前提必须是肯定的。在否定前提中，大项或者小项与中项必为排斥关系，而在肯定前提中，小项或者大项与中项是相容的。这样，大项和小项通过中项而建立的关系也必定是相排斥的，所以只能得到否定的结论。反过来，如果一个三段论的结论是否定的，那么，它的前提中必定有一个是否定命题。因为，如果前提中没有一个否定命题，两个都是肯定命题，那么，大、小项同中项的外延关系，就只能是全部或部分的包含或被包含关系，通过中项的联结作用，也只能得出肯定命题的结论。只有当前提中有一个是否定命题时，才能据以确定大、小项之间有排斥关系。所以，若结论为否定命题，则其前提中必然就有一个是否定命题，否则，结论与前提无关，不存在推出关系，就根本不称其为推理。例如：

> 法人是具有民事行为能力人的组织，
> 该组织成员均不具备民事行为能力，
> 所以，该组织不具备法人资格。

规则6：两个特称命题的前提推不出结论。

对于这条规则，可以用以上讲的五条规则加以证明，因此也有学者把这条规则称作推出规则。

两个前提都是特称命题时，有四种可能的组合情况：① 两个都是特称肯定命题，即II组合；② 大前提为特称肯定命题，小前提为特称否定命题，即IO组合；③ 大前提为特称否定命题，小前提为特称肯定命题，即OI组合；④ 两个都是特称否定命题，即OO组合。在组合①中，两个特称肯定命题中没有一个项是周延的，它不能满足规则2的要求——"中项在前提中必须至少周延一次"，因而推不出必然的结论。组合④的两个前提均为否定命题，根据规则4，也推不出结论。在组合②、组合③中，均只有一个项（即特称否定命题的谓项）是周延的，根据规则1，中项在前提中至少周延一次，这个项得留给中项，这样其他三个项，即大项、小项和另一个中项，都不周延。又据规则5，"若前提之一是否定命题，则结论必为否定命题"，故这种前提组合所得结论只能是否定命题，这意味着大项在结论中周延。也就是说，如此推出的结论必定犯有"大项不当扩张"的逻辑错误。可见，两个前提均为特称命题的四种可能组合情况下，无一能得到必然的结论，所以，以两个特称命题为前提是推不出结论的。

规则7：前提之一是特称命题的，结论必定是特称命题。

前提之一是特称命题的，意味着另一个前提必然是全称命题。这也有四种可能的组合情况：① 大前提为全称肯定命题，小前提为特称肯定命题，即AI组合；② 大前提为全称肯定命题，小前提为特称否定命题，即AO组合；③ 大前提为全称否定命题，小前提为特称肯定命题，即EI组合；④ 大前提为全称否定命题，小前提为特称否定命题，即EO组合。根据规则4，组合④的两个前提均为否定命题，因而不能得出结论。在组合①中，只有一个项（全称肯定命题的主项）是周延的，根据规则2，这个项必定是中项，其他的三个项都不周延，因而只能推出一个特称命题的结论，否则就要犯"小项不当扩张"的错误。在组合②、组合③中，均有两个周延的项，且一个前提为肯定命题，另一个前提为否定命题。根据规则2，两个周延的项，一个必定要是中项；又据规则4，由这种前提组合所得的结论只能是否定命题，所以两个周延的项中的另一个必定要是大项，否则便要犯"大项不当扩张"的逻辑错误。既然小项在前提中不能是周延的，那么结论也就只能是特称命题了。以上分析表明，前提之一是特称命题的三段论，只能得到特称命题结论。

总之，上述七条规则可以概括为两类：一类是有关三段论推理的项即概念的规则，它们是规则1、规则2、规则3；另一类是有关推理的前提即命题的规则，它们是规则4、规则5、规则6、规则7。在法律推理中遵守这些三段论的规则，是从相关的法律规定出发作出正确判决的必要条件。

需要注意的是，三段论推理在实际应用的时候并不如此简单，有些问题需要进行仔细分析并根据其关联性组合成大小前提进行推理，才能得出合理的结论。例如，在中国西北有这样两个村落，赵村所有的人都是白天祭祀祖先，李庄所有的人都是晚上祭祀祖先。我们确信没有既在白天又在晚上祭祀祖先的人。我们也知道李明是晚上祭祀祖先的人。依据以上信息，能判定以下哪项是对李明身份正确的命题？

  A. 李明若不是李庄的，就是赵村的。
  B. 李明若是赵村的就不是李庄的。
  C. 李明若不是赵村的，就是李庄的。
  D. 李明不是赵村的。
  E. 可以断定，李明是李庄人。

根据既定结论的选项，从题干里可整理出以下两组大小前提：

① 李庄所有的人都是晚上祭祀祖先的（大前提）；
 李明是晚上祭祀祖先的（小前提）。
② 赵村所有的人都是白天祭祀祖先的（大前提）；
 李明不是白天祭祀祖先的（他晚上祭祀；小前提）。

从①推出结论"E. 可以断定，李明是李庄人"犯"中项不周延"错误；从②则可必然推得结论"D. 李明不是赵村的"。也就是说，从上述条件出发，只能确定李明不是赵村人而不能确定李明是李庄人。

（二）三段论的格和式

1. 什么是三段论的格

三段论的格，就是由中项在前提中所处的位置不同而构成的不同的三段论形式。

中项在大、小前提中可以分别是主项和谓项。这样，中项在前提中共有四种不同的位置情况，相应地，三段论共有四个格。

第一格的中项在大前提中作主项，在小前提中作谓项。例如：

  所有的法律都是有阶级性的，
  刑法是法律，
  ———————————————
  所以，刑法是有阶级性的。

其结构形式如下：

  M—P
  S—M
  ————
  S—P

第二格的中项在大前提和小前提中都作谓项。例如：

  我们班的同学都是杭州人，
  陈萍不是杭州人，

所以，陈萍不是我们班的同学。

其结构形式如下：

P—M
S—M
———
S—P

第三格的中项在大前提和小前提中都作主项。例如：

人是能思维的，
人是高等动物，
所以，有些高等动物是能思维的。

其结构形式如下：

M—P
M—S
———
S—P

第四格的中项在大前提中作谓项，在小前提中作主项。例如：

有些女青年是学文秘专业的，
学文秘专业的是准备从事文秘事业的，
所以，有些准备从事文秘事业的是女青年。

其结构形式如下：

P—M
M—S
———
S—P

2. 三段论各格的规则及其作用

三段论各格的规则是根据三段论的规则并结合自己的具体格式推导出来的，又因为各格的结构形式、特征不同，因而在实践中有不同的作用。

（1）第一格的规则及其作用。

第一格的特殊规则如下。

① 小前提必须是肯定命题。

② 大前提必须是全称命题。

如果小前提为否定命题，根据三段论规则 5，结论也为否定命题，那么大项在结论中周延。这样，大项在前提中也要周延。而大项在前提中处在谓项的位置，若要周延必须是否定命题，那就出现了两个前提都为否定的情况。由三段论规则 4 得知，两个否定的前提不能得出结论，所以，小前提必须是肯定命题。

由于小前提是肯定命题，中项处在小前提的谓项，是不周延的。根据三段论规则2，中项在前提中至少周延一次，因此，大前提中的中项必须周延。而大前提中的中项处在主项的位置，要其周延必须是全称命题。

第一格最明显地体现了三段论的公理，典型地体现了演绎推理从一般到特殊的特点。人们根据一般原理认识和说明特殊事物情况，或者把某个特殊事例置于一般原则之下加以证明，都要运用第一格。第一格的运用最为广泛，人们把第一格称为"典型格"或"完善格"。

（2）第二格的规则及其作用。

第二格的特殊规则如下。

① 前提中必有一个是否定命题。

② 大前提必须是全称命题。

第二格的中项在前提中都处在谓项的位置，根据三段论规则，中项在前提中至少周延一次，所以，前提中必须有一个是否定命题。由于有一个前提是否定的，根据三段论规则5，结论也是否定的，而否定命题的谓项是周延的，即大项周延。由于大项在大前提中处在主项的位置，所以，大前提必须是全称命题。

第二格由于结论是否定的，因此，它的主要作用在于指出事物间的区别，说明某个事物不属于某个类，人们称它为"区别格"。例如：

所有偶数都是能被 2 整除的数，

3 不是能被 2 整除的数，

所以，3 不是偶数。

这里，就指出了 3 和偶数之间的区别，说明 3 不属于偶数这个类。

（3）第三格的规则及其作用。

第三格的特殊规则如下。

① 小前提必须是肯定命题。

② 结论肯定是特称命题。

如要小前提是否定的，那么根据三段论规则5，结论也是否定的。结论中否定命题的谓项周延，即大项周延。根据三段论规则3，前提中不周延的项结论中也不得周延，而大项在大前提中处在谓项的位置，要其周延必须为否定命题，那就违反了两个否定前提不能得出结论的规则，所以，小前提就必须是肯定命题。

因为小前提是肯定命题，小项处在小前提中谓项的位置，是不周延的。根据三段论前提中不周延的项在结论中也不得周延的规则，结论中的小项是不能周延的。所以，结论只能是特称命题。

第三格的结论是特称的，因此，人们经常用来证明一般原则的例外情况。在思维实践中，经常用来反驳某种全称命题，人们称它为"反驳格"。例如，为了反驳"所有的鸟都是会飞的"这个全称命题，就可以用这一格。例如：

鸵鸟是不会飞的，

鸵鸟是鸟，

所以，有些鸟是不会飞的。

(4) 第四格的规则及其作用。

第四格的特殊规则如下。

① 如果有一个前提是否定命题，则大前提为全称命题。

② 如果大前提是肯定命题，则小前提为全称命题。

③ 如果小前提是肯定命题，则结论为特称命题。

④ 任何一个前提都不能是特称否定命题。

⑤ 结论不能是全称肯定命题。

第四格没有什么特殊用途，也很少使用。其规则读者可以自己加以证明。

三段论各格的规则，是根据三段论的规则并结合各格的特殊形式推导出来的。如果一个三段论违反了该格的规则，那么肯定违反了三段论的规则，但是遵守该格的规则，并不一定符合三段论的规则。例如：

有些罪犯是盗窃犯，

有些罪犯是杀人犯，

所以，有些杀人犯是盗窃犯。

这个三段论符合第三格的规则要求，但它是一个错误的推理。违反了三段论规则2，犯了"中项不周延"的逻辑错误，同时也违反了"两个特称前提不能得出结论"的规则。

3. 三段论的式

三段论的式，就是由于前提和结论的质、量不同所构成的不同的三段论形式，也就是 A、E、I、O 四种命题在两个前提、一个结论中的不同排列组合所构成的三段论形式。例如：

所有的法律都是有阶级性的，

刑法是法律，

所以，刑法是有阶级性的。

这个推理的大、小前提和结论都是 A 命题，因此，它的式是 AAA 式。又如：

正当防卫行为不是违法行为，

李明的行为是正当防卫行为，

所以，李明的行为不是违法行为。

这个推理的大前提是 E 命题，小前提是 A 命题，结论是 E 命题，因此，它的式是 EAE 式。

根据 A、E、I、O 四种命题的不同排列组合，每格可以得到 64 个式，共有 256 个式。但其中有些式是无效的，如 EEE、OOI、IIA 等式。根据三段论的规则，结合四个格的形式，分别对 256 个式进行验证，四个格只有 24 个有效式，如表 5-3 所示。

表 5-3　三段论的有效式

第一格	第二格	第三格	第四格
AAA	AEE	AAI	AAI
AII	EAE	AII	AEE
EAE	EIO	EAO	EAO
EIO	AOO	EIO	EIO
（AAI）	（AEO）	IAI	IAI
（EAO）	（EAO）	OAO	（AEO）

每个格的有效式都是 6 个。表 5-3 中带括号的式，称为弱式，就是本来可以得出全称结论而只得出特称结论的式。例如：

商品是用来交换的劳动产品，
这些物品不是用来交换的劳动产品，
————————————————————
所以，这些物品有的不是商品。

这个三段论是第二格的 AEO 式，本来可以得出全称结论，即"这些物品都不是商品"，形成 AEE 式。根据差等关系，当 E 命题为真时，O 命题肯定是真的。所以，这个推理也没有错，但它没有展示出应当推出的全部内容，因而称为弱式。

（三）三段论的省略式

1. 省略三段论的定义和形式

标准的三段论都含有大前提、小前提和结论三个部分，但在实际表达中往往省略了某一部分。省略三段论就是省略了大前提或小前提或结论的三段论。

省略三段论有以下三种形式。

第一种，省略大前提。例如："马克思主义是真理，所以，马克思主义是不怕批评的。"这个推理就省略了大前提"真理是不怕批评的"。在省略三段论中，被省略的大前提往往是得到普遍承认的一般性原理。

第二种，省略小前提。例如："犯故意伤害他人身体致人重伤罪的，处三年以上七年以下有期徒刑，因此，吴某应处三年以上七年以下有期徒刑。"这个推理就省略了小前提"吴某犯了故意伤害他人身体致人重伤罪"。在省略三段论中，被省略的小前提往往是不言而喻的事实。

第三种，省略结论。例如："党员应该起模范带头作用，你是党员。"这个推理就省略了结论"你应该起模范带头作用"。在省略三段论中，省略结论必须在前提和结论关系十分明显的情况之下进行。

2. 省略三段论的复原和检验

检查省略三段论是否正确比较复杂。首先应该确定这个省略三段论省略了哪一部分，然后把省略的部分补充完整，恢复成一个完整的三段论，再进行检验。

例如，王维的《杂诗三首·其二》："君自故乡来，应知故乡事。来日绮窗前，寒梅著花未？"开头两句"君自故乡来，应知故乡事"是个省略三段论。经检验发现省略了大前提"凡是从故乡来的都应知道关于故乡的事"。经复原可得：

> 凡是从故乡来的都应知道关于故乡的事，
> 君是从故乡来的，
> ——————————————————
> 所以，君应知道关于故乡的事。

这个推理是属于第一格 AAA 式。然后，再用三段论的规则和格式进行检查，可知这个推理从内容到形式都是正确的。

但是，有些省略三段论往往会将一些错误掩盖起来，不易发觉。例如："他犯过错误，所以，他是不值得信任的。"复原后的完整式为：

> 凡是犯过错误的都是不值得信任的，
> 他是犯过错误的，
> ——————————————————
> 所以，他是不值得信任的。

这个推理属于第一格 AAA 式，格式符合逻辑要求。但这个推理是错误的，因为大前提是不真实的。在省略式中，由于大前提被省略，掩盖了它的不真实性，容易被人们所忽视。

三、关系推理

（一）关系推理的特征

关系推理就是前提中至少有一个关系命题，并且根据前提中关系的逻辑性质进行推演的推理。例如：

> ① 北京在杭州以北，
> ——————————————————
> 所以，杭州不在北京以北。

> ② 甲早于乙路过现场，
> 乙早于丙路过现场，
> ——————————————————
> 所以，甲早于丙路过现场。

这两个都是关系推理。例①是根据"在……以北"这种反对称关系来进行推演的；例②是根据"早于"这种传递关系来进行推演的。

根据前提和结论都是由关系命题组成的，还是由关系命题和性质命题混合组成的，关系推理可以分为两大类：一类为纯关系推理，另一类为混合关系推理。

（二）纯关系推理

纯关系推理就是前提和结论都是关系命题的推理。根据前提数量的不同，纯关系推理可分为直接关系推理和间接关系推理。

1. 直接关系推理

直接关系推理是由一个关系命题作为前提，直接得出结论的推理形式。它可以分为对称关系推理和反对称关系推理两种。

（1）对称关系推理。

对称关系推理是根据关系的对称性进行推演的一种推理形式。例如：

① 张明是王华的中学同学，

所以，王华是张明的中学同学。

② 甲是乙的同案犯，

所以，乙是甲的同案犯。

这两例就是通过"同学""同案犯"这种关系的对称性质而推出结论的。对称关系推理通过关系前项和关系后项的更换，起到了强调不同关系项的作用。对称关系推理的逻辑形式可用公式表示为：

$$aRb$$
$$\therefore bRa$$

（2）反对称关系推理。

反对称关系推理就是根据关系的反对称性进行推演的一种推理形式。例如：

① 5大于3，

所以，3不大于5。

② 张三犯的罪重于李四犯的罪，

所以，李四犯的罪不重于张三犯的罪。

这两例就是通过"大于""重于"这种关系的反对称性质而推出结论的。反对称关系推理的逻辑形式可用公式表示为：

$$aRb$$
$$\therefore b\overline{R}a$$

2. 间接关系推理

间接关系推理是由两个关系命题作为前提，推出结论的关系推理形式。它可以分为传递关系推理和反传递关系推理两种。

(1) 传递关系推理。

传递关系推理是根据关系的传递性进行推演的关系推理。例如：

① 甲比乙早路过现场，
乙比丙早路过现场，
所以，甲比丙早路过现场。

② 杭州在上海以南，
上海在北京以南，
所以，杭州在北京以南。

这两个推理就是根据"比……早""在……以南"这些关系的传递性推导出来的。传递关系推理的逻辑形式可用公式表示为：

aRb
bRc
∴aRc

(2) 反传递关系推理。

反传递关系推理是根据关系的反传递性进行推演的关系推理。例如：

① 甲和乙是母女关系，
乙和丙是母女关系，
所以，甲和丙不是母女关系。

② 甲比乙早两个小时路过现场，
乙比丙早两个小时路过现场，
所以，甲不比丙早两个小时路过现场。

这两个推理就是根据"母女关系""比……早两个小时"这些反传递性关系推导出来的，反传递关系推理的逻辑形式可用公式表示为：

aRb
bRc
∴a$\overline{R}$c

（三）混合关系推理

1. 混合关系推理的定义和形式

混合关系推理就是以一个关系命题和一个性质命题为前提，推出一个关系命题为结论的推理。例如：

> 所有六年级的学生都比三年级的学生年龄大,
>
> 这些同学是六年级的学生,
> ----
> 所以,这些同学比三年级的学生年龄大。

这是一个混合关系推理,第一个前提为关系命题,关系项是"比……大",第二个前提是性质命题,结论为关系命题。

混合关系推理的逻辑形式可以表示为:

> 所有的 a 与 b 有 R 关系,
>
> c 是 a,
> ----
> 所以,c 与 b 有 R 关系。

也可以用符号表示为:

> aRb
>
> cAa
> ----
> ∴cRb

混合关系推理包括两个前提和一个结论,在前提和结论中只有三个不同的项,其中有一个项在前提中出现两次,称为媒概念,相当于三段论的中项,在前提中起媒介作用。因此,混合关系推理也称为关系三段论。

2. 混合关系推理的规则

混合关系推理有五条规则:

① 媒概念在前提中至少周延一次。
② 前提中不周延的概念结论中也不得周延。
③ 前提中的性质命题必须是肯定的。
④ 如果前提中的关系命题是肯定的,则结论中的关系命题也应该是肯定的;如果前提中的关系命题是否定的,则结论中的关系命题也应该是否定的。
⑤ 如果前提中的关系命题不是对称的,那么,前提中的关系前项(或后项)到结论中也应该作为关系前项(或后项)。

者凡遵守上述五条规则的关系三段论都是有效的,而违反其中任何一条规则的关系三段论都是无效的。例如:

> 有人批评有些甲班学生,
>
> 小王是甲班学生,
> ----
> 所以,有人批评小王。

这个关系三段论的推理形式为:

> 有些 x 与有些 y 有 R 关系,
>
> 这个 z 是 y,
> ----
> 所以,有些 x 与这个 z 有 R 关系。

这个关系三段论违反了上述规则①,是无效的。再如:

  我们反对一切侵略战争,
  一切侵略战争是战争,
  所以,我们反对一切战争。

这个关系三段论的推理形式为:

  所有 x 与所有 y 有 R 关系,
  所有 y 是 z,
  所以,所有 x 与所有 z 有 R 关系。

这个关系三段论违反了上述规则②,是无效的。再如:

  我们反对一切犯罪行为,
  一切小偷小摸行为都不是犯罪行为,
  所以,我们不反对一切小偷小摸行为。

这个关系三段论的推理形式为:

  所有 x 与所有 y 有 R 关系,
  所有 z 不是 y,
  所以,所有 x 与所有 z 没有 R 关系。

这个关系三段论违反了上述规则③和规则④,是无效的。再如:

  法律惩罚一切故意犯罪行为,
  他的行为不是故意犯罪行为,
  所以,他的行为不会受法律的惩罚。

这个关系三段论的推理形式为:

  所有 x 与所有 y 有 R 关系,
  所有 z 不是 y,
  所以,所有 z 与所有 x 没有 R 关系。

  这一混合关系三段论是不能成立的。首先,它违反了规则③,前提中的性质命题是否定的;其次,它违反了规则④,前提中的关系命题是肯定的,而结论中的关系命题是否定的;最后,它违反了规则⑤,前提中的关系命题不是对称的,但结论中关系前项和关系后项的位置被颠倒了。
  由于法律工作要面对和处理各种各样复杂的关系,所以应当掌握关系推理的逻辑结构和推理规则。

拓展训练

● 一、问答题

1. 对当关系直接推理有哪些有效式？
2. 变形直接推理有哪些公式？
3. 三段论的结构和规则是什么？
4. 直言三段论的中项有何重要作用？
5. 三段论有哪几个格？怎样区分三段论的格和式？
6. 一个有效的三段论能否三个词项都周延两次？
7. 已知一个有效的三段论的大项在前提中周延而在结论中不周延，它应当是什么样的推理形式？
8. 一个第三格三段论的有效式，两个前提分别是全称否定命题和全称肯定命题，其推理形式是什么？
9. 一个有效的三段论，如果大前提是特称命题，那么，小前提应当是什么命题？
10. 什么是省略三段论？如何还原三段论的省略式？

参考答案

● 二、写出下列推理的形式，并指出它们是否有效

1. 所有盗窃罪都是故意犯罪，所以，并非盗窃罪都不是故意犯罪。
2. 并非有些贪污罪不是故意犯罪，所以，有些贪污罪是故意犯罪。
3. 凡被告都有辩护权，所以，有些被告有辩护权。
4. 有些律师是青年人，所以，有些律师不是青年人。
5. 并非所有放火罪都是过失犯罪，所以，所有放火罪都不是过失犯罪。
6. 所有证据不都是真实的，所以，有些证据不是真实的。
7. 有些司法干部不是共产党员，所以，有些共产党员不是司法干部。
8. 凡青年律师都是青年人，所以，凡青年人都是青年律师。
9. 凡形式有效的推理都是合乎逻辑的推理，所以，不合乎逻辑的推理都不是形式有效的推理。
10. 紧急避险是不负刑事责任的行为，所以，紧急避险不是负刑事责任的行为。
11. 不劳动者不得食，所以，得食者是劳动者。
12. 伤害罪是侵犯公民人身权利、民主权利罪，所以，有些侵犯公民人身权利、民主权利罪是伤害罪。
13. 有人懂外语，所以，有人不懂外语。
14. 有些犯罪是非故意的，所以，有些犯罪是故意的。
15. 并非所有商品都是物美价廉的，所以，有的商品是物美价廉的。
16. 并非所有动物都是胎生的，所以，并非所有动物都不是胎生的。
17. 所有演绎推理都是必然性推理，所以，有些非必然性推理不是演绎推理。
18. 有些病毒不是不变异的，所以，有些变异的不是非病毒。
19. 窒息死亡都是脸色发青的，这一死者脸色发青，所以，他是窒息死亡。
20. 大多数外语教师掌握两门外语，她是外语教师，所以，她掌握两门外语。
21. 凡律师都熟悉法律，小朱不是律师，所以，小朱不熟悉法律。

22. 侵犯财产罪是犯罪，抢劫罪是犯罪，所以，抢劫罪是侵犯财产罪。
23. 诈骗行为是不道德的行为，诈骗行为是犯罪行为，所以，不道德的行为是犯罪行为。
24. 没有审判员是律师，甲是律师，所以，甲不是审判员。
25. 任何犯罪行为都不是不危害社会的行为，张某的行为不是危害社会的行为，所以，张某的行为不是犯罪行为。
26. 并非海战必然发生，所以，海战必然不发生。
27. 弱者可能战胜强者，所以，并非弱者不可能战胜强者。
28. 并非领导必然不犯错误，所以，领导必然犯错误。
29. 并非明天可能下雨，所以，明天可能不下雨。
30. 国家工作人员必须实事求是，所以，国家工作人员不允许不实事求是。
31. 禁止任何公民破坏社会主义制度，所以，任何公民都不可以破坏社会主义制度。
32. 公民可以信仰宗教，所以，公民可以不信仰宗教。
33. 党组织和党员都必须遵守宪法，所以，党组织必须遵守宪法，党员也必须遵守宪法。
34. 允许公民信神且允许公民不信神，所以，公民信神和不信神是允许的。

● 三、已知下列判断为真，根据对当关系推理，可以推出哪些结论

1. 所有人民团体都不是审判机关。
2. 有些违法行为是不受法律处罚的。
3. H厂的下岗职工中有的是没有技术的中年妇女。
4. 甲厂生产的有些产品不是优质产品。
5. 任何书写习惯都是动力定型的具体表现。
6. 凡颈部有卡压痕迹的死者都不是自杀身亡的。
7. A校的学生都不是家在本市的学生。
8. 参加这次会议的代表有的不是私营企业家。
9. 本届商品展销会上的商品都是乡镇企业的产品。
10. A县法院的法官都是大学法律专业毕业的。

● 四、列出下列直接推理的过程，并根据换质、换位规则分析其是否成立

1. SAP → POS
2. EP → OS
3. SAP → O
4. SEP → O

● 五、在前提与结论中填入适当的符号，使之成为有效的三段论，并说明理由

1. （ ）E（ ）
   S A （ ）

   S （ ）P

2. （ ）E P
   （ ）I（ ）

   S （ ）P

3. （　）A（　）
　　S（　）M

　　SEP

4. P（　）M
　　（　）O（　）

　　S（　）P

● 六、写出下列三段论推理的形式，并运用三段论规则判定其是否正确，详细阐明理由

1. 侵犯财产罪是犯罪，抢劫罪是犯罪，所以，抢劫罪是侵犯财产罪。
2. 诈骗行为是不道德的行为，诈骗行为是犯罪行为，所以，不道德的行为是犯罪行为。
3. 没有审判员是律师，某甲是律师，所以，某甲不是审判员。
4. 任何犯罪行为都不是不危害社会的行为，张某的行为不是危害社会的行为，所以，张某的行为不是犯罪行为。

● 七、写出下面三段论的推理形式，并指出它们的格和式

1. 客观规律是不以人们的意志为转移的，经济规律是客观规律，所以，经济规律是不以人们的意志为转移的。
2. 鱼是用鳃呼吸的，鲸不是用鳃呼吸的，所以，鲸不是鱼。
3. 瓦特是大发明家，而瓦特未受过高等教育，所以，有些大发明家未受过高等教育。
4. 走私罪是犯罪，而犯罪是危害社会的行为，所以，有些危害社会的行为是走私罪。

● 八、将下列省略三段论的省略部分补上

1. 我们应当模范地遵守国家的法律，因为我们是司法干部。
2. 正当防卫不是犯罪行为，所以，他的行为不是犯罪行为。
3. 未经查证属实的证据是不能作为定案依据的，而这个证据是未经查证属实的。
4. 犯罪行为都是违法的，所以，合法行为不是犯罪行为。

第二节　复合命题推理

一、联言推理

（一）联言推理的特征

联言推理就是前提或结论为联言命题的推理。它是根据联言命题的逻辑性质进行推演的推理。例如：

① 小张既是我们班的班长，又是我们班的团支部书记，
所以，小张是我们班的团支部书记。

② 构成贿赂罪，要有牟取不正当利益的行为，
构成贿赂罪，要有给予国家工作人员以财物的行为，
所以，构成贿赂罪既要有牟取不正当利益的行为，又要有给予国家工作人员以财物的行为。

这两例都是联言推理。例①的前提是个联言命题，结论是联言命题的支命题；例②的前提是两个支命题，结论是个联言命题。

（二）联言推理的形式

根据联言推理的定义，联言推理可以分为两种形式：分解式和组合式。

1. 分解式

联言推理的分解式就是前提为联言命题，结论是其支命题的联言推理形式。例如：

《民法典》第一千一百二十七条规定：配偶、子女、父母都属于第一顺序继承人，
所以，父母属于第一顺序继承人。

这是一个分解式的联言推理。它的前提是个包含有三个支命题的联言命题，结论是前提中的一个支命题。分解式是根据一个联言命题为真，那么其所有的支命题都为真的逻辑性质来进行推演的。联言推理分解式的主要作用是，突出或者强调某一个联言支所断定的内容。

联言推理分解式的逻辑形式为：

p 并且 q
所以，p（或 q）

也可以用符号表示为：

$p \wedge q$
$\therefore p (q)$

这两个推理形式可以分别表示为：$(p \wedge q) \rightarrow p$；$(p \wedge q) \rightarrow q$。

2. 组合式

联言推理的组合式就是前提为联言命题的支命题，结论是由前提中的支命题组合而成的联言命题的推理形式。例如：

宪法是规定国家根本制度的法律，
宪法是具有最高法律效力的法律，

所以，宪法既是规定国家根本制度的法律，又是具有最高法律效力的法律。

这是一个组合式的联言推理。它的前提是两个性质命题，结论是由这两个性质命题组合而成的联言命题。组合式是根据如果一个联言命题中的各个联言支都真，那么该联言命题为真的逻辑性质来进行推演的。因此，只要前提中的支命题为真，那么通过联言推理组合式得到的结论必然为真。

联言推理组合式的逻辑形式为：

p
q
―――――――
所以，p 并且 q

也可以用符号表示为：

p
q
―――――――
∴ p∧q

这个推理形式可以表示为：(p，q) → (p∧q)。

联言推理分解式和组合式都是前提蕴涵结论的，其前件表示推理的前提，后件表示推理的结论。这种推理蕴涵式，体现了前提和结论的蕴涵关系。

二、选言推理

（一）选言推理的特征

选言推理就是前提中有一个是选言命题，并根据选言命题选言支之间的关系而推出结论的推理。例如：

恒星要么是运动的，要么是静止的，
恒星是运动的，
―――――――――――――――――
所以，恒星不是静止的。

这就是一个选言推理，它的一个前提是选言命题，另一个前提和结论是这个选言命题的支命题，它是根据选言命题选言支之间的关系而得出结论的。由于选言推理是由两个前提和一个结论组成的，所以，人们也称它为选言三段论，把前提中的选言命题称为大前提，另一个选言支称为小前提。

（二）选言推理的种类

根据选言推理前提中选言命题的种类不同，可以把选言推理分为两类：相容选言推理和不相容选言推理。

1. 相容选言推理

相容选言推理就是前提中有一个是相容选言命题的选言推理。相容选言推理是根据相容选言命题选言支之间的逻辑性质来进行推演的。根据相容选言命题选言支至少有一个为真的特点，我们可以得出相容选言推理有以下两条规则。

第一，否定一部分选言支，就要肯定另一部分选言支。

第二，肯定一部分选言支，不能否定另一部分选言支。

根据这两条规则，相容选言推理只有一个正确的形式，即否定肯定式。例如：

> 本案的作案人或者是李三或者是王四，
> 现已查明，李三没有参与作案，
> 所以，本案的作案人是王四。

这就是否定肯定式相容选言推理。它在小前提中否定了选言命题的部分选言支，到结论中肯定没有被否定的另一部分选言支。否定肯定式的相容选言推理逻辑形式可以表示为：

> p 或者 q
> 非 p
> 所以，q

也可以用符号形式表示为：

> p∨q
> ¬p
> ∴q

这两个推理形式可以分别表示为：(p∨q)∧¬p→q；(p∨q)∧¬q→p。

相容选言推理没有肯定否定式，这是受第二条规则的约束。因为，相容选言命题的选言支可以同真，肯定一部分选言支不能否定其他的选言支，所以，没有肯定否定式。例如：

> 他或者是犯了贪污罪，或者是犯了受贿罪，
> 他是犯了贪污罪，
> 所以，他没有犯受贿罪。

这个相容选言推理是错误的。它违反了第二条规则，即肯定一部分选言支，不能否定另一部分选言支。

2. 不相容选言推理

不相容选言推理就是前提中有一个是不相容选言命题的选言推理。不相容选言推理是根据不相容选言命题选言支有且只有一个为真的逻辑特点来进行推演的。不相容选言推理有以下两条规则。

第一，否定一部分选言支，就要肯定另一个选言支。

第二，肯定一个选言支，就要否定其他的选言支。

根据这两条规则，不相容选言推理有两个正确的形式：否定肯定式和肯定否定式。

（1）否定肯定式。

否定肯定式不相容选言推理，就是在小前提中否定选言命题中除了一支以外的其他选言支，而在结论中肯定在前提中没有被否定的那个选言支。例如：

某甲的收入要么是合法的，要么是违法的，

现已查明，某甲的收入不是违法的，

所以，某甲的收入是合法的。

否定肯定式不相容选言推理可用逻辑形式表示为：

要么 p，要么 q

非 p

所以，q

或：

要么 p，要么 q

非 q

所以，p

也可以用符号形式表示为：

$p \overline{\vee} q$

$\neg p$

$\therefore q$

或：

$p \overline{\vee} q$

$\neg q$

$\therefore p$

这两个推理形式可以分别表示为：$((p \overline{\vee} q) \wedge \neg p) \rightarrow q$；$((p \overline{\vee} q) \wedge \neg q) \rightarrow p$。

（2）肯定否定式。

肯定否定式不相容选言推理，就是在小前提中肯定选言命题的一个选言支，在结论中否定其他的选言支。例如：

某甲的死要么是正常死亡，要么是非正常死亡，

某甲的死是正常死亡，

所以，某甲的死不是非正常死亡。

肯定否定式不相容选言推理的逻辑形式可以表示为：

要么 p，要么 q
p
─────────
所以，非 q

或：

要么 p，要么 q
q
─────────
所以，非 p

也可用符号形式表示为：

p$\overline{\vee}$q
p
─────────
∴ ¬q

或：

p$\overline{\vee}$q
q
─────────
∴ ¬p

这两个推理形式可以分别表示为：$((p\overline{\vee}q) \wedge p) \rightarrow \neg q$；$((p\overline{\vee}q) \wedge q) \rightarrow \neg p$。

（三）选言推理的要求

1. 大前提中的选言支必须穷尽

在运用选言推理时，作为大前提的选言命题的选言支必须穷尽。如果大前提不穷尽选言支，刚好漏掉了真实的选言支，那么，就会推出错误的结论。例如：

宁要没有文化的劳动者，不要有文化的精神贵族。

这个省略大前提的选言推理，就是犯了前提中没有穷尽选言支的逻辑错误。把省略的大前提补充完整的选言推理形式为：

我们可以选用的人才要么是没有文化的劳动者，要么是有文化的精神贵族，

我们不要有文化的精神贵族，
─────────────────────
所以，我们要没有文化的劳动者。

按这个大前提的划分标准，"我们可以选用的人才"除了"没有文化的劳动者"和"有文化的精神贵族"两个选言支以外，还应该有"有文化的劳动者"和"没有文化的精神贵族"两个选言支。由于选言推理的大前提没有穷尽选言支，所以，得出了荒唐的结论。

2. 要遵守选言推理的规则

正确的选言推理除了要在前提中穷尽选言支以外，还必须遵守选言推理的规则。例如：

一段译文的错误，或者是原文有错误，或者是翻译有错误，
这段译文的错误是翻译有错误，
———————————————————————
所以，这段译文不是原文有错误。

这个选言推理是错误的，它违反了相容选言推理肯定一部分选言支不能否定另一部分选言支的规则。

三、假言推理

（一）假言推理的特征

假言推理就是前提中有一个是假言命题，并且根据假言命题前后件之间的关系进行推演而得出结论的推理。例如：

如果是犯贪污罪，那么犯罪分子应是国家工作人员，
某甲犯了贪污罪，
———————————————————————
所以，某甲应是国家工作人员。

这是一个假言推理，有一个前提是假言命题，另一个前提和结论是性质命题。假言推理也可以叫作假言三段论，前提中的假言命题称为大前提。

（二）假言推理的种类

根据前提中假言命题的不同，假言推理可以分为三类，即充分条件假言推理、必要条件假言推理和充分必要条件假言推理。

1. 充分条件假言推理

充分条件假言推理就是前提中有一个是充分条件假言命题的假言推理。

充分条件假言命题前后件的关系是：有前件就一定有后件，没有前件不一定没有后件；没有后件肯定没有前件，有了后件不一定有前件。根据充分条件假言命题前后件之间的逻辑特征，充分条件假言推理有两条规则：

第一，肯定前件就要肯定后件，否定后件就要否定前件。
第二，否定前件不能否定后件，肯定后件不能肯定前件。

根据充分条件假言推理这两条规则，可以得到充分条件假言推理的两个正确形式：肯定前件式和否定后件式。

（1）肯定前件式。

肯定前件式就是在小前提中肯定充分条件假言命题的前件，在结论中肯定它的后件的充分条件假言推理形式。例如：

如果为牟取不正当的利益，给予国家工作人员以财物的，就是犯了行贿罪，

李某是为牟取不正当的利益，给予国家工作人员以财物的，

所以，李某就是犯了行贿罪。

这是一个肯定前件式的充分条件假言推理。它在小前提中肯定了"如果为牟取不正当的利益、给予国家工作人员以财物的，就是犯了行贿罪"的前件，在结论中肯定了它的后件。

充分条件假言推理肯定前件式的逻辑形式可以表示为：

如果 p，那么 q

p

所以，q

也可以用符号形式表示为：

p→q

p

∴q

这个推理形式可以表示为：（(p→q) ∧ p）→q。

(2) 否定后件式。

否定后件式就是在小前提中否定充分条件假言命题的后件，在结论中否定它的前件的充分条件假言推理形式。例如：

如果他是罪犯，那么他有作案时间，

他没有作案时间，

所以，他不是罪犯。

这是一个否定后件式的充分条件假言推理。它在小前提中否定了"如果他是罪犯，那么他有作案时间"的后件，在结论中否定了它的前件。

充分条件假言推理否定后件式的逻辑形式可以表示为：

如果 p，那么 q

非 q

所以，非 p

也可以用符号形式表示为：

p→q

¬q

∴¬p

这个推理形式可以表示为：（(p→q) ∧ ¬q）→¬p。

在充分条件假言命题中,前件假时,后件真假不定;后件真时,前件真假不定。因此,在进行充分条件假言推理时,不能用否定前件来否定后件,也不能用肯定后件来肯定前件,否则,推理就不正确。因此,充分条件假言推理有两个错误的形式:一个是否定前件式,其逻辑形式为:

如果 p,那么 q
非 p
——————
所以,非 q

还有一个是肯定后件式,其逻辑形式为:

如果 p,那么 q
q
——————
所以,p

例如:

① 如果犯了贪污罪,就要受到法律制裁,
王某没有犯贪污罪,
——————
所以,王某不要受到法律制裁。

② 如果停电,那么电灯就不亮,
现在电灯不亮,
——————
所以,现在停电了。

这两例都是错误的充分条件假言推理。例①中"没有犯贪污罪"不一定就"不要受到法律制裁"。例②中"电灯不亮"不一定是"停电了"。

2. 必要条件假言推理

必要条件假言推理就是前提中有一个是必要条件假言命题的假言推理。

必要条件假言命题前后件之间的关系是:有前件不一定有后件,没有前件肯定没有后件;有后件肯定有前件,没有后件不一定没有前件。根据必要条件假言命题前后件之间的逻辑特征,必要条件假言推理有以下两条规则。

第一,否定前件就要否定后件,肯定后件就要肯定前件。

第二,肯定前件不能肯定后件,否定后件不能否定前件。

根据必要条件假言推理的这两条规则,可以得到必要条件假言推理的两个正确形式:否定前件式和肯定后件式。

(1) 否定前件式。

否定前件式,就是在小前提中否定必要条件假言命题的前件,在结论中否定它的后件的必要条件假言推理形式。例如:

王某只有是国家审判人员,他才能从事审判工作,

王某不是国家审判人员，

所以，王某不能从事审判工作。

这就是否定前件式的必要条件假言推理。它在小前提中否定了"只有是国家审判人员，他才能从事审判工作"的前件，在结论中否定了它的后件。

必要条件假言推理否定前件式的逻辑形式可以表示为：

只有 p，才 q
非 p
所以，非 q

也可以用符号形式表示为：

p←q
¬p
∴¬q

这个推理形式可以表示为：（(p←q) ∧ ¬p）→¬q。

（2）肯定后件式。

肯定后件式，就是在小前提中肯定必要条件假言命题的后件，在结论中肯定它的前件的必要条件假言推理形式。例如：

只有具有社会危害性的行为，才是犯罪行为，

他的行为是犯罪行为，

所以，他的行为是具有社会危害性的行为。

这是一个肯定后件式的必要条件假言推理。它在小前提中肯定了"只有具有社会危害性的行为，才是犯罪行为"的后件，在结论中肯定了它的前件。

必要条件假言推理肯定后件式的逻辑形式可以表示为：

只有 p，才 q
q
所以，p

也可以用符号形式表示为：

p←q
q
∴p

这个推理形式可以改写为：（(p←q) ∧ q）→p。

在必要条件假言命题中，前件真时，后件真假不定；后件假时，前件真假不定。因此，在进行必要条件假言推理时，不能以肯定前件来肯定后件，也不能以否定后件来否定前件。否则，推理就不正确。因此，必要条件假言推理有两个错误的推理形式：一个是肯定前件式，其逻辑形式为：

只有 p，才 q
p
────────
所以，q

另一个是否定后件式，其逻辑形式为：

只有 p，才 q
非 q
────────
所以，非 p

例如：

① 只有刻苦学习，才能攀登科学高峰，
小李刻苦学习了，
────────
所以，小李能攀登科学高峰了。

② 只有年满十八岁，才有选举权，
张三没有选举权，
────────
所以，张三没有年满十八岁。

这两例都是错误的必要条件假言推理。例①中"刻苦学习"不一定"能攀登科学高峰"；例②中"没有选举权"的原因，不一定是"没有年满十八岁"。

3. 充分必要条件假言推理

充分必要条件假言推理，就是前提中有一个是充分必要条件假言命题的假言推理。充分必要条件假言命题前后件之间的关系是：有前件必定有后件，没有前件就没有后件；有后件就必定有前件，没有后件就没有前件。根据充分必要条件假言命题前后件的逻辑特征，充分必要条件假言推理有以下四条规则。

第一，肯定前件就要肯定后件。
第二，否定前件就要否定后件。
第三，肯定后件就要肯定前件。
第四，否定后件就要否定前件。

根据充分必要条件假言推理的四条规则，可以得到充分必要条件假言推理有四个正确的形式，即肯定前件式、否定前件式、肯定后件式和否定后件式。

（1）肯定前件式。

肯定前件式，就是在小前提中肯定了充分必要条件假言命题的前件，在结论中肯定它的后件的充分必要条件假言推理形式。例如：

有而且只有出现了阶级，才开始产生国家，
出现了阶级，
────────
所以，开始产生国家，

这是一个肯定前件式的充分必要条件假言推理。它在小前提中肯定了"有而且只有出现了阶级,才开始产生国家"的前件,在结论中肯定了它的后件。

充分必要条件假言推理肯定前件式的逻辑形式可以表示为:

当且仅当 p,才 q

p

所以,q

也可以用符号形式表示为:

p←→q

p

∴ q

这个推理形式可以表示为:((p←→q)∧p)→q。

(2)否定前件式。

否定前件式,就是在小前提中否定充分必要条件假言命题的前件,在结论中否定它的后件的充分必要条件假言推理形式。例如:

当且仅当一个三角形的三条边相等,它的三个角才相等,

这个三角形的三条边不相等,

所以,这个三角形的三个角不相等。

这是一个否定前件式的充分必要条件假言推理。它在小前提中否定了"当且仅当一个三角形的三条边相等,它的三个角才相等"的前件,在结论中否定了它的后件。

充分必要条件假言推理否定前件式的逻辑形式可以表示为:

当且仅当 p,才 q

非 p

所以,非 q

也可以用符号形式表示为:

p←→q

¬p

∴ ¬q

这个推理形式可以表示为:((p←→q)∧¬p)→¬q。

(3)肯定后件式。

肯定后件式,就是在小前提中肯定充分必要条件假言命题的后件,在结论中肯定它的前件的充分必要条件假言推理形式。例如:

当且仅当枪弹为近距离发射,弹孔周围才有烟垢痕迹,

弹孔周围有烟垢痕迹,

所以,枪弹为近距离发射。

这是一个肯定后件式的充分必要条件假言推理。它在小前提中肯定了"当且仅当枪弹为近距离发射,弹孔周围才有烟垢痕迹"的后件,在结论中肯定了它的前件。

充分必要条件假言推理肯定后件式的逻辑形式可以表示为:

当且仅当 p,才 q

q

所以,p

也可以用符号形式表示为:

p ←→ q

q

∴ p

这个推理形式可表示写为:((p ←→ q) ∧ q) → p。

(4) 否定后件式。

否定后件式,就是在小前提中否定了充分必要条件假言命题的后件,在结论中否定它的前件的充分必要条件假言推理的形式。例如:

当且仅当能被 2 整除的数,才是偶数,

这个数不是偶数,

所以,这个数不能被 2 整除。

这是一个否定后件式的充分必要条件假言推理。它在小前提中否定了"当且仅当能被 2 整除的数,才是偶数"的后件,在结论中否定了它的前件。

充分必要条件假言推理否定后件式的逻辑形式可以表示为:

当且仅当 p,才 q

非 q

所以,非 p

也可以用符号形式表示为:

p ←→ q

¬q

∴ ¬p

这个推理形式可以表示为:((p ←→ q) ∧ ¬q) → ¬p。

四、二难推理

(一)二难推理的特征

二难推理,就是以两个假言命题和一个选言命题作为前提而构成的推理,亦称假言选言推理。

二难推理经常在辩论中使用，辩论一方提出两种假定的可能作为大前提，对方无论肯定还是否定某种可能，结果都会使自己陷入进退维谷、左右为难的境地。

例如，中世纪时无神论者针对一些神学家提出的"上帝万能"的思想，曾经提出过这样一个反问：上帝能否创造出一块连他自己也搬不动的石头？面对这样一个问题，这些神学家无论是给出肯定的还是否定的回答，都会和"上帝万能"的思想相矛盾，因而使自己处于下面这样一个二难的境地：

如果上帝能创造出这样一块石头，那么上帝就不是万能的（因为上帝至少还有一块石头搬不动），

如果上帝不能创造这样一块石头，那么上帝也不是万能的（因为上帝至少还有一块石头不能创造），

上帝或者能创造这样一块石头，或者不能创造这样一块石头，总之，上帝不是万能的。

这就是个二难推理。它是由两个充分条件假言命题和一个选言命题作为前提而推出结论的推理形式。

（二）二难推理的种类

根据二难推理的结论是简单命题还是复合命题，可以把二难推理分为简单式和复合式；根据二难推理是在前提中肯定前件到结论中肯定后件，还是在前提中否定后件到结论中否定前件，可以把二难推理分为构成式和破坏式。结合两者，可以得到二难推理的四种形式，即简单构成式、简单破坏式、复杂构成式和复杂破坏式。

1. 简单构成式

简单构成式，就是两个假言前提的前件不同后件相同，在选言前提中肯定了两个假言前提的不同前件，在结论中肯定假言前提相同的后件的推理形式。

林则徐祠有一副对联是其生前名言：

子孙若如我，留钱做什么？贤而多财，则损其志；
子孙不如我，留钱做什么？愚而多财，益增其过。

这副对联中包含了一个省略了选言前提和结论的简单构成式二难推理，其完整形式如下：

子孙若如我，留钱做什么？
子孙不如我，留钱做什么？
子孙或者如我，或者不如我，
总之，留钱做什么？

这是一个简单构成式的二难推理。它的两个假言前提的后件是相同的，因此，在选言前提中无论肯定哪一个前件，都将得出同一个结论。

简单构成式二难推理的逻辑形式可以表示为：

如果 p，那么 r

如果 q，那么 r

p 或者 q

所以，r

也可以用符号形式表示为：

p→r

q→r

p∨q

∴r

这个推理形式可以表示为：（（p→r）∧（q→r）∧（p∨q））→r。

2. 简单破坏式

简单破坏式，就是两个假言前提的前件相同后件不同，在选言前提中否定两个假言前提的后件，在结论中否定它们的前件的二难推理形式。例如：

如果某甲犯的是故意杀人罪，那么他有杀人的动机，

如果某甲犯的是故意杀人罪，那么他有杀人的行为，

他或者没有杀人的动机，或者没有杀人的行为，

所以，某甲犯的不是故意杀人罪。

这是一个简单破坏式二难推理。它在选言前提中否定了两个假言前提的不同后件，在结论中否定了它们的前件。

简单破坏式二难推理的逻辑形式可以表示为：

如果 p，那么 r

如果 p，那么 q

非 r 或非 q

所以，非 p

也可以用符号形式表示为：

p→r

p→q

¬r∨¬q

∴¬p

这个推理形式可以表示为：（（p→r）∧（p→q）∧（¬r∨¬q））→¬p。

3. 复杂构成式

复杂构成式，就是两个假言前提的前后件都不相同，在选言前提中肯定两个假言前提的前件，在结论中肯定它们的后件的二难推理形式。

如昆剧《十五贯》中，苏州知府况钟受命监斩苏戌娟、熊友兰。当他发现这个案子中有许多疑点，是一个冤案时，内心十分矛盾，斩吧，那会屈杀了良民；不斩吧，又会因违抗上级命令而受到处罚。在他的思想中，形成了这样一个左右为难的思维形式：

如果我下笔判斩，那么就会屈杀这两个无辜之人，
如果我不下笔判斩，那么就会违令受罚，
我或者下笔判斩，或者不下笔判斩，
所以，我或者屈杀这两个无辜之人，或者违令受罚。

这就是个复杂构成式的二难推理，它在选言前提中肯定两个假言前提的前件，在结论中肯定了两个假言前提的后件，结论是个复合命题。

复杂构成式二难推理的逻辑形式可以表示为：

如果 p，那么 r
如果 q，那么 s
p 或 q
所以，r 或 s

也可以用符号形式表示为：

p→r
q→s
p∨q
∴r∨s

这个推理形式可以表示为：（(p→r) ∧ (q→s) ∧ (p∨q)）→ (r∨s)。

4. 复杂破坏式

复杂破坏式，就是两个假言前提的前后件都不相同，在选言前提中否定它们的后件，在结论中否定它们的前件的二难推理形式。例如：

如果甲有恻隐之心，那他就不做害人之事，
如果甲有羞恶之心，那他就不做无耻之事，
甲所做的事或是害人之事，或是无耻之事，
所以，他不是无恻隐之心，就是无羞恶之心。

这是个复杂破坏式二难推理。它在选言前提中否定了两个假言前提的后件，在结论中否定了两个假言前提的前件，结论是个复合命题。

复杂破坏式二难推理的逻辑形式可以表示为：

如果 p，那么 r
如果 q，那么 s
或者非 r，或者非 s
所以，非 p 或者非 q

复杂破坏式二难推理的逻辑形式也可以用符号形式表示为：

p→r
q→s
¬r∨¬s
∴ ¬p∨¬q

这个推理形式可以表示为：((p→r)∧(q→s)∧(¬r∨¬s))→(¬p∨¬q)。

（三）破斥错误二难推理的方法

一个正确的二难推理必须遵守以下三条规则。

第一，前提中的假言命题必须是真实的充分条件假言命题。

第二，前提中的选言命题必须穷尽选言支。

第三，推理过程必须符合充分条件假言推理和选言推理的规则。

在这三条规则中，前两条是对前提真实性要求的规定，第三条是对形式正确性要求的规定。一个二难推理如果违反了这三条规则，那么这个二难推理就是错误的。

在论辩过程中，正确运用上述二难推理形式，可以增强论辩力量，并能揭露对方的逻辑错误，使对方陷入困境。根据二难推理的规则，对错误的二难推理进行破斥常用以下几种方法。

1. 指出推理前提不真实

二难推理的前提不真实有两种情况：一种是前提中的假言前提不是真实的充分条件假言命题，另一种是前提中的选言命题选言支没有穷尽。例如：

① 如果你是聪明人，那么就不用学逻辑（因为聪明人不需要），

如果你是笨人，那么也不用学逻辑（因为笨人学不好），

你或者是聪明人，或者是笨人，

总之，你都不用学逻辑。

② 如果不读书，那么就会犯经验主义错误，

如果读书，那么就会犯教条主义错误，

你或者不读书，或者读书，

所以，你或者犯经验主义错误，或者犯教条主义错误。

这两个二难推理都是错误的。例①中，两个假言前提的前件"聪明人""笨人"与后件"不用学逻辑"之间不是充分条件关系，肯定前件不能得出后件。例②的选言前提中选言命题的选言支没有穷尽，只说了"不读书"和"死读书"这两种情况，而漏掉了"理论联系实际地读书"的情况。

2. 指出推理形式有错误

推理形式错误，是在进行二难推理时，不遵守充分条件假言推理和选言推理的规则而引起的。例如：

如果在经济上犯罪，那么就要受到法律制裁，
如果在政治上犯罪，那么就要受到法律制裁，
他或者经济上没有犯罪，或者政治上没有犯罪，
所以，他不会受到法律制裁。

这个二难推理是错误的，它违反了充分条件假言推理"否定前件不能否定后件"的规则。

例如：

如果一个人是盗窃作案，那么他有作案时间，
如果一个人是盗窃作案，那么他有作案动机，
某人或者有作案时间，或者有作案动机，
所以，他是盗窃犯。

这个二难推理也是错误的，它违反了充分条件假言推理"肯定后件不能肯定前件"的规则。

3. 构成一个相反的二难推理

这是一种特殊的反驳二难推理的方式。它是通过构造出一个与原二难推理相反的二难推理，并从其中推出相反的结论，来达到驳斥原二难推理的目的。最典型的例子就是逻辑史上著名的"半费之讼"。

据说，古希腊有个名叫欧提勒士的年轻人，向当时著名的智者普罗泰哥拉学法律。两人有合同约定：欧提勒士先付给普罗泰哥拉一半学费，另一半学费则等到欧提勒士学成以后，第一次打赢官司时付清。但欧提勒士学成以后并不从事律师业务。因此普罗泰哥拉也就拿不到另一半学费。于是，普罗泰哥拉将欧提勒士告上了法庭，并认为他肯定能拿到另一半学费。他提出如下一个二难推理：

如果欧提勒士这场官司打赢，那么按照合同，他应该付我另一半学费，
如果欧提勒士这场官司打输，那么按照法庭判决，他也应该付我另一半学费，
这场官司欧提勒士或者打赢或者打输，
总之，他应该付我另一半学费。

针对这样一个二难推理，欧提勒士构造出了一个完全相反的二难推理进行反驳：

如果这场官司我打赢了，那么按照法庭判决，我不用付给普罗泰哥拉另一半学费，
如果这场官司我打输了，那么按照合同，我也不用付给普罗泰哥拉另一半学费，
这场官司我或者打赢或者打输，
总之，我不用付给普罗泰哥拉另一半学费。

这两个二难推理都是错误的。普罗泰哥拉提出的二难推理的错误在于，关于该不该付另一半学费的问题，他随心所欲地采取了两个不同的标准，一个是法庭判决，另一个是合同，这两个标准都能得出有利于他自己的结论：他都得付给我另一半学费。而欧提勒士则根据普罗泰哥拉的思维方式，构造了一个相反的二难推理进行反驳，以其人之道还治其人之身，成功地驳斥了普罗泰哥拉的二难推理。

拓展训练

● 一、问答题

1. 什么是复合命题推理？
2. 复合命题推理有哪些有效式？
3. 如何驳斥诡辩的二难推理？

参考答案

● 二、分析下列各段中包含的推理的形式

1. 光是有质量的。因为光对它射到的物质产生了压力。如果光没有质量，它就不会产生这种压力。

2. 某甲一定是凶手。因为如果他是凶手，他就一定有凶器。经查，某甲持有凶器，可见他是凶手无疑。

3. 如果一个推理的前提真且形式有效，那么其结论必然为真。所以，如果一个推理的前提真且结论为假，那么其形式是非有效的。

4. 唐太宗曾对他的大臣们说："夫欲盛则费广，费广则赋重，赋重则民愁，民愁则国危，国危则君丧矣。朕常以此思之，故不敢纵欲也。"

5. 如果"怀疑一切"的观点能够成立，那么应当肯定"怀疑一切"这一观点；如果"怀疑一切"的观点能够成立，那么包括"怀疑一切"在内的所有观点都不能肯定。所以，"怀疑一切"的观点不能成立。

6. 如果明知商品不合格而出售，那就是欺骗消费者；如果不知道商品不合格而出售，那就是对消费者不负责任；商家明知或不知商品不合格而出售，可见，商家或者是欺骗消费者，或者是对消费者不负责任。

● 三、按提问找出一个最恰当的选项

1. "如果甲的成绩优秀，那么乙或者丙的成绩也优秀。"如果上述陈述为真，那么以下哪一项也必定为真？（   ）

A. 只有甲的成绩优秀，乙或丙的成绩才优秀。

B. 如果乙和丙的成绩优秀，那么甲的成绩也优秀。

C. 如果甲的成绩不优秀，那么乙和丙的成绩也不优秀。

D. 如果乙和丙的成绩不优秀，那么甲的成绩也不优秀。

E. 只要甲的成绩优秀，乙和丙的成绩就优秀。

2. 某地男性居民分为骑士和无赖两类。骑士只讲真话，无赖只讲假话。骑士又分为贫穷的和富有的两部分。有一位女孩，她只喜欢贫穷的骑士。一个男性居民，他只讲一句话，这女孩就能确信他是一个贫穷的骑士；而女孩向任何一位男性居民提一个问题，根据回答，她就能确定对方是否贫穷的骑士。

(1) 以下哪项可能是为让女孩辨认其是否贫穷骑士，一位男性居民所讲的话？（   ）

A. 我不是无赖。

B. 我是贫穷的骑士。

C. 我不是富有的骑士。

D. 我很穷，但我不说假话。

E. 我正是你所喜欢的人。

(2) 以下哪项可能是女孩为辨别对方是否贫穷的骑士而提出的问题？（   ）

A. 你是富有的骑士吗？

B. 你是无赖吗？

C. 你是贫穷的骑士吗？

D. 你说真话吗？

E. 你说假话吗？

3. 以"周某是妇女，并且她是刑警"为前提进行演绎推理，不能必然推出结论（   ）。

A. 周某是女刑警　　　　　　B. 周某是刑警

C. 有的刑警是妇女　　　　　D. 有的妇女是刑警

E. 所有刑警都是妇女

4. 某仓库失窃，4个保管员因涉嫌而被传讯。4人的供述如下：

甲：我们4人都没作案。

乙：我们中有人作案。

丙：乙和丁至少有一人没作案。

丁：我没作案。

如果4人中有2人说的是真话，有2人说的是假话，则以下哪项断定成立？（   ）

A. 说真话的是甲和丙　　　　B. 说真话的是甲和丁

C. 说真话的是乙和丙　　　　D. 说真话的是乙和丁

5. 某餐馆发生了一起谋杀案，经调查：

第一，谋杀或者用的是叉，或者用的是刀，二者必居其一。

第二，谋杀时间或者在午夜十二点，或者在凌晨四点。

第三，谋杀者或者是甲，或者是乙，二者必居其一。

如果以上断定是真的，那么以下哪项也一定是真的？（   ）

(1) 死者不是甲用叉在午夜十二点谋杀的，因此，死者是乙用刀在凌晨四点谋杀的。

(2) 死者是甲用叉在凌晨四点谋杀的，因此，死者不是乙用叉在凌晨四点谋杀的。

(3) 谋杀的时间是午夜十二点，但不是甲用叉子谋杀的，因此，一定是乙用刀谋杀的。

A. 仅（1）　　　　　　　　B. 仅（2）

C. 仅（3）　　　　　　　　D. （1）、（2）、（3）

E. （2）、（3）

6. 甲、乙、丙三人居于一学生宿舍。甲报案遗失2000元钱。保安人员经过周密调查，得出结论是丙作的案。班主任说："这是最不可能的。"保安人员说："当所有其他的可能性都被排除了，剩下的可能性不管看来是多么不可能，都一定是事实。"

以下哪项如果是真的，将最为有力地动摇保安人员的结论？（　　）

A. 保安人员事实上不可能比班主任更了解学生。

B. 对非法行为惩处的根据，不能是逻辑推理，而只能是证据。

C. 保安人员无法穷尽地把握所有的可能性。

D. 丙是班上公认的品学兼优的学生。

E. 乙有作案的前科。

7. 汉斯、亚瑟、古力三个学生来自美国、德国和意大利，其中一个学法律，一个学经济，一个学管理。已知：

（1）汉斯不是学法律的，亚瑟不是学管理的；

（2）学法律的不是来自德国；

（3）学管理的来自美国；

（4）亚瑟不是来自意大利。

以上条件成立，以下哪项为真？（　　）

A. 汉斯学管理，亚瑟学经济，古力学法律

B. 汉斯学经济，亚瑟学管理，古力学法律

C. 汉斯学法律，亚瑟学经济，古力学管理

D. 汉斯学管理，亚瑟学法律，古力学经济

E. 汉斯学法律，亚瑟学管理，古力学经济

8. 关于某一刑事案件有以下四个断言：

（1）有证据表明陈虎没有作案；

（2）作案者或者是王光，或者是陈虎，或者是祝同；

（3）也有证据表明王光没有作案；

（4）电视画面显示，在案发时，祝同在远离案发现场的一个足球赛的观众席上。

下面哪一项是关于题干中四个断言的正确描述？（　　）

A. 从上述断言可以推出：只有一个作案。

B. 上述断言中至少有一个是假的。

C. 从上述断言可以推出：表明王光没有作案的证据是假的。

D. 祝同肯定不在该足球赛的观众席上。

● 四、下面的推理是否正确？如何予以反驳

如果一个人有学问，那么他不必学习，因为他的知识足以应付社会的需要；如果一个人没有学问，那么他也不必学习，因为没有学问的人是学习不进去的；一个人或者有学问，或者没有学问；总之，他不必学习。

第三节　刑侦工作中怎样正确运用演绎推理

我们知道，侦查人员在刑事案件的侦破工作中，其任务就是查明案件事实真相，确认某种犯罪行为是否发生，弄清谁是作案人并将其查获归案。然而，由于案件总是在侦破工作之前发生的，既非侦查人员直接感知，更不可能因侦查人员认识的需要而重复再现，因此，侦查人员要弄清案件真相，查获犯罪分子，就只能通过现场勘查和调查了解，在收集和占有材料的基础上进行一系列逻辑推理。只有借助推理，才能从已知的事物情况中获得对案件真相的认识，刻画出罪犯特征，从而明确侦破方向，缩小侦破范围。在此基础上也才谈得上有计划、有目的地展开侦破工作。因此可以说侦破工作每前进一步，都离不开逻辑推理。

刑侦工作中运用的推理，几乎涉及逻辑学中介绍的各种推理，不过，运用得最多的还是演绎推理。由于刑侦工作中运用演绎推理，目的在于弄清案件真相，是对未知案件事实的一种探索，其作用也只在于给侦破工作指引方向，确定侦查范围，带有很大的试探性质。正因刑侦工作中运用推理的这种特殊作用和性质，决定了在这个特定领域中运用的推理，可以是或然性的，可以运用归纳推理、类比推理这类本来就是或然性的推理，即使运用的演绎推理，也可以是或然性的。所以，刑侦工作中运用的推理，与其说是"推理"，不如说它只是一种"推测"。

说刑侦工作中运用的推理，可以是或然性的，是否意味着在这个领域运用推理就可以随心所欲、胡思乱想，可以凭"想当然"或主观臆断来指引侦破工作呢？当然不是。侦查人员要运用演绎推理从已知的事物情况中推出未知的案件事实，无疑应力求做到推理严谨缜密，力求达到结论可靠，至少应力求结论具有较大的可能性；尤其要防止错误地、过高地评估结论的可靠程度。

刑侦工作中应如何正确运用演绎推理呢？由于刑侦工作中运用的演绎推理，通常都只是个案性的，总是针对某个具体案件展开的；而且，通常也都只是作业性的，是为指引侦查活动而进行的，目的不是发现和总结什么定理或定律，而只是查明一个具体案件的事实真相，将犯罪分子查获归案。因此，这个领域中运用演绎推理，思考问题和分析问题的立足点，总是现实的、具体的。

从刑侦工作中运用演绎推理的过程来看，一般都是以现场勘查或调查了解获得的事物情况作为认识的起点，亦即首先获得演绎推理的小前提。然后，联系头脑中的一般性知识即大前提，提出若干假设，经侦查获得的证据检验，采取证伪的方式排除不可能情况，进而得出关于某个具体情况认识的结论。这种根据某事物的现象特征去推测该现象之原因的逻辑方法也叫溯因推理。例如，根据尸检证明，被害人是因被杀后大量出血死亡的，但"出现被杀害者尸体的现场却无大量血迹"。有了这样的感知，就可以联系头脑中的一般性知识："如果出现被杀害者尸体的现场是杀人现场，那么现场就必然有大量血迹"；既然"出现被杀害者尸体的现场无大量血迹"，当然就可以推知"出现被杀害者尸体的现场不是杀人现场（或第一现场）"。这就是说，刑侦工作中要运用演绎推理，首先取决于这样两个条件。一是要依靠感知获得现实的、个案的有关材料——哪怕只是一点蛛丝马迹，这是运用演绎推理的基础和出发点。如果没有任何一点可供作为演绎推理认识起点的材料，演绎推理的运用就无从谈起。二是要靠头脑中的已有知识，它是根据已知的个案材料得出未知结论的依据。如果头脑中没有与认识个案感知材料相关的一般性知识，面对已知的、现实的个案材料，也无法由此得出未知的结论。这就正如一位高明的中医医生，他摸摸患者的脉搏，看看患者的舌苔，就能推知患者身患何病，而一般人即使同样地摸到、看到也毫无所知一样。原因不是别的，就在于高明的中医医生头脑中有着丰富的、关于脉搏和舌苔情况同相关病理关系的一般性知识，而我们一般的人却不具有。没有相关的背景知识，不可能从感知的情况中推出未知的结论。

所以，侦查人员运用演绎推理能力的强弱，严格说来，主要并不取决于他"智商"的高低，而是取决于他对现场出现情况的观察能力和头脑中相关知识的掌握程度。观察能力越强，就越能获得更多的现场感知材料，运用演绎推理就有了更多的场合，或者说，就掌握了更多的、用以构造演绎推理的小前提，有了更多运用演绎推理的认识起点；而头脑中的知识愈丰富，具有渊博的背景知识，也就掌握了更多的推论具体事物情况的推理依据，有着更广阔的认识具体事物情况的能力。因此，决定侦查人员演绎推理能力的观察能力和背景知识，二者都同等重要，不可或缺。

大家熟知的英国作家柯南·道尔笔下刻画的"神探"福尔摩斯，他之所以破案那么"神奇"，原因就在于他不但有着细致入微的观察能力，而且有着非常渊博的背景知识。据小说描写，他不仅各方面的知识几乎无所不有，甚至还研究和掌握了140多种烟——包括各种雪茄、纸烟和斗烟丝的烟灰特征，能熟练区别不同地区泥土的特征，不同职业的人的行为特征，等等。尽管这只不过是小说中的描写，但反映出的其破案"神奇"的原因，却是可信的。国内某报曾有过一篇题为《中国的福尔摩斯——苗春青》的报道，简略讲述的是内蒙古赤峰市公安局老刑警苗春青神奇破案的事迹。报道中说："1983年11月6日，赤峰某公社枪库被盗。苗春青察看现场后说：'盗枪犯年龄20岁，身高1米66，作案时穿本地产黄胶鞋，走路一晃一晃的。'三小时后，公安人员依据老苗的描述抓获了案犯，其特点竟与老苗说的一般无二！"报道中还说："二十六年内，老苗平均每年为全国破六十至七十个大案。一次内蒙古公安厅命令老苗协助山西省公安厅侦破一起持枪抢劫案。老苗在大同市郊一供销社察看了现场，认定是三人共同作案。根据足迹，他和助手在公路上追踪二十多里后，在一条冰河边找到了罪犯十分模糊的蹭痕。过河又追了四十多里，在一个院子前停住脚步。没想到在审讯院子主人时，他却矢口否认。审到十点，犯人仍不承认。老苗摊牌了：'昨夜，你们三人搭人梯进入现场，捆起打更人后，蹲下撬门，小个在左，大个在右，中等个放哨……'话还未说完，犯人扑通一声瘫倒在地，供认了罪行。公社公安人员问：'罪犯搭人梯等情况你是怎么知道的？'老苗答：'全凭罪犯的足迹。'"从报道来看，老苗破案确实够神奇的。他为什么破案如此神奇呢？报道中说："老苗是从一九五九年起研究痕迹学的。他先拜草原上的老牧人为师，学习辨认牲口和人的足迹，后又潜心观察人的体态、走路姿势等，还分析了四千多人的不同类型的足迹，阅读了数百万字的人体解剖学等书籍，研究出两个根据足迹计算年龄和身高的公式，误差年龄不超过一岁，身高不超过一厘米。"[①] 可见，"老苗"破案之所以有如此神奇的推理能力，原因在于他不仅对现场足迹有细致入微的观察能力，而且掌握了根据足迹推知年龄、身高的一般性知识，亦即他总结出的两个公式。正是由于掌握了两个公式，他能根据现场出现的足迹情况，通过演绎推理得知罪犯的身高、年龄。

然而，也正是由于侦查人员运用演绎推理的能力，取决于他的观察能力和背景知识的掌握程度，同时也就决定了刑侦工作中运用的演绎推理，不仅如前所述可以是或然性的，而且决定了这个领域运用的演绎推理，通常也都只能是或然性的。之所以如此，原因如下。

第一，这个领域中运用的演绎推理，其大前提一般都不是绝对可靠的。

刑侦工作中用以作为演绎推理的大前提，亦即相关的背景知识，一般来自两个方面。

其一，科学理论，主要指各门科学总结出的一般性原理或规律性知识，特别是诸如法医学、痕迹学、人体解剖学，以及化学、物理学等方面的知识。毫无疑问，来自科学理论方面的知识，是经过实践检验并被证明为可靠的知识，用这样的背景知识作为大前提，其可靠性不容置疑。但是，这方面的知识在任何侦查人员的头脑中都是很有限的；何况犯罪现象十分复杂，无奇不有，具体案件显现出的被侦查人员感知的各种情况，也不可能都从科学理论方面找到认识的依据。

其二，更多的场合，用以认识具体情况的一般性知识，是来自人们生活经验的积累，来自侦查人员对经验性知识的总结和概括。而这样的知识，即使就像前述苗春青总结出的关于足迹大小同身高、年龄关系那样的知识，也都只不过是一种经验性知识，尽管这样的背景知识也具有相当程度的可靠性，但它终究是通过简单枚举归纳推理得来的，推理性质决定了结论本身就不具有必然性，不同于科学理论及其定理、定律。比如，人们根据直接经验知识得知，每当 p 出现时，就相伴随而出现 q，于是在头脑中就形成"如果 p，那么 q"这样的背景知识；可是，究竟是否存在 p 出现而 q 不出现这样的例外情形呢？并未得到科学证明。又比如，人们总结直接经验知识得知，某种事物情况的出现大致不外几种可能性，于是在头脑中形成"或者 p，或者 q，或者 r"这样的背景知识。可是，究竟是否存在例外的、意想不到的可能性呢？也是没有得到科学证明的。不言而喻，依据这样的背景知识作大前提进行演绎推理，大前提就不是完全可靠的。

第二，这个领域中运用的演绎推理，其小前提主要来自侦查人员对现场的观察，或者来自知情群众对案件相关情况的口述。然而，无论是侦查人员的直接观察所得，还是通过他人观察的口述所得，都会由于多方面的原因而使得其并不绝对可靠。

大家知道，人的观察能力是有很大差异的。面对同样的现象，有的人可以感知其细枝末节，有的人则视而不见或者产生假象。

观察能力的强弱，取决于如下几方面的因素。

[①] 《中国的福尔摩斯——苗春青》，《中国报刊报》1994年6月18日。

其一，它取决于观察者对所观察现象的相关经验知识的掌握程度。例如，某地曾发生过一起凶杀案，对罪犯在现场留下的大米，一位粮店老职工一眼就看出是只有该市某乡才产有的"清水大米"，为破案提供了重要线索。显然，对大米的这种观察能力，是一般人不可能具有的。面对同一个盗窃现场，一位有侦破盗窃案经验的侦查员，其观察能力就肯定强于一般的观察者。然而，任何人都不可能是"全能"的，对各种需观察现象的相关知识总是有限的，因此，由于缺乏相关经验知识而误断观察结果的情况，就难免发生。

其二，观察能力还取决于观察者在观察过程中思维能力的发挥程度，或者说取决于他精力的集中程度。正如 W. I. B. 贝弗里奇在《科学研究的艺术》一书中所述："众所周知，不同的人在观察同一现象时，各人会根据自己的兴趣所在而注意到不同的事物。在乡间，植物学家会注意到不同的植物，动物学家注意动物，地质学家注意到不同的地质结构，农夫注意庄稼、牲畜，等等。一个没有这些爱好的城市居民，见到的则可能只是悦目的风景。许多男人同一个女人待上一天，过后对她的穿戴只有极模糊的概念，但是大多数女人在见到另一个女人以后几分钟就能详细描述那个女人的服饰。"① 可见，注意力不同，观察结果也就大有差异。特别是来自群众口述的观察结果，更难免出现误差。

其三，观察能力、特别是观察结果是否准确，还取决于观察者在观察过程中是否带有主观偏见。关于这个问题，W. I. B. 贝弗里奇的下述见解颇有道理，他说："要懂得观察，也许首先必须知道：观察者不仅经常错过似乎显而易见的事物，而且更为严重的是，他们常常臆造出虚假的现象。虚假的观察可能由错觉造成，出现错觉时感觉使头脑得出错误的印象，或是头脑本身滋生了谬误。""许多这类错误之所以出现，是由于头脑容易无意识地根据过去的经历、知识和自觉的意愿去填补空白。"② 实践中，由于主观偏见而导致观察错误的事例并不少见。例如，20 世纪 90 年代后期，甘肃省某市发生过一起冤案，蒙冤者险被处死。冤案之所以发生，最初就是由于侦查人员勘查凶杀现场时的主观偏见导致的。侦查人员进入现场后，见死者身边有一把沾满鲜血的裁缝用的剪刀，"感觉使头脑得出错误的印象"，于是就先入为主地将死者身上的 24 处刺伤，误断为剪刀所刺（实为游标卡尺改制的单刃刀所刺）并将其视为杀人凶器，再加上对死者死亡时间等方面的误断，排除了流窜犯作案的可能性（后证明是流窜犯所为），认定为现场邻近的张某（制鞋厂工人）与刘某所为，导致冤案的发生。

在观察过程中，因带有主观偏见而影响观察结果的情形，在群众口述的关于案件有关情况的观察结果中，更难以避免。

以上表明，刑侦工作中运用的演绎推理，无论其大前提或小前提，多方面的因素决定了它并不都是绝对可靠的。这就从前提方面决定了这个领域运用的演绎推理，结论通常都只具有或然性。

第三，刑侦工作中运用的演绎推理，形式灵活多样，推理的前提与结论间的联结方式，即它的推理形式，也很难保证其完全符合相关演绎推理的规则要求，推理形式通常都不是完全的有效式，因而其结论也就不是必然可靠的。

---

① W. I. B. 贝弗里奇：《科学研究的艺术》，陈捷译，科学出版社 1979 年版，第 104 页。
② W. I. B. 贝弗里奇：《科学研究的艺术》，陈捷译，科学出版社 1979 年版，第 103 页。

比如，侦查人员在寻找和确定作案人时，一般都是根据现场勘查得知的情况及获取的痕迹、物证等材料作出推断，刻画出犯罪者的特征，即得出"作案人是具有×条件的人"，然后再根据这些条件去寻找作案人。而在寻找作案人的过程中，面对某个具体的查问对象又只能作出这样两种命题：

"某甲是具有×条件的人"；

或者"某甲不是具有×条件的人"

显然，如果某甲不是具有×条件的人，根据刻画出的作案人条件，运用三段论的第二格，便可完全有效地推知"某甲不是作案人"；可是，如果经查证某甲具有×条件呢？毫无疑问，在这种情况下不能排除某甲是作案人，当然也不能据此就认定某甲是作案人。之所以不能认定，是因为这里运用的三段论是第二格的非完全有效式——其前提没有一个是否定命题，中项不周延。正是由于既不能否定他，又不能认定他，所以某甲就被视为"作案嫌疑人"。不难想象，如果侦查活动中不运用这样的虽然不是完全有效的，却具有一定合理性的演绎推理，寻找作案人的工作就将无法进行。若不看到这种推理形式的非完全有效性，据此就轻率认定"某甲是作案人"，其后果不堪设想。

又如，在运用选言推理时，即便运用的是否定肯定式，往往也难以做到否定其余选言支而肯定唯一余下的选言支。而是在分析出若干种可能性（亦即列出若干个选言支）的基础上，通过进一步的侦破工作或调查了解，逐步排除一些选言支而肯定余下的另一些选言支，结论也仍然是一个选言命题。例如，根据刻画出的犯罪分子条件，最初列出的犯罪嫌疑人可能有若干个。经过调查取证等工作后，逐步可以排除一些。当排除到余下两三个嫌疑人而不能继续排除时，尽管这时可把他们看作"重点嫌疑人"，然而对于其中的任何一个人来说，他究竟是否犯罪分子，显然还是不能作出必然性结论。何况，在分析列出若干嫌疑人时，是否恰恰漏掉了真正的作案人，在排除出去的嫌疑人中是否有排除不当的情形存在，这些显然都是难以确保无误的。因此，尽管选言推理的否定肯定式是完全的有效式，但在刑侦工作中运用时就有点"变样"。

正是由于刑侦工作中运用的演绎推理，无论其前提（包括大前提和小前提）的性质，还是推理形式，都难以保证其结论绝对可靠，在这个领域要正确运用演绎推理，就必须随时注意恰当评估结论的可接受性和合理性，并且正确看待所运用的演绎推理结论的性质，对之不可轻信，更不能草率地将其当作事实。切记：刑侦工作中运用的演绎推理，更多地具有"推测"的性质，其结论是完全可错的。否则，不仅容易把侦破工作引入歧途，甚至还会造成冤假错案。

💡 拓展训练

● 一、分析下列案件材料，回答问题

1. 某日，某单位发生一起投毒案，包括主任在内的9个人吃过早饭后，突然昏迷不醒，上吐下泻，其中二人于次日死亡。侦查人员经调查了解和检查化验，对案情作了如下分析。

参考答案

（1）发病人员面色发黄、上吐下泻、嘴巴发干、眼睛发红、大便发黑、小便发红、口吐黄水、手指发青，可以肯定是中了毒。

（2）发案的头一天晚上下大雪，凌晨一两点钟才停。次日早上有三人扫雪，未发现后院及周围雪地上有足迹。因此断定，不是单位外的人投的毒。

（3）该单位早饭吃的是麦片稀饭。经将麦片与水搅和化验，未发现毒素。因此断定，毒物是另外投入的。

（4）经对当天所剩稀饭进行化验观察，发现内有红砒霜，从而证明，中毒是因食用红砒霜所致。

侦查人员在分析研究该案情时，应用证据进行了哪些推理？

2. 某地发生一起抢劫案。公安人员经周密调查取证，获得如下证据材料。

（1）如果该案发生在晚9时之前，那么可排除甲作案的可能。

（2）如果该案发生在晚9时之后，那么若乙不是作案者，则甲也不是作案者。

（3）如果丙不是作案者，或者乙是作案者，则甲是作案者。

（4）案发期间，丙不可能到达抢劫现场。

问：运用上述证据进行推理，谁是作案者？

3. 某案件发生后，刑警们进行了艰苦的调查工作，最后将嫌疑对象锁定在甲、乙、丙、丁、戊、己六人身上。大家的一致意见是，这是一个穷凶极恶的犯罪分子单独作案。但到底是谁，由于证据尚不充分，大家意见不一。在案情讨论会上，四名刑警发言后的结论如下。

A. 作案人不是甲，就是乙。

B. 作案人不是甲，就是丙。

C. 如果作案人不是戊，就一定不是己。

D. 作案人绝不会是甲。

案件破获后发现，该案的作案人确实是先前锁定的六嫌疑人之一，但这四名刑警的结论中，只有一人是正确的。那么，该案的作案人是谁？请写出推理的过程。

4. 禁毒大队要在 A、B、C、D、E 五名侦查员中挑选两名侦查员去执行一项特殊的侦查任务。大队长了解他的这些部下，他认为，为了顺利完成这项任务，在人员的配备上必须注意以下几点：

（1）如果不选派 B，则也不选派 A；

（2）只有选派 C，才能让 B 接着去；

（3）若选派 D，则也能选派 E；

（4）可以选派 A 去或者选派 D 去；

（5）C 生病了，须住院治疗。

应派哪两名侦查员去执行任务？

5. 在某案件中，已确认的事实如下：只有破获"3·17"案件，才能确认甲、乙、丙三人都是罪犯；"3·17"案件没有破获；如果甲不是罪犯，则甲的供词是真的，而甲说乙不是罪犯；如果乙不是罪犯，则乙的供词是真的，而乙说自己和丙是好朋友；经查，丙根本不认识乙。

由上述陈述可推出何种结论？

6. 某天夜里，星月超市被盗。经侦查，已知下列命题为真：
(1) 盗窃者或者是甲，或者是乙；
(2) 如果甲是盗窃者，作案时间不会在零点之前；
(3) 星月超市零点关灯，而此时甲尚未回家；
(4) 若乙的陈述是真的，则作案时间在零点之前；
(5) 只有零点时星月超市未关灯，乙的陈述才不是真的。
由上述陈述，至少可确定谁是盗窃者？

7. 某地发生了一起凶杀案，公安人员进行侦查后，了解到以下情况：
(1) 凶手是甲（p）或乙（q）或丙（r），不可能是其他人；
(2) 只有是谋财杀人案（s）甲才是凶手；
(3) 如果是谋财杀人案则被害人必然要丢失财物（t）；
(4) 如果乙是凶手则案件发生在晚九时以后（u）；
(5) 案件发生在晚九时以前，并且被害人未丢失财物。
请回答：谁是凶手？写出推理过程。

8. 下面是一起杀人案的审讯记录。
侦查员：你刚才说的都是真的吗？
受审者：是的，全是真话。
侦查员：你再重复一遍。
受审者：因为那天只有甲与乙到过死者的房间，杀人者只能在他们二人之中。如果甲杀了人，他就会伪造现场。如果当时我在现场，我就会被甲杀死。除非我在现场，甲不会伪造现场。我知道的就是这些，杀人者是甲无疑。
能判断受审者说的话都是真的吗？

● 二、下列侦查过程中假设的提出和检验各运用了什么逻辑方法

1. 某女青年被强奸后杀死在河边。经调查，该女青年系河西村人，死前曾和甲、乙、丙三个男青年有过恋爱关系。这就可先作三个侦查假设。如果是甲作案，那么甲就必须有作案的时间和特定的手段。经了解，甲没有作案时间，因此甲作案的假设不能成立，应予否定。后经深入了解，乙和丙也同样存在与作案事实相矛盾的情况，于是乙和丙作案的假设也被否定了。随着调查工作的不断深入，又了解到新情况：案发前两天村里来了一个外地卖金银首饰的小贩，常常把几个女青年带到河边小树林中打首饰，其中就有受害的女青年。根据这个线索，于是作出新的假设：那个打金银首饰的小贩可能作案，第一现场有可能在小树林。根据新的假设进行勘查，果然发现小树林是作案的第一现场，那里有扭打的痕迹，还有女尸的头发、布丝等遗留物。最后，几经周折才将真正的杀人凶手绳之以法。

2. 某夏天的一个傍晚，前程村个体户张某家被盗，作案者翻墙入院，破窗进入室内，从张家书桌左边抽屉窃走现金8000元。经现场勘查，发现被盗抽屉铁锁完好，桌上留有1枚左手食指指纹，在房间内地面上留有一个长22厘米左脚回力鞋底的痕迹。办案人员经分析认为，这些都是作案者在作案时留下的，推断作案者身高1.33米，是一个小孩。于是，办案人员以该村小学生为重点进行侦查，通过调查摸底，排查出王某、江某和李某三名小学生穿22厘米白色回力鞋，江某未曾去过失主家，李某在发案时不在本村，王某则常去张家，对张家情况十分熟悉，身高正好是1.33米左右，有作

案可能。于是,办案人员将王某定为作案嫌疑人。随后,办案人员提取到王某的左手食指指纹,经技术鉴定,与现场提取的作案者所留指纹相同。经讯问,王某供出实情:在张家被盗前一天,王某到张家玩耍,见张妻从书桌左边抽屉里取款买东西,便生偷盗之念。次日傍晚,王某见张家无人,于是翻墙破窗入室行窃。

第四节 法律推理的特征及运用

法律推理,亦称法律适用的推理,不仅指法官在司法过程中的推理,即依据法律规定和案件事实作出司法判决结果时所进行的推理,还包括不同主体,如检察官、律师、警察、当事人等在所有法律活动中所进行的推理,如侦查推理、立法推理等。在司法过程中,刑事司法、民事司法中对于法律推理的要求有所区别,法官在作出判决结果和论证判决结果的过程中所进行的推理也有区别。基于表述的简洁性,我们这里所讲的法律推理仅指法官以法律规定、法律事实为前提,推导并论证审判结果的过程。从这个意义上讲,法律推理不仅指从前提中推导出结论,还包括推理前提的发现、识别、解释,结论的合理正当性证明等过程。

一、法律推理的一般过程

一个法律推理过程涉及多种因素考量以及各种方法和评价标准,但在将法律规定适用于具体案件,从而得出裁决、判处结论的活动中,最基本的思维方式仍然是逻辑演绎。现代法典主要是由把一定的行为构成要件和一定的法律效果联系起来的假设命题构成的,这就促使法律的适用按照形式逻辑三段论的格式进行——法律的规则为大前提,法庭认定的事实为小前提,推理的结论便是判决。我国强调依法治国,并且,贯彻的是"以事实为根据,以法律为准绳"的审案原则。因此,我国司法人员在法律推理活动中体现出来的最基本的思维方式,更突出地表现为如下演绎模式。对这一模式,雍琦在《审判逻辑简论》[①]中将其刻画为:

R——法律规定
F——确认的案件事实
D——裁决、判处结论

诸多法学家对法律推理模式有不同的表述方式,但其刻画出的演绎模式与上述模式无实质区别。不论作何种具体表述,法律推理只能总体刻画为上面的演绎模式。实践中运用的法律推理,不可能具体化为我们前面介绍过的某种特定的演绎推理形式,更不可

---

① 雍琦:《审判逻辑简论》,四川人民出版社1990年版,第11页。

能从推理形式方面来判定它的有效性。因此，对于法律推理，我们也就不能简单地套用前述关于各种演绎推理的理论给以解说。

对于一个典型的案件，如果案件事实清楚，法律规定明确，可以直接形成案件事实和法律规定的逻辑联结。而对于一个非典型案件，则需要通过对法律规定的解释、漏洞补充以及不同规则间的衡量，才可能确定可供适用的法律规定，实现案件事实与法律规定的逻辑联结。后两个阶段根据相应标准对法律推理的结论进行衡量、筛选。法律推理的大、小前提往往不具有认知上的唯一性，因而不同的案件事实认定，不同的法律规定的选择，会形成不同的推理链条，得出不同的结论。因而还需要根据相关标准对法律推理进行评估，如所作出的判决结果是否真正符合相关价值要求，是否保持与类似案件判决结果一致，是否实现法律效果与社会效果统一等。对于一个典型案件，法律推理的过程简单而清晰，而对于一个复杂案件，前提的构建、结论的评估也许会花费更多的精力。只有通过法律推理，才能满足法治对思维方式的要求。

二、法律推理的特征

就基本的逻辑形式而言，法律推理不具有区别于一般逻辑推理的本质属性，但是，这并不是说法律推理就没有自身的特点。也许有些特点在其他领域也会存在，但法律推理表现得最为典型，或者在众多特点中某些特点最为突出。

（一）法律推理的可废止性

可废止性是法律专门术语，指对于不动产的权利或者土地的收益权作废的效力，或者——可以说其他相同的事情——归于无效。英国学者哈特把这个观念的用法扩展至所有具有这种属性的概念，即其应用都有一定的条件，同样的，一种或多种情形一旦存在，就会终止这个概念的初始的运用。合同这个概念就是一个典型的例子，一个要约被接受之后，合同就成立了。但是，它可能因为一方涉及一个违约条件而无效。例如，欺诈性的错误意思表达，不适当地施加影响。在这种情况下，作废条件的激活是关键的，只有事实的发生并不足以废止合同。因此，可废止性区别于合同存在的一般条件，这些条件并不需要直接包含在内。如今，可废止性已成为法律推理研究中较受重视的特征之一。可废止性刻画的是法律推理的逻辑性质，即在前提信息可能不充分或存在不一致的情况下，基于必须进行推理得出相应结论的要求，假定前提具有充分性、一致性而进行的推理，在没有提出充分的反驳理由时，该推理具有必然性和确定性；而在加入新的不一致前提时，经过比较、衡量，以构造出的新的推理，废止初始作出的推理，从而相应地废止原有的结论。这一特点涉及以下三个方面。

第一，前提的缺省性和开放性。所谓法律推理前提的缺省性，一般指作为法律推理的大前提的法律规范规定的一般性和典型性。任何法律规范的适用条件都存在着可能的例外，基于这些例外，相应的规范的适用被废止。一般要求通过推理得出的结论具有必然性，这就要求推理的前提是结论的充分条件，只要前提真，通过推理得出的结论也必然真。然而，对于包括法律推理在内的实践推理而言，推理的前提往往是不充分的信息，案件事实可能模糊不清，法律也存在着诸多漏洞，但是，不得拒绝审判是近现代法治国家适用法律的通用原则,法官不允许在信息不充分的条件下拒绝审理。在这种情况下,法律推理要求尽可能考虑各种相关形式化的实质要素,从中作出较合理的选择。同时,关联要素作为补充信息或前提参与论证,但是,关联要素总是以隐含、默示的方式存在,具有不确定性和开放性。"法院判决时所面对的实际情况不是在真空中,而是在一套现行的法规的运作中出现的……在这种运作中,根据实际情况而作的各种考虑,都可以被看作是支持判决的理由。这些考虑是广泛的,包括各种各样的个人和社会的利益,社会的和政治的目的,以及道德和正义的标准。"[1] 因此,法律推理通常包括寻找前提的环节。例如:在法学之"提问辩难"或对话论辩的过程中,参与对话的人们所讨论的问题与其说是法律推理过程本身,不如说更多地在争论、寻找、确定推论的前提(尤其是大前提)。

第二,推理机制的复杂性和实质论辩性。法律推理要考虑的相关要素通常是复式的,并且可供发现的要素通常是不一致的。根据演绎逻辑的矛盾命题蕴涵一切命题的原则,当前提存在矛盾时演绎推理就会束手无策,而对于法律推理则选择不同的要素作为推理的前提,从而得出不同的子结论,并对最终结论的合理性、可靠性给出具有说服力的理由。这样一个说服的过程属于法律推理的复杂性的表现。由于前提的开放性和推理机制的复杂性,法律推理得出的结论是或然的,思维主体如果要求其结论具有必然性,就必须基于支持度、价值量、确信度等确定一个对子结论的评估标准,这个标准与特定领域的实质内容相联系,使法律推理中的形式和内容不可分割地紧密结合在一起,以至于其评估标准似乎构成形式本身参与论证。

第三,结论的可废止性和似真性。与问题关联的要素总是在不断变化之中,原本得出的结论可能因某些要素的变化而不再成立。面对新的情况,旧的结论或者被废止,或者被修正,即使要保持也要在融入新的要素后被重新论证。

(二)法律推理的合法性

合法性是所有法律活动的必然要求之一。合法性要求基本上是通过形式推理来实现的,实质推理能够增强法律结论的合理性、可接受性。根据前提与结论之间的依据,法律推理可分为形式推理和实质推理。从认识论角度看,从前提推断出结论的依据有两种模式可供选择。一是根据前提与结论之间的历史的、社会的、政治的、价值的等实质性联系进行推断。例如,根据特定主体认知能力和精神状况推断其是否应为自己的某种行为负责。二是根据前提与结论之间的形式联系进行推断。例如,根据某一个特定的权威法律规范的存在,推断某一行为应当引起某个特定法律后果。前者之所以能够根据前提推出结论,是因为存在一个实质依据。所谓实质依据,是指道德的、政治的、习俗的或者其他社会因素。后者之所以能够根据前提推出结论,是因为存在一种形式依据——权威性法律。法官和其他人被授权或要求以其为基础作出判决或采取行动,这种依据通常排斥、无视或至少是弱化出现在判决或行为过程中的、与之相对抗的实质性依据。根据形式依据进行的推理被称为形式推理,根据实质依据进行的推理被称为实质推理。

---

[1] H. L. A. 哈特:《法律推理问题》,刘星译,载《环球法律评论》1991年第5期,第20页。

合法性主要是通过形式推理所具有的权威的形式性、内容的形式性、解释的形式性和强制的形式性四个特点来实现的。内容的形式性和解释的形式性如前所述。权威的形式性是指特定规则或其他法律事实（例如合同或裁决）成为一个形式依据所属的等级，一旦完成这种转化，该规则或法律事实就成为法律的一部分，从而使以其作为依据进行的推理获得法律的支持。强制的形式性是指形式性依据所具有的至上性，排除权衡考虑，或至少是弱化一些相反的实质性依据的影响。这几个特征是法律推理具有合法性的有力保证。

（三）法律推理的现实性

法律推理离不开法律实践的目的取向和价值取向。一般来说，法学理论研究的目的在于为法律实践提供理论的指导和规范。而法律活动的核心目标在于息讼止争，促进多元化社会主要目标的实现："在必须达成一致意见的情况下，使一致意见成为可能；在不可能达成一致意见的情况下，使一致意见成为不必要。"[①] 基于这一目标的导向，法学研究的学术品格必须具有以下功能。第一，能帮助法律人在复杂的矛盾分歧中形成一个最优的问题解决方案，该方案也许不符合绝对理性的最高标准，但它具有最大的可接受性，能够被当事人及社会等主体认可。第二，能帮助社会人对自己或他人的行为作出法律意义的解读，按照法律的标准进行明确的预测和规范。第三，维护法律自身的稳定和发展，一方面是法律自身内部的一致、明确，另一方面是法律与社会之间的协调。这些功能的实现要求法学理论研究必须具有规范性、可操作性、确定性的特征。尽管社会本身错综复杂，社会主体因情感、意志、价值、欲望的多元而充满非理性的特征，但这不能成为法律本身也必然是矛盾、模糊、多元的借口，而是更加要求法律必须成为能够提供唯一确定答案的动力。法学理论的主要目标就是提供明确、一致、合理、正当的问题解决方法。从这个意义上讲，法律是约束、规范社会主体行为、思维的规则体系，具体到司法主体法官而言，就是对其如何认定法律事实、解读法律规定，进行法律推理和法律判断，对特定案件作出裁断的规范和指导。

三、法律推理在司法工作中的作用

形式逻辑（或称普通逻辑）介绍的关于演绎推理的知识，运用在审判活动中是必需的、基础性的，也是非常广泛的。本书主要介绍三段论在司法工作中的适用，也称为法律适用三段论。

法律适用三段论是以法律规范为大前提，以陈述案情的命题为小前提，并依据二者关系导出具体结论的推理。此类推理所引用的法律规范常常以直言命题、选言命题、假言命题的形式来表述，因此法律适用三段论主要有直言规范三段论、选言规范三段论、假言规范三段论。法律适用三段论正是由于其大、小前提的特殊性，而有别于前面所介绍的直言三段论、选言推理和假言推理等。

[①] 凯斯·R.孙斯坦：《法律推理与政治冲突》，金朝武、胡爱萍、高建勋译，法律出版社2004年版，第7页。

1. 直言规范三段论

(1) 直言规范三段论的特征。

直言规范三段论,是指根据两个包含一个共同项的直言规范命题,推出具体结论的推理。其中,大前提是陈述法律规范的直言命题,小前提是陈述案情的直言命题,结论是陈述具体结论的直言命题或规范命题。例如:

过失致人死亡的(M),处三年以上七年以下有期徒刑(P),

现已查明,某甲(S)过失致人死亡(M),

所以,某甲(S)应处三年以上七年以下有期徒刑(P)。

这一三段论的大前提是一个全称肯定命题(A命题),小命题是一个单称肯定命题(A命题),结论是一个单称肯定命题(A命题)。其推理形式为:

M A P
S A M
S A P

在这里,作为大前提的直言命题,因其表述法律规范,一般可视为省略了规范模态词的规范命题。例如,上述三段论的大前提可视为"过失致人死亡的,处三年以上七年以下有期徒刑"。这一特征表明,直言规范三段论有别于本书前面介绍的直言三段论。

直言规范三段论体现了司法审判"以事实为根据,以法律为准绳"的基本原则。这一原则要求在司法审判实践中将具有普遍适用性的法律规范作为大前提,把某一案件的事实作为小前提,进而推出有关案件的法律结论。正因如此,直言规范三段论是各类诉讼审判活动中最常用的、最基本的推理和论证形式。

(2) 直言规范三段论的种类。

直言规范三段论有刑事审判三段论、民事裁定三段论和行政事务裁决三段论等类型,也有案件定性三段论和案件处理三段论之分。这些直言规范三段论在基本形式上都相同。下面,以刑事审判三段论为例进行讨论。

刑事审判的两项主要任务是定罪和量刑,因此在刑事审判司法实践中,大量运用定罪三段论和量刑三段论。

① 定罪三段论。

定罪三段论是以明确的法律规范条文规定的罪状或有关罪名的定义为大前提,以证据确凿的犯罪事实为小前提,根据小前提的犯罪事实和大前提中有关罪名概念与特征之间的逻辑关系进行推演,作出被告人的行为是否构成该罪结论的推理过程。例如:

凡是销售伪造、擅自制造的注册商标标识的,都是非法制造、销售非法制造的注册商标标识罪,

现查明,某甲销售伪造注册商标标识,

所以,某甲犯非法制造、销售非法制造的注册商标标识罪。

这个三段论推理,大前提是我国《刑法》第二百一十五条关于"非法制造、销售非

法制造的注册商标标识罪"的定义，小前提是某甲的行为特征，结论是某甲的犯罪性质，该推理遵守了三段论的推理规则，其结论是必然的。

在实际的司法审判活动中，运用定罪三段论应特别注意以下几点。

第一，作为大前提的罪名定义与特征必须是法律条文所具体规定的。这是司法审判中"以法律为准绳"原则的具体要求与体现。这一要求又有以下两点具体体现。

一是在运用罪名定义与特征作为大前提时，不能运用较为抽象的类罪名，也不能把数个罪名融为一个罪名。这是因为，定罪审判的目的是为了量刑，如果罪名不具体而是笼而统之的类罪名，那么量刑就可能不准确。例如，如果将某甲销售伪造、擅自制造的注册商标标识的违法行为，不是定为"非法制造、销售非法制造的注册商标标识罪"，而是定为它的类罪名"侵犯知识产权罪"，那么这种类罪名对该行为的量刑就没有具体意义，因为刑法对不同类型的侵犯知识产权罪的刑罚标准是不同的。

二是对于刑法中较为复杂的罪名概念与特征规定，应严格遵守有关的逻辑要求，先加以分解，以形成关于相应罪名的具体规定的前提。由于刑法中的罪名概念与特征较为复杂，许多罪名往往是由复合命题构成的，因此在运用罪名定义与特征作为定罪三段论大前提时，应对复合命题加以分解、细化，形成一个具体陈述的大前提。例如，我国《刑法》第十五条关于"过失犯罪"的定义：应当预见自己的行为可能发生危害社会的结果，因为疏忽大意而没有预见，或者已经预见而轻信能够避免，以致发生这种结果的，是过失犯罪。这实际上是一个二支的选言命题，它包括了过失犯罪的两种情况，即"应当预见自己的行为可能发生危害社会的结果，因为疏忽大意而没有预见"和"已经预见而轻信能够避免"。

第二，作为小前提的法律事实必须真实可靠。这是司法审判中"以事实为根据"原则的具体要求与体现。小前提是对犯罪行为特征的认定，应该把握行为的属性特征，做到事实清楚、证据确凿，不可虚假，也不可含糊其词、似是而非。小前提的不真实必然导致错误的法律判决结论。

第三，作为罪名概念特征内涵的中项必须保持同一。所谓保持中项的同一，就是指小前提中反映犯罪事实特征的词项与大前提中反映罪名概念特征内涵的词项相一致。这要求，在司法审判过程中要根据刑法犯罪构成理论，认真分析犯罪构成的要件（包括犯罪客体、犯罪的客观方面、犯罪主体、犯罪的主观方面）。只有具备必需的要件才构成相应的罪名。这一过程不是一个单纯的形式逻辑思维过程，可能涉及法律实质推理的运用。

② 量刑三段论。

所谓量刑三段论，就是针对某一具体的犯罪主体，以刑法分则中的相关刑罚条款为大前提，以某种性质的犯罪为小前提，根据二者之间的逻辑关系，作出对某一具体犯罪主体应处以某种刑罚的结论的推理过程。量刑三段论的大前提是刑法规定的具体条款，小前提则是被告所犯罪行的罪名性质，结论则是应当判处的刑罚。例如：

致人重伤罪（M）处三年以上七年以下有期徒刑（P），
某甲（S）的行为构成致人重伤罪（M），
所以，对某甲（S）应判处三年以上七年以下有期徒刑（P）。

在实际的司法审判实践中，运用量刑三段论应特别注意以下几点。

第一，量刑三段论必须做到大前提正确。量刑三段论中大前提正确包括以下两方面含义。

一是要求准确地引用法律规范条款，即应以刑法分则明文规定的某种性质犯罪的量刑幅度为根据，不得随意更改运用。这是"以法律为准绳"的审判原则在量刑活动中的具体要求与体现。

二是对于刑法分则中较为复杂的量刑规定，应严格遵守有关的逻辑要求，先加以分解，以形成关于相应罪行的处罚幅度的前提。例如，依据我国《刑法》第二百四十五条的规定，非法搜查他人身体、住宅，或者非法侵入他人住宅的处三年以下有期徒刑或者拘役。运用此条款作大前提时，就必须首先导出以下两个支命题。

命题1：非法搜查他人身体、住宅，或者非法侵入他人住宅的，处3年以下有期徒刑。

命题2：非法搜查他人身体、住宅，或者非法侵入他人住宅的，处拘役。

第二，小前提对犯罪事实及其情节的认定必须准确。

量刑中最主要的要求是罪罚相当。在已确定某行为的罪行种类后，还要认真区别该罪行性质的严重程度，正确认识该罪行对社会的危害程度以及犯罪情节，法定处罚情节和从重、从轻情节等各种情况，这是量刑三段论小前提正确的基本要求之一。如果审判人员对犯罪情节、法定处罚情节和从重、从轻情节命题不正确，也会导致量刑三段论小前提的错误。只有既注意罪名定性的准确，又仔细分析犯罪的具体情节，才能真正做到重罪重罚、轻罪轻罚、罪罚相当。

第三，必须保持中项的同一性。

在量刑三段论中，中项的同一，就是大、小两个前提的中项内容的一致。量刑三段论的中项是关于对罪名及其犯罪情节的表述。在大前提中，中项是对罪名及其特征的表述；在小前提中，中项是对犯罪主体所犯的罪及其犯罪情节的表述。一般来说，如果小前提中的定罪准确，而大前提中关于何种犯罪处以何种刑罚又有明确规定，这时量刑三段论的中项容易保持同一。

在量刑三段论中，保持中项的同一也是罪罚相当原则的基本要求，只有保持中项的同一性，才能保证罪行与处罚的一致。如果中项不同一，在大前提中所指的是情节严重，在小前提中指的是情节轻微，即便犯罪性质相同，但仍然违背了罪罚相当原则。

（3）直言规范三段论的有效性。

直言规范三段论的有效性，如同直言三段论的有效性一样，是指推理形式的有效性，不是结论的正确性（或称有效性），因为结论的正确性依赖于前提真实与推理形式有效两个方面。因此，对直言规范三段论有效性的判定，所依据的是推理规则，也就是直言三段论规则。

当然，这里应指出，直言规范三段论中，审判三段论的大前提与直言三段论的大前提不同。审判三段论的大前提是罪名的定义，作为定义命题，无论是肯定命题还是否定命题，其主项与谓项都是周延的，因此，在判定词项的周延性进而判定直言规范三段论的有效性时，应特别注意这一点。

2. 选言规范三段论

选言规范三段论，是指以选言命题陈述的法律规范为大前提，以陈述案情法律事实的直言命题为小前提，推出结论的推理。在这里，作为大前提的选言命题，因其表述法律规范，其支命题是含有规范模态词或省略了规范模态词的规范命题。例如，"为敌人指示轰击目标而危害国家安全的，处十年以上有期徒刑或者无期徒刑"，这一法律规范可视为由"为敌人指示轰击目标而危害国家安全的，处十年以上有期徒刑"与"为敌人指示轰击目标而危害国家安全的，处无期徒刑"这两个支命题构成的选言命题。这一特征表明，选言规范三段论有别于本书前面介绍的选言推理。

根据选言命题种类的不同，选言规范三段论有相容选言规范三段论和不相容选言规范三段论两种。从推理属性上看，这种推理与前面介绍的选言推理是一致的，因此，选言规范三段论的推理规则和推理形式，同于前面的选言推理；相对应的是，相容选言规范三段论的有效推理式是否定肯定式，不相容选言规范三段论的有效推理式有否定肯定式和肯定否定式两种。

下面结合"菲达厂诉美轮公司案"作简要分析。

1993年菲达电器厂（简称"菲达厂"）因货运经济损失，遂以承运方美轮公司无正本提单放货为由，向广州海事法院提起诉讼。

广州海事法院审理后，根据《中华人民共和国海商法》《中华人民共和国民法通则》等的规定，判决美轮公司赔偿菲达厂货物损失和利息损失。美轮公司不服广州海事法院的一审判决，向广东省高级人民法院提出上诉。理由是：按照双方在提单条款中的约定，本案应适用美国法律或者新加坡法律。广东省高级人民法院认为本案应适用侵权结果发生地法律即中国法律，据此驳回上诉，维持原判。

美轮公司不服判决，向最高人民法院申请再审。最高人民法院经审理认为，双方争论的焦点在于本案应适用的准据法。最高人民法院认为，由于提单首要条款中明确约定适用美国1936年《海上货物运输法》或《海牙规则》，这是双方当事人真实意思表示，理应尊重。《海牙规则》仅适用于与具有物权凭证效力的运输单证相关的运输合同，由于本案涉及的是不可转让的记名提单，不具有物权凭证的效力，因此适用美国的《海上货物运输法》，据之撤销了原审判决，驳回原审原告人的诉讼请求。①

此案例中，最高人民法院在审理中确定本案所应适用的准据法时，运用了下列选言规范三段论。

推理一，不相容选言规范三段论的肯定否定式：

本案所应适用的准据法是《中华人民共和国海商法》、美国1936年《海上货物运输法》以及《海牙规则》这三者之一，

运输提单明确约定适用美国1936年《海上货物运输法》或《海牙规则》，

所以，本案不适用《中华人民共和国海商法》。

推理二，相容选言规范三段论的否定肯定式：

本案所应适用的准据法是美国1936年《海上货物运输法》或《海牙规则》，

---

① 赵相林：《国际私法教学案例评析》，中信出版社2006年版，第25—26页。

本案不应适用《海牙规则》，因为《海牙规则》只适用于与具有物权凭证效力的运输单证相关的运输合同，而本案中的提单不具有物权凭证效力，

所以，本案适用的准据法是美国 1936 年《海上货物运输法》。

以上两个推理都符合相应的推理规则，因而都是有效的。

3. 假言规范三段论

假言规范三段论，是指以陈述法律规范的假言命题为大前提，以陈述案情的命题为小前提，推出结论的推理。

在这里，作为大前提的假言命题，因其表述法律规范，其后件一般是含有规范模态词或省略了规范模态词的规范命题。例如，"犯危害国家安全罪的，可以并处没收财产"。这一特征表明，假言规范三段论有别于本书前面介绍的假言推理。

根据假言命题种类的不同，假言规范三段论也有三种不同的类型，即充分条件假言规范三段论、必要条件假言规范三段论和充分必要条件假言规范三段论。由于法律规范中使用较多的是充分条件假言命题和必要条件假言命题，因此，分别以这两种假言命题为大前提的三段论，在法律适用推理中较为常见。

（1）充分条件假言规范三段论。

充分条件假言规范三段论是以充分条件假言命题所陈述的法律规范为大前提，以陈述案情的命题为小前提，推出结论的推理。例如：

在办理治安案件时，如果警察是本案当事人的近亲属，那么他应当回避（《人民警察法》第四十五条），

有证据证明警察张三是本案当事人的近亲属，

所以，张三要回避。

同充分条件假言推理一样，充分条件假言规范三段论也有肯定前件式和否定后件式两种，也要遵守其相应的逻辑推理规则。

值得注意的是，作为大前提的假言命题在法律条文中通常表述为"有下列情形之一的……"如《人民警察法》第二十六条规定："有下列情形之一的，不得担任人民警察：（一）曾因犯罪受过刑事处罚的；（二）曾被开除公职的。"实际上这里是两个充分条件假言命题。

命题 1：如果某人曾因犯罪受过刑事处罚，那么某人不得担任警察。
命题 2：如果某人曾被开除公职，那么某人不得担任警察。

（2）必要条件假言规范三段论。

必要条件假言规范三段论是以必要条件假言命题所陈述的法律规范为大前提，以陈述案情的命题为小前提，推出结论的推理。例如：

只有年满十八岁的公民，才能担任人民警察（《人民警察法》第二十六条），

某甲年龄不满十八岁，

所以，某甲不能担任人民警察。

同其他必要条件假言推理一样，必要条件假言规范三段论也有肯定后件式和否定前件式两种形式，也要遵守每种形式的相应的逻辑推理规则。

司法工作是一项十分严肃的工作，容不得有半点差错，否则，就可能会带来极为严重的后果。为了做到既能严惩罪犯，又不冤枉无辜，司法工作者使用法律适用三段论时除了必须前提真实、推理形式正确以外，还必须准确地理解法律条文，分清此罪与彼罪的区别，做到概念清楚、罪名确切，做到定性准确、裁判恰当。所以，每一位司法工作人员都应该认真学习和研究法律适用三段论。

拓展训练

● 一、问答题

1. 什么是法律适用三段论？它主要有哪些形式？
2. 什么是定罪三段论和量刑三段论？
3. 怎样运用法律规范适用推理中的选言规范三段论、假言规范三段论？

参考答案

● 二、写出下列各题推理的形式，分析是否有效，并简述理由。

1. 甲、乙二人中至少有一人不是作案人，事实上甲不是作案人，因此，乙当然是作案人。

2. 一篇文章写得不好或因内容空洞，或因不合逻辑，或因观点错误。经查这篇文章在逻辑上没有错误，所以，这篇文章写得不好是由于观点错误。

3. 并非张某和李某都是作案人，因此等于说，张某和李某至少有一人不是作案人。

4. 如果张山是杀人凶手，那么他有作案时间。经查，张山有作案时间，所以，他是杀人凶手。

5. 并非买了股票就会发大财，因此等于说，虽然买了股票，但也不会发大财。

6. 在本案中，只有超过了合同中约定的交货时间或者改变了约定的交货地点，被告方才应当赔偿损失。因为被告方没有改变约定的交货地点，所以被告方不应赔偿损失。

7. 只有电线断了，电灯才不亮，现检查电线断了，所以，电灯不亮。

8. 并非只有上大学才能成材，因此等于说，不上大学也能成材。

9. 并非当且仅当甲是律师，乙才是律师。因此等于说，要么甲不是律师，要么乙不是律师。

10. 如果我自首并且检举有功，那么我就能被从轻发落。所以，如果我能从轻发落，那么是我自首了并且我检举有功。

11. 若张某是罪犯，则李某既是同案犯又不是同案犯。因此，张某不是罪犯。

12. 如果上帝是万能的，那么上帝能创造出一块连他自己也举不起来的石头。如果上帝是万能的，那么上帝不能创造出一块连他自己也举不起来的石头。所以，上帝不是万能的。

13. 侵犯财产罪是犯罪，抢劫罪是犯罪，所以，抢劫罪是侵犯财产罪。

14. 诈骗行为是不道德的行为，诈骗行为是犯罪行为，所以，不道德的行为是犯罪行为。

15. 民法不是刑法，刑法是法律，所以，有些法律不是民法。

16. 所有证人都是精神正常的人，有的证人不是说谎者，所以，有的说谎者不是精神正常的人。

17. 追求真理的人是实事求是的人，有些实事求是的人是司法干部，所以，有些司法干部是追求真理的人。

18. 没有审判员是律师，某甲是律师，所以，某甲不是审判员。

19. 应当负刑事责任的行为不是合法行为，正当防卫不是应当负刑事责任的行为，所以，正当防卫是合法行为。

20. 中国是发展中国家，所以，有些社会主义国家是发展中国家。

21. 金融诈骗罪是故意犯罪，失火罪不是金融诈骗罪，所以，失火罪不是故意犯罪。

● 三、选择题

1. 小王、小李、小张准备去爬山，天气预报说，今天可能下雨。围绕天气预报三个人争论起来。

小王：今天可能下雨，那并不排除今天可能不下雨，我们还是去爬山吧。

小李：今天可能下雨，那就表明今天要下雨，还是别去了。

小张：今天可能下雨，只是表明今天不下雨不具有必然性，去不去由你们决定。对天气预报的理解，三个人中：（　　）。

A. 小王和小张正确，小李不正确

B. 小王正确，小李和小张不正确

C. 小李正确，小王和小张不正确

D. 小张正确，小王和小李不正确

E. 小李和小张正确，小王不正确

2. "世界上不可能有某种原则适用于所有不同的国度。"以下哪项与该断定的含义最为接近？（　　）

A. 有某种原则可能不适用于世界上所有不同的国度

B. 任何原则都可能有它不适用的国度

C. 任何原则都必然有它所适用的国度

D. 任何原则都必然有它不适用的国度

E. 有些原则可能有它不适用的国度

3. "不可能所有的花都结果。"以下哪项最接近该断定的含义？（　　）

A. 所有的花可能都不结果

B. 有的花可能不结果

C. 有的花必然不结果

D. 有的花必然结果

4. 亚伯拉罕·林肯说："最高明的骗子，可能在某个时刻欺骗所有的人，也可能在所有时刻欺骗某些人，但不可能在所有时刻欺骗所有的人。"如果林肯的上述断定是真的，那么下述哪些断定是假的？（　　）

A. 林肯可能在任何时候都不受骗

B. 骗子也可能在某个时刻受骗

C. 不存在某个时刻所有的人都必然不受骗
D. 不存在某一时刻有人可能不受骗
E. 林肯可能在某个时刻受骗

5. "不可能所有的证人都说实话。"如果该命题是真的,那么以下哪个命题必然是真的?(　　)

A. 所有证人一定都是说实话
B. 有的证人说实话
C. 有的证人不说实话
D. 刑事案件的证人都说实话
E. 刑事案件的证人都不说实话

● 四、案例分析题

1. 某年,某国的一位大臣在该国首都乘坐敞篷车驶进银行大厦时被刺身亡。案发后,警方逮捕了一个名叫丹丹尼的青年,并一口认定他就是凶手。警方是这样推理的。

第一,据当时在场的人说,子弹是从银行大厦三楼射出的。这就是说,只有大臣被刺时在银行大厦三楼逗留过的人才可能作案,而有人证明丹丹尼当时正在银行大厦的三楼。所以,丹丹尼是凶手。

第二,据法医报告,凶器是一支六点五毫米口径的意大利卡宾枪。据调查,前不久丹丹尼曾化名"希南"购买过这种枪。这就是说,如果丹丹尼是凶手,那么他肯定有一支六点五毫米口径的意大利卡宾枪,现已查明丹丹尼购买过这种枪。可见,他是凶手。

第三,据当时在场的人说,射击时间发生在下午1点30分至31分之间,其间只有10秒钟,凶手一共开了5枪。这就是说,如果不是一个卓越的枪手,那么在使用非自动的卡宾枪时,不可能在10秒钟内连发5枪,而丹丹尼恰好是一个卓越的枪手。所以,可以肯定他是凶手。

请问:警方的推论是否正确?为什么?

2. 在皖、浙两省交界处某一偏僻山沟里发现一具无名女尸,尸体上整齐地覆盖着石块,中心现场离山路15米,地上灌木丛生,无拖拉、搏斗痕迹。尸检发现,死者上穿红色马海毛毛衣,下穿深白直条深色裤子,衣着鲜艳、完整,身长160厘米,25岁左右,尸体无抵抗伤。死者嘴里有蜡状物,经提取化验系氰化物。现场勘查确认,死者系他杀无疑。

在进行案情分析时,侦查员根据现场勘查和调查走访获取的情况,推断本案或者是抢劫杀人,或者是案犯跟踪强奸后杀人灭口,或者是熟人预谋杀人。而如果是抢劫杀人,则案犯不必采用氰化物杀人这一特殊手段,也不必用石块覆盖尸体,可见不是抢劫杀人;而如果是案犯跟踪强奸杀人灭口,则现场必有拖拉、搏斗痕迹,但从现场情况看,死者衣着完整,中心现场无拖拉、搏斗痕迹,再说案犯用氰化物杀人也不好解释,可见这种可能性也不大。因此,能解释得通的只能是:熟人预谋杀人。

请问:上述案情分析运用了哪些推理?是怎样运用的?写出其推理形式和推理过程。

3. 分析在下列案例中,中国证券监督管理委员会在裁定陈某行为时运用了哪些逻辑推理。

据报道,中国证券监督管理委员会对广州某证券交易营业部原交易部经理陈某违反证券法规的行为进行了调查。经查实，陈某于 1996 年 1 月至 1997 年 8 月期间，利用 3 个个人股票账户进行股票买卖，共获利 57.89 万元。

中国证券监督管理委员会根据《股票发行与交易管理暂行条例》第三十九条和第七十二条的规定，"证券从业人员、证券业管理人员和国家规定禁止买卖股票的其他人员，不得直接或者间接持有、买卖股票"；上述人员违反本条例规定，"除责令限期出售其持有的股票外，根据不同情况，单处或者并处警告、没收非法所得、五千元以上五万元以下的罚款"，认为陈某的上述行为违反了该条例第三十九条规定，构成了第七十二条所述的行为。对陈某处以警告并罚款 5000 元，没收违规收入 57.89 万元。

第六章

归纳推理

◆ 案例导入

我国的医学宝典《黄帝内经》记载了这样一则故事。一个患头痛病的樵夫不慎碰破了脚趾，却感到头不痛了。后来，他头痛病复发，又偶然碰破了上次碰破过的脚趾，头痛又好了。以后，一旦头痛复发，他就有意地去刺破该处，结果每次都有减轻或消除头痛的效果。一位郎中听到此事后，经过反复针刺实验，终于发现这个地方就是针灸穴位中的"大敦穴"。

从思维的角度，谈谈"大敦穴"的发现带给我们什么启示？

第一节 归纳推理概述

人们对客观事物的认识是一个不断深化、不断扩展的过程。它总是由认识个别事物开始，进而认识事物的一般规律，又以一个规律为指导，更加深刻、广泛地认识个别事物，这样周而复始，循环往复，不断前进。人们要从个别事物中认识事物的一般规律和共同本质，就必须以辩证唯物主义为指导，正确运用归纳推理。

一、归纳推理的特征

归纳推理是根据一类事物所包含的许多对象的共同情况，推导出关于该类事物整体性结论的推理。例如，司法办案人员在实践中认识到：

甲案的案卷材料中有互相矛盾的情况存在，与案件事实没有完全查清有关；

乙案的案卷材料中有互相矛盾的情况存在，与案件事实没有完全查清有关；

丙案的案卷材料中有互相矛盾的情况存在，与案件事实没有完全查清有关；

……

许多案件的案卷材料中有相互矛盾的情况存在，都与许多案件事实没有查清有关。

（上述情况还没遇到过反例）

所以，案卷材料中有相互矛盾的情况存在，都与案件事实没有查清有关。

从上述推理过程可以看出，归纳推理是由个别或特殊情况到一般情况的推理。它的前提是关于许多个别对象的认识，是一系列个别性或特殊性的判断；它的结论是对前提所考察的许多事例的抽象和概括，它与前提相比，结论多为一般性的判断。

由此可见，归纳推理实质上就是从个别性的前提推出一般性的结论的推理，它具有抽象性和概括性，把个别性的认识概括为一般性的认识。

归纳推理的逻辑形式可以表述为：

S_1 是（或不是）p

S_2 是（或不是）p

S_3 是（或不是）p

……

S_n 是（或不是）p

（S_1，S_2，S_3，…，S_n 是 S 类的对象）

所以，凡 S 都是（或不是）p

上述逻辑形式表明了归纳推理由前提到结论的思维过程。公式中的"S"是对各个前提中考察的对象"S1，S2，S3，…，Sn"的一种抽象，与结论概括的对象之间，可以是分子一类的关系，也可以是同一事物整体之间的关系，还可以是同一对象各个时间段与总的时间段之间的关系。

就归纳推理的结构形式来说，结论可以是直言判断的形式，也可以是选言判断的形式。如果前提考察的对象毫无例外地具有（或不具有）某种属性，那么结论就是一个直言判断的形式；如果前提考察的对象中具有（或不具有）某种属性的差距，却又不外乎几种情形，结论就可概括为一个选言判断的形式。例如，为了掌握人类血型遗传规律，科学家做了大量的研究和考察，发现夫妻双方均为 B 型血者，所生子女中或者是 O 型血，或者是 B 型血，而没有发现其中的一个是其他血型的人。

二、归纳推理与演绎推理的区别和联系

作为推理这种思维形式，归纳推理和演绎推理既有区别又有联系。

（一）区别

1. 结论的性质不同

归纳推理（除完全归纳推理外）的结论具有或然性。因为，归纳推理的前提所考察的事例，只是有限的个别对象的情况，而结论断定了更大范围的情况。换句话说，它是由已考察事例的情况，推出包括未考察事例的情况。因而，其结论断定的范围超过了前提断定的范围。这说明归纳推理由前提推理结论的根据并不充分，前提并不蕴涵结论。因此，即使它的前提都真，也不能保证结论就必然真，结论只能具有或然性。而演绎推理就不同，它是一种必然性推理。因为，演绎推理的结论所断定的对象范围，并没有超过前提断定的范围，这就决定了演绎推理的前提与结论之间的必然联系，前提蕴涵结论，只要前提真实，推理形式正确，结论就必然真实，即结论具有必然性。概念推理（除完全归纳推理外）是一种或然性推理；演绎推理是一种必然性推理，这是两者的本质区别。

2. 思维进程的方向不同

就归纳推理而言，它是从一系列个别或特殊的事例中，概况出一般性结论，其思维进程的方向是从个别或特殊推向一般。而演绎推理正好相反，它是从一般性的知识、原理出发，推出关于个别、特殊事物情况的结论，其思维进程的方向是一般到个别或特殊。

（二）联系

1. 演绎推理离不开归纳推理

演绎推理是由一般性知识、原理出发，推出个别、特殊事物情况的结论。这种一般

性知识、原理从何而来？只有从归纳推理中获得，因为归纳推理的结论就是一般性知识。因此，归纳推理为演绎推理提供了前提。换言之，归纳推理的结论正好是演绎推理的前提。例如，比较下列归纳推理和演绎推理，可知归纳推理对于演绎推理的依赖性：

《宪法》是社会规范；《宪法》是法律；

《刑法》是社会规范；《刑法》是法律；

《婚姻法》是社会规范；《婚姻法》是法律；

《民法》是社会规范；《民法》是法律；

……

（《宪法》《刑法》《婚姻法》《民法》都是法律）

所以，所有法律都是社会规范。

在上例的推理中，归纳推理的结论"所有法律都是社会规范"正好是演绎三段论推理的大前提。由此可见，没有归纳推理也就没有演绎推理，演绎推理离不开归纳推理。

2. 归纳推理也离不开演绎推理

归纳推理如果不以一定的理论、原则为指导，不运用演绎推理来指导，人们就无法迈出归纳推理的第一步，即有目的地收集材料的活动，即使在掌握了大量材料的情况下，也无法进行归纳、概括。不仅如此，归纳推理是否可靠，还得运用一定的理论、原则作指导，通过演绎推理来进行检验和论证。由此可见，没有演绎推理就没有归纳推理，归纳推理离不开演绎推理。

正因为归纳推理和演绎推理是互相依存、互为条件的，联系非常密切，反映了人们认识客观事物的两个侧面，所以，在实际思维中，人们常常结合运用两种推理方法。当人们运用演绎推理来确定某个对象的情况，而又没有现成的知识作为一般知识性的前提时，就要在已有的知识基础上，有目的地考察一些事例，以便从中概括出认识某个特定对象所需要的一般性知识，然后再以这种一般性知识作为大前提进行演绎推理，从而达到认识某个特定对象的目的。这种情况，在刑事侦查中极为常见。社会现象纷繁复杂，犯罪现象更是无奇不有。侦查人员需要认识的某个特定案件的具体情况，通常很难找到现成的一般性知识作为演绎推理的大前提，在这种情况下，就只能根据认识的需要，有意识地运用归纳推理来获得。当然，在运用归纳推理的过程中，又不能没有相关知识的指导。由此可见，掌握归纳推理和演绎推理的关系，对于刑事侦查工作具有十分重要的意义。

拓展训练

● 一、简答题

1. 什么是归纳推理？它的特征是什么？
2. 归纳推理与演绎推理的区别和联系是什么？

● 二、选择题

"某甲会英语、某乙会英语、某丙会日语、某丁会法语，而他们都是A厂的厂级领导干部"。根据上述情况，若运用归纳推理，可以推出的结论是（   ）。

参考答案

① A 厂有的厂级领导干部会英语
② A 厂的厂级领导干部都会英语
③ A 厂的厂级领导干部都会外语
④ A 厂的厂级领导干部都会英语、日语和法语

第二节 完全归纳推理

如果归纳推理的前提考察的事例是结论概括的那类事物的全部对象,那么,这样的归纳推理就是完全归纳推理。

一、完全归纳推理的特征及其应用

完全归纳推理又称完全归纳法,是根据某类事物的每一个对象都具有(或不具有)某种属性,从而推出该类事物的全部对象都具有(或不具有)某种属性的归纳推理。

例如:

罪犯甲有前科,
罪犯乙有前科,
罪犯丙有前科,
罪犯丁有前科,
(甲、乙、丙、丁是某犯罪集团的全部成员)
所以,某犯罪集团的成员都有前科。

完全归纳推理的逻辑形式可以表述为

S_1 是(或不是)p
S_2 是(或不是)p
S_3 是(或不是)p
……
S_n 是(或不是)p
(S_1,S_2,S_3,…,S_n 是 S 类的全部对象)
所以,所有 S 是(或不是)p

从上面的例子和逻辑公式可以看出,完全归纳推理的特征在于:它是考察完一类事物的全部对象的情况后,才得出关于该类事物整体性结论的,因此,它的前提考察的事例真实可靠,其结论就必然真实可靠。完全归纳推理由前提推出结论的根据充分,所以完全归纳推理是一种必然性推理。现代逻辑之所以将完全归纳推理视为演绎推理,其原因就在于此。

严格意义上的完全归纳推理,要求前提考察完毕一类事物的完全个体对象。因此,

它只能运用于那些包含个体对象数量有限且数量不多的那类事物。很显然，客观世界中符合这种条件的场合并不很多。因此，严格意义上的完全归纳推理，运用上是有其局限性的。

在实际思维中，较为常见的完全归纳推理，是在分类的基础上进行的。也就是把包含很多甚至无限的个体对象的异类事物，按照某一标准将其分为若干小类，然后对每一小类进行考察。若每个小类都具有（或不具有）某种属性，从而也就可以概括出该类事物都具有（或不具有）某种属性。这种从前提到结论的思维过程，也属于完全归纳推理的过程。例如，"刑事诉讼论证"这个类就包含有很多对象，数量太多，不可能或没有条件将其全部对象逐一考察完毕。我们可以依照我国《刑事诉讼法》第五十条的规定，将其分成八个小类：① 物证；② 书证；③ 证人证言；④ 被害人陈述；⑤ 犯罪嫌疑人、被告人供述和辩解；⑥ 鉴定意见；⑦ 勘验、检查、辨认、侦查实验等笔录；⑧ 视听资料、电子数据。通过对每一个小类的分别考察可以发现：不论何种论据，都必须经过查证属实后才能作为定案的根据。这就是在分类基础上进行完全归纳推理的例证。

二、完全归纳推理的性质

完全归纳推理的结论，虽然没有超出前提所判断的范围，但不能因此而否认它的认识作用。完全归纳推理的认识在于综合和概括。就它的每一个前提所提供的知识来看，同其结论相比，终究是个别的，局部性的；而它的结论则是对一系列个别的或比较特殊的事实的综合，是对同类事物的概括，因而是整体性的或比较一般性的知识。完全归纳推理从前提推出结论的过程，亦即由个别或特殊上升到一般的过程，本身就是认识的发展和深化的过程。因此，对于完全归纳推理，不能因为其结论没有超出前提判断所断定的范围而否认它的认识作用。例如，十年前某市连续发生十二起入室强奸案，发案时间均在深夜。从现场提取的证据表明：这十二起案件系同一嫌犯所为。为了找出这名嫌犯的活动规律，侦查人员分析发现：这十二起案件的发生地点分布在该市的六个辖区内，相距较远，似乎无规律可循。但是，如果用一条线把这十二个发案地点连接起来，这条线恰好就是该市深夜班公共汽车所行驶的路线。于是，侦查人员进行了如下完全归纳推理：

  第一起强奸案发地点是深夜班公共汽车所行驶的路线附近；
  第二起强奸案发地点是深夜班公共汽车所行驶的路线附近；
  ……
  第十二起强奸案发地点是深夜班公共汽车所行驶的路线附近。
  所以，已发生的十二起强奸案的案发地点都是深夜班公共汽车所行驶的路线附近。

借助上述推理，侦查人员发现了这十二起强奸案的共性。

据此，侦查人员认为，这名嫌犯作案前后均利用本市深夜班公共汽车作为交通工具，其居住地或工作单位也应该就在深夜班公共汽车所行驶的路线附近。于是，侦查人员以深夜班公共汽车行驶路线附近的区域作为侦查重点，进行布控或蹲守，很快抓获了本案嫌犯。

拓展训练

● 一、简答题
1. 什么是完全归纳推理？它的特征是什么？
2. 完全归纳推理的性质是什么？

● 二、选择题

参考答案

1. "桦桦中学的教师都是大学毕业的"这一论断（　　）。
① 只能通过完全归纳推理得出
② 只能通过简单枚举归纳推理得出
③ 不能通过简单枚举归纳推理得出，也不能通过完全归纳推理得出
④ 既能通过完全归纳推理得出，又能通过简单枚举归纳推理得出

2. 根据"某甲的英语成绩很好，某乙的英语成绩很好，某丙的英语成绩很好，某丁、某戊的英语成绩很好，而他们都是甲班的学生"，得出结论："甲班学生的英语成绩都很好。"这个推理（　　）。
① 如果它的结论是真实的，它就是完全归纳推理
② 如果这几名学生是甲班的全部学生，它的结论就没有超出前提所断定的范围
③ 如果这几名学生是甲班的全部学生，那么，只要它的前提真，结论就必然真
④ 如果这几名学生只是甲班的部分学生，它就是简单枚举归纳推理
⑤ 如果这几名学生只是甲班的部分学生，它的结论就可能真也可能假

第三节　不完全归纳推理

如果归纳推理的前提考察的事例是结论概括的那类事物的部分对象，那么，这样的归纳推理就是不完全归纳推理。

不完全归纳推理是根据某类事物的部分对象具有（或不具有）某种属性，从而推出该类事物的全部对象都具有（或不具有）某种属性的归纳推理。很显然，不完全归纳推理结论断定的范围，超出了前提断定的范围，是认识范围的突破。其前提与结论之间不存在必然联系，前提并不蕴涵结论，即使前提真实可靠，其结论也未必真实可靠。所以不完全归纳推理都是或然性推理。

对于不完全归纳推理，因其推理的依据不同，可以分为简单枚举归纳推理、科学归纳推理和概率归纳推理三种。

一、简单枚举归纳推理

所谓简单枚举归纳推理，就是一类事物的好多对象都具有（或不具有）某种属性，并且在已考察的对象中未遇到相反的事例，从而推出该类事物的全部对象都具有（或不

具有）某种属性的整体性结论的推理。例如：前不久日本一位心理学家对世界上部分国家在押犯的男女比例作了一个不完全的考察和统计：

美国的在押犯中，男性占 91%，女性占 9%；
英国的在押犯中，男性占 82%，女性占 18%；
德国的在押犯中，男性占 83%，女性占 17%；
法国的在押犯中，男性占 83%，女性占 17%；
意大利的在押犯中，男性占 92%，女性占 8%；
比利时的在押犯中，男性占 89%，女性占 11%；
俄罗斯的在押犯中，男性占 81%，女性占 19%；
中国的在押犯中，男性占 86%，女性占 14%；
日本的在押犯中，男性占 81%，女性占 19%。
（美、英、德、法、意、比、俄、中、日九国是世界上的部分国家，在已考察国家的在押犯人数中，都是男性多于女性，未遇到反例）
所以，世界上所有国家的在押犯中，都是男性多于女性。

简单枚举归纳推理的逻辑形式可以表述为：

S_1 是（或不是）p；
S_2 是（或不是）p；
S_3 是（或不是）p；
……
S_n 是（或不是）p。
（S_1，S_2，S_3，…，S_n 在 S 类的部分对象，并且在已考察的对象中从未遇到反例）
所以，所有 S 是（或不是）p。

由上例的逻辑形式可以看出，简单枚举归纳推理是由前提已考察的那部分事物对象的情况，推出包括未考察的那部分事物对象在内的全部对象的情况，结论为全称判断。即：由"已考察的那部分 S 是 p"推出"所有的 S 是 p"。简单枚举归纳推理的依据如下。

第一，人们已经看到，在某类事物所包含的许多对象中，具有（或不具有）某种属性的情况重复出现。

第二，在已考察的那些对象中，人们没有遇到与重复出现的情况相矛盾和例外的情况。

必须指出，简单枚举归纳推理的两个依据，只是由前提推出结论的必要条件而不是充分条件。这是因为：其一，一类事物部分对象所具有的某种属性有可能为该类事物的全部对象所共同具有，却并非必然为该类事物的全部对象所共同具有；其二，在已考察的事例中未遇到反例，并不等于在未被考察的事例中也不可能存在反例。因此，简单枚举归纳推理的推论依据并不充分，其结论不具有必然性，只具有或然性。

由于简单枚举归纳推理的结论具有或然性，结论的可靠程度可高可低。因此，人们在运用简单枚举归纳推理时，就应当尽可能地提高结论可靠程度。提高结论可靠程度的方法如下。

（1）在可能的情况下，应尽量考察更多的事例。简单枚举归纳推理的根据之一，就是类似的事例不断重复出现而得出的结论。因而其结论的可靠程度，同前提列举的事例在数量上密切相关。如果可得知的重复事例越多，漏掉相反事例的可能性就越小，某种属性与某种事物之间相联系的可能性就越大，推理的根据就越充分，结论的可靠程度就越高；反之，结论的可靠程度也就越低。

（2）尽量注意考察有可能出现相反事物的场合。简单枚举归纳推理的另一依据是前提考察的事例中没有遇到相反的情况。因此，有没有相反的情况存在，与结论的可靠程度是直接相关的。为了提高结论的可靠程度，我们要有意识地考察可能出现相反事例的场合。如果我们做到了这一点，而没有遇到相反的事例，那么结论的可靠程度就高些，反之，结论的可靠程度就低些。运用简单枚举归纳推理时，如果既不注意考察事例的数量，又不注意考察有可能出现相反事例的场合，仅仅根据少数几个事例，甚至两三个事例，就概括出某类事物的整体性结论，在逻辑上就会犯"轻率概括"的逻辑错误。比如，有人只观察到两三个被判过刑的人在刑满释放后又犯罪，就得出结论"凡判过刑的人刑满释放后，都会又犯罪"。这个推理就犯了"轻率概括"的逻辑错误。

二、科学归纳推理

科学归纳推理又称科学归纳法。它是根据一类事物的部分对象具有（或不具有）某种属性，并且在分析对象与属性间有无因果联系的基础上，进而推出该类事物的全部对象具有（或不具有）某种属性的推理。

例如，刑侦人员考察了一部分因溺水而死的人，法医在解剖尸体的时候发现其内脏（肝、肺、肾等）均有硅藻反应。经过科学分析得知，硅藻是大量存在于江河湖海之中的一种浮游生物，耐酸，耐高温，在100℃以上的高温环境中不易被破坏。人在溺死前需要呼吸，腹内必然大量进水，硅藻这种浮游生物必然随水一起进入人体，随着血液循环大量进入肝、肺、肾等内脏。因此，溺水而死者的内脏会出现硅藻反应。也就是说，溺水而死和内脏的硅藻反应之间存在因果联系。反过来，当人死后尸体被投入水中，由于人已停止呼吸，水中的硅藻是不能进入人体内脏的，解剖这样的尸体，其内脏不会有硅藻反应。由此，用科学归纳推理，可以推出这样的一般性结论：

凡溺水而死的人其内脏有硅藻反应。

其推理过程是：

某甲是溺水而死，其内脏有硅藻反应；
某乙是溺水而死，其内脏有硅藻反应；
某丙是溺水而死，其内脏有硅藻反应；
……
（甲、乙、丙……是溺水而死的人，且知溺水而死
与内脏的硅藻反应有因果联系）
所以，凡溺水而死的人，其内脏都有硅藻反应。

再如，一位法医专家曾经解剖了多具溺水而死的尸体，他发现这些溺水而死者乳突

小房黏膜有出血现象。为查明出血原因，他从生理学、病理学等不同角度进行研究分析发现：乳突小房的乳突骨质中有许多含空气的小空，这些小空之间互相连通，并有小孔与耳鼓室相通。人在溺死的过程中，溺液由咽部管进入鼓膜和乳突小房，同时溺液进入外耳道，增加了对鼓膜的压力。由于压力的冲击作用，使中耳、乳突小房黏膜充血，甚至乳突小房内有血液和凝血块。乳突小房黏膜出血现象即使在高度腐败的尸体内也能看见。据此，这位法医专家推出这样的结论："所有因溺水而死的尸体，其乳突小房黏膜都会有出血现象。"这位法医专家就是在观察到部分溺水而死者的尸体的乳突小房黏膜有出血现象的基础上，进一步分析研究了"溺死"与"乳突小房黏膜出血"之间的因果联系，并据此推出一般性结论。因此，这位法医学专家在此运用的就是科学归纳推理，其推理过程如下：

某甲溺水而死，其乳突小房黏膜有出血现象；
某乙溺水而死，其乳突小房黏膜有出血现象；
某丙溺水而死，其乳突小房黏膜有出血现象；
……
（甲、乙、丙……是溺水而死者，并且溺水而死
与乳突小房黏膜出血之间有因果联系）
所以，所有溺水而死者的乳突小房黏膜都有出血现象。

科学归纳推理的逻辑形式是：

S_1 是（或不是）p；
S_2 是（或不是）p；
S_3 是（或不是）p；
……
S_n 是（或不是）p。
（S_1，S_2，S_3，…，S_n 是 S 类的部分对象，并且 S 与 p 之间有（或没有）因果联系）
所以，所有 S 是（或不是）p。

科学归纳推理通常不是在简单枚举归纳推理的基础上展开的，而是根据某种现象展开的。它不是在前提提供的经验事实的基础上，作出关于对象与属性之间有无必然联系的猜测，并对此加以分析研究，然后才得出结论。

例如，20 世纪 70 年代初，我国有关研究人员在湖北某地产棉区，发现有的农民患有不育症（有的村，几年没有生过孩子）。后来，在山东、江苏、河南、河北一些产棉地区，也发现了同样的现象。经过调查得知，得这种病的人都食用了大量土制生棉籽油。这里，如果科研人员据此得出结论："凡食用大量土制生棉籽油的人都会得不育之症。"那就是简单枚举归纳推理的运用。然而科研人员并不急于得出这种结论，而是猜测"食用大量土制生棉籽油"同"患不育症"之间，可能有某种因素制约而存在因果联系。后来，科研人员进一步调查得知，不育症发病率高的村子的姑娘，嫁到外村都能生育，而外村的姑娘嫁到本村就不能生育，这就说明引起不育的原因主要在男性。于是科研人员又猜测土制生棉籽油可能含有某种导致男性不育的化学物质。后经研究证明，食

用土制生棉籽油导致不育是由于这种油中含有引起男性不育的化学物质"棉酚"。于是得出结论："食用棉酚能导致男性不育。"

这里，根据若干食用大量土制生棉籽油的人得了不育症的事例，并且分析了之所以出现这样的事例是由于某种因素的制约，从而概括出一般性结论，就是运用科学归纳推理的过程，其过程是比较复杂的。

科学归纳推理与简单枚举归纳推理有相同之处，它们都是根据考察的部分对象的情况，进而推出与之同类的所有对象的情况。但二者又是有区别的。

（一）推理的根据不同

这是二者不相同的根本点，简单枚举归纳推理由前提推出结论的根据，仅仅是某种属性在某类事物中不断重复出现而没有遇到相反的事例，基本上停留在对事物表面现象观察的基础上。而科学归纳推理由前提推出结论的根据，则不限于观察到的某种属性在同类对象中不断重复出现，而是在此基础上进一步分析某种属性与某类对象之间有无因果联系，在找到制约某种现象重复出现的因素后才得出结论的。

（二）结论的可靠程度不同

尽管简单枚举归纳推理和科学归纳推理的结论都具有或然性，但其可靠程度大不相同。这是因为，简单枚举归纳推理的根据较弱，即使观察到的事例很多而又未遇到反例，但终究不能保证未观察到的事例中不存在反例，因而对其结论的可靠程度没有把握，悬殊比较大。而科学归纳推理的根据比较强，它是建立在关于对象与属性之间有无因果联系分析的基础上，因此其结论的可靠程度要比简单枚举归纳推理的结论的可靠程度高得多。

（三）前提数量的多少，与结论可靠程度的关系不同

对于简单枚举归纳推理来说，前提考察事例越多，在没有遇到反例的情况下，结论的可靠程度也就越高；反之，就越低。因此，前提数量的多少，与简单枚举归纳推理结论的可靠程度有直接关系。而科学归纳推理则不同，前提数量的多少，对其结论的可靠程度影响不大。其结论可靠程度的高低，主要取决于对象与属性之间有无因果联系的分析是否正确。如果分析正确，即使只考察了很少的事例，结论的可靠程度也相当高。

三、概率归纳推理

（一）概率

概率亦称"或然率""几率"，是表示随机事件发生的可能性程度或可能性大小的一个量，用"p"表示。如果把必然事件的概率规定为1，并把不可能事件的概率规定为0，那么一般随机事件的概率是介于0与1之间的一个数。

在数学概率理论中，概率的概念是对例如硬币被抛掷时落地的是正面或反面这样的随机事件的刻画。实验证明，随机事件一般较稳定地出现概率。

例如，在相同条件下抛掷一枚硬币，其结果可能正面朝上也可能反面朝上。表 6-1 记录了三个人的抛掷结果。

表 6-1 抛掷结果

实验者	实验总次数	正面出现次数	正面出现概率
甲	4040	2048	0.5069
乙	12000	6019	0.5016
丙	24000	12012	0.5005

由此可见，随机事件表面上看来是偶然的、不确定的，但它并不是无规律可循的。实践证明，随着实验次数的增加，概率愈靠近一个量。这样，人们认识到随机事件隐藏着一定的规律性，并可用概率的方法对随机事件出现的可能性程度从源上作出规律性刻画。

任一随机事件出现的概率可以表示为：该事件在若干实验中出现的次数与实验总数的比例。

其公式为：

$$p = v/n$$

在公式中，p 表示某一事件出现的概率，n 表示实验的总次数，v 表示某一事件在 n 次实验中出现的次数。

（二）概率归纳推理

所谓概率归纳推理，就是根据某类思维对象中部分对象出现的概率而推出该类的全部对象也都具有这个概率的归纳推理。例如，某市公安局 1996 年破案率为 95%，1997 年破案率为 97%，1998 年破案率为 96%。由此可以作出推断，某市公安局破案率为 96%。这个结论就是运用概率归纳推理获得的。

设某类对象为 S，概率为 p，观察总次数为 n，事件发生次数为 v，那么，概率归纳推理的逻辑形式是：

S1 是 p；
S2 不是 p；
S3 是 p；
……
Sn 是（或不是）p。
(S1,…,Sn 是 S 类的部分对象，n 中 v 个是 p)
所以，所有 S 都有 v/n 是 p（概率结论）。

人们在实际思维中，常常会遇到这种情况，在考察的 S 类的部分对象中，有的 S 具有 p 属性，有的 S 不具有 p 属性。究竟有多少 S 具有 p 属性，多少 S 不具有 p 属性，是不确定的、随机的。在这种情况下，就可以运用概率归纳推理的形式，作出 S 有多大的可能性是 p 的概率结论。

概率归纳推理是从部分概率到整体概率的推理，并且属于不完全归纳推理。在概率推理中，前提与结论的联系是或然的，前提真，结论未必真。但是，概率归纳推理与简单枚举归纳推理不同，概率归纳推理是以对事件出现的可能性大小作出数量估计为前提的，因此，它的结论要比简单枚举归纳推理的结论可靠得多。

运用概率归纳推理，为了提高结论的可靠程度，应注意以下三个条件。

1. 观测的次数应尽量增多

人们总是通过事件的频率（即在单位时间内某种事件发生的次数）来认识和把握事件的概率的。观测的次数越多，就越接近于事件的概率，概率归纳推理结论的可靠程度就越高。

例如，只抛掷一次硬币，如果正面没有出现，按这种结果，其概率为0；如果正面出现，按这种结果，概率为1。事实上，当抛掷次数增多的时候，其概率不为0，也不为1，而是0.5左右。随着次数的增加，概率越接近0.5。

2. 观测的范围应尽量扩大

当观测的范围过于狭小时，某种事件在这一场合出现的频率与在另一场合出现的频率，可能有相当大的差别。在进行概率归纳推理时，只有将考察的范围尽量扩大，这一事件的频率才会趋于稳定，结论的可靠程度就高。

例如，一种新药在甲地对防治某种疾病的有效率为40%，而在乙地对防治该种疾病的有效率是90%。这是因为甲、乙两地的自然环境、生活习惯、人体素质、疾病发生原因等不同。由此可见，考察的范围越广，结论的可靠程度就越高。

3. 注意观测情况的变化

随机事件本身就是不断发展变化的，因此，不能运用某事物原有的概率来推论已经发生变化的该事物的概率。

例如，某地在1997年秋季"严打"以前，重大、恶性案件的发案率为25%。而在1997年秋季"严打"之后，公安机关加强了社会治安综合治理，人民群众也增强了防范意识，该地区重大、恶性案件的发案率下降至3%。这时，如果仍以25%来推论该地区的重大、恶性案件，那么结论就是不可靠的。应以变化了的情况，重新观测，以确定新的概率。

第四节　探求因果联系的逻辑方法

所谓因果联系，指的是客观现象之间存在的一种必然联系。一个或一些现象的出现，必然会引起另一个或另一些现象的出现。在客观现象的因果联系中，出现在另一个或另一些现象之前，并能必然引起另一个或另一些现象出现的现象叫原因；由原因的出现而被必然引起出现的现象叫结果。联系就是指原因和结果之间的相互制约关系，例如

"某甲自杀身亡","自杀"是原因,"身亡"是结果。原因和结果就是对这两者之间的相互制约关系而言的,对任何一个现象,我们都不能孤立地谈它的原因和结果。

因果联系是客观现象之间存在的一种普遍的、必然的联系。无论在自然界或人类社会,任何客观现象都处于因果联系之中,既不存在无因之果,也不存在无果之因。没有一个现象不是由一定原因引起的,而当有某种原因存在时,相应的结果必然会产生。但是,我们认识了因果联系的普遍性和必然性,这并不意味着任何两个现象之间都存在着因果联系。过去有人认为:祭拜神灵会带来五谷丰登;彗星的出现会引起人间灾难降临。这实际上就是对两种本来没有因果联系的现象人为地加上因果联系。

原因和结果既是确定的,又是相对的。因果联系,就像一条体现客观现象发生、发展和变化的长链,一环扣一环,环环相扣,紧紧相连。当我们取出一环进行考究时,原因就是原因,结果就是结果,是独立的、确定的。而当我们对长链中的多个环节联系起来进行考究时,则"原因和结果经常交换位置;在此时此地是原因,在彼时彼地就成了结果,反之亦然"。因此,我们可以说,原因和结果是相互关联的,不是绝对的、孤立的。

因果联系既是复杂的,又是可以被人们认识的。人们发现,因果联系的主要特点是原因与结果在时间顺序上的先后相继。从出现的时间顺序方面看,原因先于结果,结果后于原因,也就是人们常说的"前因后果"。根据这一特点,就应当在先于结果的现象中寻找原因,在后于原因的现象中寻找结果。探求因果联系的逻辑方法正是以"时间上前因而后果"这一特点为基本依据的。但问题并非那样简单,时间顺序上的先后相继,只是确定两种现象之间有因果联系的必要条件,而不是充分条件。在先于结果而存在的诸多因素中包含有原因,但不一定全部都是原因。同样,在后于原因而出现的诸多因素中也包含有结果,但这些相关因素不一定全部都是该原因引起的结果。因果联系不仅仅是两个现象在时间上的先后相继,更重要的是前一现象的存在必然会引起后一现象的产生。因此,不能根据两个现象的出现顺序先后相继,就认定两者之间有因果联系。例如,白天和夜晚,春天和夏天,虽然是先后相继的,但两者之间并不存在因果联系。如果把时间的先后相继与因果联系相混淆,就会导致"以先后为因果"的逻辑错误。在司法工作中尤其要注意防止这样的错误。因果联系是犯罪构成的一个重要因素,要确定某种行为同危害后果之间的因果联系,并不容易。如果仅凭时间上的先后相继来认定它们之间的因果联系,就难免认定错误。

确定因果联系是一个比较复杂的问题,单靠逻辑知识当然不可能完全解决。逻辑学为我们总结和概括了一些虽然简单然而又不可不用的探究因果联系的逻辑方法。

在研究因果联系的推理中,英国哲学家穆勒曾做过一定贡献,他研究了因果推理的几种重要形式,被称为"穆勒五法"。

要判断两种现象间有无因果联系,首先必须借助已有的知识,确定先行(或后行)现象中哪些是与被研究现象的出现相关的因素,然后在此基础上运用下述逻辑方法。

一、契约法

契约法又称求同法,它是根据被研究现象出现的若干不同场合中,只有一个相关因素相同,进而确定这唯一的相同因素与被研究现象有因果联系。

例如，某地连续发生三起抢劫案。

第一起：村民黄某去集市买牛，路上有一陌生人主动提出帮他选择，并顺手递给黄某一支香烟。黄某抽烟后即刻昏迷不醒，随身携带的5000元现金被洗劫一空。

第二起：推销员孙某在一县城推销产品时，被两人以签订合同为名骗至旅行社，两人热情地让孙某喝酒，十几分钟后，孙某昏倒，不省人事，身上的12000元货款被抢走，二人不知去向。

第三起：有一美貌的女青年打扮入时，假意在电影院门口等人，当她看见一穿着阔气的男青年，来买票时，便主动上前招呼："我多买了一张。"于是男女进场，挨身坐下。在看电影中，女青年主动亲近交谈，并从手提包中掏出精美的糖果请客。男青年吃糖后不久便昏倒在座位上，女青年趁机将男青年衣袋中的1500元现金和一只高档手表掠走。

上述三起抢劫案，受害人的年龄、职业、文化层次、健康状况，以及发案时间、发案地址、抢劫金额都不相同，但有一点是相同的，即受害人都是用了嫌犯给的物品后昏迷不醒时遭抢劫的。办案人员检测了受害人用的烟、酒、糖，发现其中均含有强麻醉剂，是麻醉剂致人昏迷不醒。由此得出结论："这些物品中的强麻醉剂与被害人遭抢劫之间有因果联系。"契约法的逻辑形式可以用表6-2中的式子表示。

表6-2 式子（一）

场合	相关因素	被研究对象
①	A、B、C	a
②	A、D、E	a
③	A、F、G	a
……	……	……
所以，A与a之间有因果联系		

从上面的例子和公式可以看出，契约法是在被研究现象出现的不同场合中，通过排除不同的相关因素，寻找唯一相同因素而得出结论。因此，契约法的应用过程可以概括为"异中求同"。

契约法是一种寻找因果联系的初步方法，它常用于观察，其结论所反映的只是客观现象间因果联系的初步假定。客观现象间的因果联系是十分复杂的，作为原因和结果的现象有时被另一现象所掩盖。因而在运用契约法时，如果"求同"所获得的只是表面相同而实质不同的因素，而被"除异"的又是表面不同而实质相同的因素，这样运用契约法就难以得出可靠的结论。例如，汽车司机苏某在一年内三次发生交通事故。第一次他是酒后开小客车撞伤行人。第二次是他开大货车高速行驶而造成撞车。第三次是他驾驶货车因强行超车造成翻车事故。在陈述事故原因时，苏某说："这三起交通事故都发生在傍晚交通拥挤时，因此，傍晚交通拥挤与交通事故之间有因果联系。"在上例中，苏某得出的结论显然是不可靠的。因为，他在运用契约法时，只强调了表面相同的因素，即"傍晚时交通拥挤"，而把表面不同而实质相同的因素予以排除，即"酒后开车""高速行使""强行超车"。这几个因素的共同之处是违章驾驶，正是"违章驾驶"才与"发生交通事故"之间有因果联系。

为了提高结论的可靠程度，在运用契约法时，必须注意以下两点。

（1）增加所考察的数量。应用契约法得出的结论的可靠程度，与所考察的数量密切相关。一般说来，考察的场合越多，考察的范围越广，各场合中的相同因素与被研究现象之间有因果联系的可能性就越大，结论的可靠程度也就相应较高。如果考察的场合少了，就很容易有一个不相干的因素是这些场合共同的，从而将其误认为是被研究对象出现的原因。因此，在实际思维中，我们不能仅仅根据少数几个场合有某一因素相同，就认定这一相同因素与被研究现象之间有因果联系。

（2）各个场合中的相同因素必须是唯一的。契约法是通过找出被研究现象出现的各个场合中唯一的相同因素来判明因果联系的。如果在各个场合的相关因素中有两个或两个以上的相同因素，就无法运用契约法来判明因果联系。

二、差异法

差异法又称为求异法，它是根据被研究现象出现和不出现的正反两个场合中，其余相关因素都相同，只有一个因素不同，进而确定这一差异因素与被研究现象之间有因果联系。这里，被研究现象出现的场合叫正面场合，被研究现象不出现的场合叫反面场合。

例如，某建筑公司承建两栋楼房，在即将完工时，其中一栋因混凝土浇筑件断裂而发生倒塌事故，另一栋则依然完好。在分析事故原因时，人们发现，这两栋楼房的混凝土浇筑件是使用同一水泥、石料和砂制作的，其设计规格和施工质量也相同，而唯一不同的情况是所使用的钢材不同。发生断裂并导致楼房倒塌的那些混凝土浇筑件中的钢材，是由一家小型轧钢厂生产的，这种用收购来的废旧钢材轧制的产品，其质量未经国家建材管理部门检查。未发生倒塌的那幢楼房，其混凝土浇筑件的钢材是由一家国有大型轧钢厂生产的，这种轧钢经国家建材管理部门检查并认定质量合格。据此，人们认为"使用未经国家质量检查的钢材与混凝土浇筑件断裂之间有因果联系"。

差异法的逻辑形式可以用表 6-3 中的式子表示。

表 6-3　式子（二）

场合	相关因素	被研究对象
正面场合	A、B、C、D	a
反面场合	—B、C、D	—
所以，A 与 a 之间有因果联系		

从上面的例子和逻辑公式可以看出，差异法是在被研究现象出现和不出现的正反两个场合中通过排除相同的相关因素，寻找唯一不同因素而得出结论。因此，差异法的应用过程可以概括为"同中求异"。

差异法通常用于实验，由于差异法要求相关因素中有一个因素不同，这个条件在自然现象发生的情况下，显然难以满足，只有借助人工控制和差异因素，才能满足其要求。因此，差异法通常是在实验的基础上运用的。

由于在运用差异法时有正反两个场合加以对比，因此，尽管差异法所得出的结论也具有或然性，但与契约法相比，差异法所得出的结论可靠性较高。运用差异法也可能产生错误。为了避免用差异法时产生错误，正确运用差异法，应当注意以下几点。

（1）对相关事物的考察要尽量穷尽。

（2）在正反两个场合的相关因素中，只能有一个差异因素，其他因素都必须相同。如果存在两个或两个以上差异因素，就不能运用差异法来判明因果联系。

（3）要分析这个"唯一的差异因素"与被研究现象之间的因果联系，究竟是单独的，还是复合的，以便进一步完整地把握因果联系。

如果忽视差异法的上述应用条件，在实践中就有可能会错误地运用差异法。例如：

> 黄某和罗某在同一场车祸中受伤，又被同时送到同一家医院急诊抢救。次日，罗某死亡，而黄某在不久后伤愈。对此，罗某的亲属回想起：在黄、罗二人被送到医院时，医生对黄某的伤很快便作出诊断，使黄某得到及时治疗；而对罗某的伤却用了将近一个小时才确诊，接着罗某被送进手术室抢救。于是罗某的亲属运用差异法，得出"医生诊断不及时与罗某死亡有因果联系"的结论，并据此认定罗某死于医疗事故，要求医院给予赔偿。

在此案件中，罗某的亲属对差异法的运用是错误的。首先，其只注意到受伤场合、送诊时间等因素，而没有对黄、罗二人的伤势轻重、诊断的难易程度、救治手段等因素加以考察，这表明，他们列举的相关因素不穷尽。其次，"诊断不及时"，并非唯一的差异因素。后来经查阅病历，发现黄某的伤势较轻，且均系外伤，易于诊断；而罗某受了严重的内伤，诊断困难，医生使用了透视等手段才确诊。这意味着黄、罗二人的差异因素较多。最后，罗某亲属认为"诊断不及时"与"罗某死亡"之间是单独的因果联系，没有进一步研究伤势等因素与罗某死亡之间有无因果联系。总之，像这样错误地运用差异法，所得出的结论是不可靠的。

三、契合差异并用法

契合差异并用法（简称"并用法"），它是根据在被研究现象出现的一组场合（正面场合）中都有一个相同因素，在被研究现象不出现的另一组场合（反面场合）中都没有这个因素，进而确定这个因素与被研究现象之间有因果联系。

契合差异并用法是通过在正反两组场合中分别求同，又在正反两组场合中对照求异，从而判明因果联系。因此，契合差异并用法的特点为：既是求同，又是辨异。例如：

> 一天中午，某机关食堂共有76人就餐，其中有31人发生食物中毒。为了查明中毒原因，便于抢救，医务人员了解到，该食堂当天午餐供应的主食有米饭、馒头、包子、面条，副食有香肠、油炸鱼、炒鸡蛋、炒豆腐、炒菜豆（即四季豆）、辣椒炒肉、炒空心菜和西红柿汤等。接着，医务人员把发生食物中毒的31人编为一组，未发生食物中毒的45人编为另一组，分别进行考察。结果发现：发生食物中毒的31人除午餐吃了其他主、副食外，还都吃了炒菜豆；而未发生食物中毒的45人午餐只吃了其他主、副食，没有吃炒菜豆。医务人员将这两组的情况进行分析对比后，得出初步结论："吃炒菜豆与这次食物中

毒之间有因果联系。"后来证实，这31人发生食物中毒的原因是当天午餐吃了未炒熟的菜豆而引起的。

这个例子中，医务人员就是运用契合差异并用法得出结论的。契合差异并用法的逻辑形式可以用表6-4中的式子表示。

表 6-4　式子（三）

场合		相关因素	被研究现象
正面场合	（1）	A、B、C	a
	（2）	A、D、E	a
	（3）	A、F、G	a
	……	……	……
反面场合	（1）	—B、C	—
	（2）	—D、E	—
	（3）	—F、G	—
	……	……	……
所以，A 与 a 有因果联系			

由表6-4可知，契合差异并用法，首先在正面场合中求同，找出相同因素"A"；其次在反面场合中求同，确认各反面场合中无"A"；最后正反两组场合对照求异，发现正面场合中有"A"便有"a"，反面场合中无"A"便无"a"。据此判定"A"与"a"有因果联系。

为了避免偶然性，提高结论的可靠程度，在运用契合差异并用法时，应注意以下两点。

（1）所考察的正反两组场合的数量要尽可能多一些，避免偶然性。

（2）除正反两组场合的差异因素之外，其余相关因素应当尽可能相似，以提高结论的可靠程度。

四、共变法

共变法是根据被研究现象出现的若干场合中，在其余相关因素不变的情况下，某一相关因素发生程度不同的变化时，被研究现象也随之发生相应的程度不同的变化，进而确定这一相关因素与被研究现象之间有因果联系。

共变法是从量的方面来寻求因果联系。在特定条件下，原因与结果在量的方面也是确定的。如果原因的作用在量的方面发生扩大或缩小，就会引起结果在量的方面也相应发生扩大或缩小。这种原因与结果在量的方面发生共同变化的关系，就是共变法探求因果联系的根据。因此，共变法的特点为：由变因求变果，或由变果求变因。

例如：

足迹专家观察发现，在人的性别、年龄、身高、体态、负重等因素都相同的情况下，步行速度与步幅大小之间存在着这样的共同变化关系：步行速度越快,则步幅越大;步行速度越促,则步幅越小。一名中等体态、中等身高的男性青年,在无负重的情况下,促步时步幅为 65 厘米左右,正常迈步时步幅为 75 厘米左右,快步时步幅为 90 厘米左右,跑步时步幅为 120 厘米左右。由此可以得出这样的结论:"步行速度与步幅大小之间有因果联系。"

这个例子就是应用共变法推出结论的。

共变法的逻辑形式可以用表 6-5 中的式子表示。

表 6-5　式子(四)

场合	相关因素	被研究现象
(1)	A_1、B、C、D	a_1
(2)	A_2、B、C、D	a_2
(3)	A_3、B、C、D	a_3
……	……	……
所以,A 与 a 有因果联系		

共变法的基本要求为:考察的各个场合必须是除一个相关因素发生变化外,其余相关因素都应该保持不变。如果同时有两个或两个以上的相关因素发生变化,就不能运用共变法确定其中的哪一个因素与被研究现象之间有因果联系。

共变法是根据某种因素与某种现象有共变关系而得出结论的,因此,它所考察的场合必须是三个或三个以上,否则,就无法显示某种因素与某种现象之间的共变规律。

应当注意,某种因素与某种现象有共变关系,常常是有一定限度的。如果越过了这个限度,它们的共变关系就会消失,或者发生相反的变化。因此,在应用共变法时,要时刻注意共同方向。共变法所依据的变化关系是有规律地递增或递减的变化关系,即要么同向共变,要么异向共变。如果在被考察的场合发生有反向变化的事例,比如,在一些场合下某个因素较强,而某种现象较弱;而在另一些场合下某个因素较弱,而某种现象较强,因素和现象之间出现无规律的变化,那么在这种情况下,就不能判定某个因素同被考察的某种现象之间有因果联系。

五、剩余法

剩余法又叫残余法,它是根据已知的某一复合因素同一被研究的某一复合现象有因果联系,并且减去已知有因果联系的部分,进而确定余下的因素部分与余下的现象部分有因果联系。例如:

在一起伤害致死的案件中,经鉴定,被害人左臂有片状锐器砍伤,头部和肩部有棒钝器击伤,右腿外侧有两处匕首刺伤,其致命伤是左肋部的三角刮刀刺伤,公安机关经侦查,很快认定本案四名犯罪嫌疑人合伙行凶与本案被害人多处受伤并导致死亡之间有因果联系。经查证,丁某在犯罪中持菜刀砍伤了被害人的左臂,吴某用铁管击伤了被害人的头部和肩部,王某用匕首刺伤了被害人的右腿。同时,公安人员还了解到,在这次犯罪过程中,陈某持有三角刮刀，其他作案人均未持有三角刮刀。据此，公安人员认定：本案被害人左肋部所受的致命伤是由陈某使用的三角刮刀造成的。

上例就是运用剩余法得出结论的。

剩余法的逻辑形式如下：

已知，复合因素A、B、C、D与复合现象a、b、c、d有因果联系；
并且，B与b有因果联系；
C与c有因果联系；
D与d有因果联系；
所以，A与a有因果联系。

由上面的例子和逻辑形式可以看出，剩余法是把某一复合因素与某一复合现象之间已知有因果联系的部分减去后，进而确定余下部分现象是由余下的某一因素引起的。可见，剩余法是一种探求复合现象之间因果联系的逻辑方法，它引导人们由被研究现象的剩余部分，去寻求未知的因素。因此，剩余法的特点为：由余果求余因，或者由余因求余果。

剩余法的突出作用，就在于它可以引导人们去探求未知的因素，为科学研究提出新的科学问题。在实践中，当人们已知的某种因素还不足以完全解释被研究现象的出现，必然推断还有另外一些未知的因素在发生作用。有了这样的认识后，自然就会促使人们去进一步分析、研究未知的因素是什么。因此，剩余法在认识过程中有其特殊的意义。例如，居里夫人已知纯铀发出的放射性强度，并且已知一定量的沥青矿石所含的纯铀数量。但是，她观察到一定量的沥青矿石所发出的放射性要比它所含的纯铀所发出的放射性强许多倍。由此，居里夫人作出推断：在沥青矿石中一定还含有其他放射性极强的元素。经过艰苦工作，她终于发现了镭。

剩余法在司法工作中也被广泛运用。例如，在侦破某一案件时，完全可以把犯罪现场中的受害人身上出现的情况，看作是一组复合现象。如果已知某个犯罪嫌疑人的行为，尚不足以造成犯罪现场或受害人身上的全部情况，而只能解释其中的部分情况时，就会自然地运用剩余法得出结论："一定还有未发现的行为人。"为此而继续展开侦查工作。

当然，剩余法的运用是有条件的。在运用剩余法时必须确认，除复合因素的剩余部分外，被研究现象的剩余部分不能与其他任何因素有因果联系。如果做不到这一点，就不能得出可靠的结论。例如，有一天晚上，某城区先后发生了两起盗窃案、一起抢劫案和一起强奸案。经侦查，公安机关拘留了嫌犯肖某和钱某。在预审中，肖某供认这两起盗窃案是他所为，钱某供认自己是这起抢劫案的作案人。据此，侦查人员运用剩余法得出结论：尚未归案的犯罪嫌疑人与这起强奸案之间有因果联系。于是侦查人员把注意力都放在查找"尚未归案的犯罪嫌疑人"上，结果这起强奸案久侦不破。后来，侦查人员再次分别提审肖某和钱某，最后证实这起强奸案是肖某所为。由此可见，造成这起强奸案未能及时破案的原因，主要是侦查人员在运用剩余法时没有遵循剩余法的运用条件来得出结论。

以上介绍了探求因果联系的五种逻辑方法，它们都是通过两类现象中的部分事例来探求两类现象间普遍的因果联系的。这是进行科学归纳推理的基础。

拓展训练

● 一、简答题

1. 简单枚举归纳推理的依据是什么？其结论为什么不可靠？怎样提高其结论的可靠程度？

2. 什么是共变法？共变法与契合法和差异法相比，有哪些相同点和不同点？

参考答案

3. 什么是差异法？如果要在甲、乙两块土质不同的地里播种小麦，并且运用差异法来确定小麦品种 A 是否比小麦品种 B 的产量高，播种时应如何安排播种实验？为什么？

● 二、选择题

1. 我国科学家发现，当太阳上的黑子大量出现时，长江流域的雨量就大；当太阳上黑子出现不那么多时，长江流域的雨量就不那么多；当太阳上黑子出现很少时，长江流域的雨量也就少。这里运用的是探求因果联系方法中的（　　）。

A. 契合法　　　　　　　　　　B. 差异法
C. 共变法　　　　　　　　　　D. 剩余法

2. 契合法的运用特点是（　　）。

A. 在被研究现象都出现的各种场合中，寻找所有的共同因素
B. 在被研究现象都出现的各种场合中，寻找唯一的共同因素
C. 在被研究现象出现和不出现的两种场合中，寻找唯一不同的因素
D. 在被研究现象发生程度变化的各种场合中，寻找唯一的相同因素

3. 药理学资料记载："氯化钾可作为药物内服和静脉滴注，但静脉滴注时切忌过速过量。"某法医实验室在一起案件的司法鉴定中为了进一步验证这一点，做了如下动物实验：先对第一组动物快速注射过量的氯化钾，这些动物均因心跳停止而死亡；然后对第二组动物也注射了氯化钾，但没有过速也没有过量，结果这些动物均未死亡。于是得出结论：快速注射过量的氯化钾可以导致动物死亡。这里运用了（　　）。

A. 契合法　　　　　　　　　　B. 差异法
C. 共变法　　　　　　　　　　D. 剩余法

第七章

类比推理

◆ 案例导入

　　有一位医生，一次给病人看病，没查出什么严重疾病，但病人很快就死了。解剖尸体查看，发现病人胸腔内积满脓水。医生想，以后再碰到这样的病人怎么诊断？忽然想起他父亲在经营酒店时，常用手指关节敲木制酒桶，听到叩击声，就能估量出木桶中还有多少酒。他反复探索，终于发明了"叩诊"这一医疗方法。

　　前提：酒桶是封闭物体，内藏液体，叩击时发出声音，叩桶可以知酒量；人的胸腔，也是封闭物体，内藏液体，叩击时发出声音。结论：叩胸可以知病情。

　　类比推理是与演绎推理、归纳推理并列的推理形式，尽管其结论性质与归纳推理相同，但它作为一种推理形式具有自身的特点。

第一节 类比推理的特征和性质

类比推理又称类比法或类推法。

一、类比推理的特征及性质

就思维进程来说，演绎推理是由一般到特殊的推理，归纳推理是由特殊到一般的推理。而类比推理不同于以上两种推理形式，它是由特殊到特殊的推理。

类比推理是根据两个或两类对象的某些属性相同或相似，从而推出它们的另一种属性也相同或相似的推理。其推理过程可用公式表示如下：

<u>A 对象具有 a、b、c、d 属性。</u>
<u>B 对象具有 a、b、c 属性。</u>
所以，B 对象也具有 d 属性

在类比推理中，两个或两类对象有某些属性相同或相似，是据以得出结论的依据，即推理的前提；确认未知的另一属性也相同或相似，是通过推理得出的结论。在公式中，"A"所表示的那类事物，称为类比物，亦称类比原型；"B"所表示的那类事物，是需要认识的对象，称为认识模型。类比推理就是在类比物与认识模型之间进行的一种推理活动。例如，山西某地有位青年技术员，在五台山发现一种野生酸刺子。他研究后发现，这种野生酸刺子含有糖、酸和淀粉；他联想到玉米也含有糖、酸和淀粉。而玉米的这些属性同其可以酿酒有关，于是推测酸刺子也可以酿酒。经过多次试验，果然获得成功。这位青年技术员在这里运用的就是类比推理：玉米是类比物，酸刺子是需要认识的对象。又如，农民科学家吴吉昌，多年来就设想创造双秆棉以解决棉花的增产问题，但经过多次实验未能成功。一次偶然的机会，他看见瓜农在瓜苗刚长出两片嫩叶时便打尖，经了解得知，这样可以使瓜苗长出两根蔓，不仅坐瓜早，而且结瓜又多又不易脱落。他由此受到启发，联想到采用这种方法是否也能让棉苗长出双秆，并且早现蕾、多挂铃。经过实验，他终于种出了双秆棉，为棉花增产闯出了新路。

类比推理可以在两个不同类的事物之间进行，如上面两例中的玉米与酸刺子、甜瓜与棉花，都属于两个不同类的事物。在两个不同类的事物之间进行类比，正是类比推理公式表述的情形，是类比推理的基本形式。

类比推理还可以在同类事物的两个不同个体之间进行。例如，医生常常根据正在诊断的某个患者与过去曾经治疗过的另一患者的症状相同，而过去治疗过的这一患者服用某种药物有效，于是推知现正在诊断的这个患者服用此种药物有效。这里，类比物（已治疗过的患者）与需认识的对象（正在诊断的患者），二者就是同类事物中的两个不同个体。推理的根据就是他们患病的症状 a、b、c 等相同，结论就是"服用某种药物的疗效"也相同。

客观事物的同一性和差异性，是进行类比推理的客观基础。由于客观事物具有同一性，我们才能进行类比推理，根据两个对象在某些属性方面相同，推出它们在另一属性方面也可能相同；由于客观事物具有差异性，根据两个对象在某些属性方面相同，并不能必然推出其在另一属性方面也相同，而且推出的属性，有可能恰恰就是两个对象相异的属性。所以类比推理的结论不是必然的，而是或然的，即使前提真实，结论仍然有两种可能：可能真，可能假。例如，过去曾经有些科学家根据地球与火星都是太阳系的行星，都有大气层，都是"温度适中，都有水分，而地球上有生命存在，便推测火星上也有生命存在。但是近年来根据降落在火星上的宇宙探测器在火星表面上所进行的生物化学实验的分析材料证明，其结论是错误的"。在上述类比推理中，正由于推出的属性恰恰是火星与地球的差异性，因而结论才是假的。总之，类比推理由前提推出结论的根据并不充分，前提不蕴涵结论，不能保证在前提真的情况下结论就必然真。其结论的可靠程度，完全取决于类比所依据的相同属性与推知属性事实上的联系程度，推理本身对结论具有证明力。因此，类比推理的结论只能是或然性的。

二、提高类比推理结论的可靠程度

类比推理的结论是或然性的，因此，人们在运用类比推理时，应注意提高类比推理结论的可靠程度。类比推理结论的可靠程度取决于以下几个条件。

（一）前提中被比较的相同属性愈多，其结论的可靠程度愈高

类比推理本身不能保证类比属性与推出属性之间的必然联系，但是，如果用以类比的两个或两类对象相同属性愈多，其中存在与推出属性有联系的可能性就愈大，那么结论的可靠程度就愈高；反之，如果仅仅根据少量或个别属性相同，便推出结论，其结论的可靠程度当然就低。在科研中，往往以同类或接近同类的对象做实验（类比物），以增加相同属性的数量，提高结论的可靠程度。在医学上做药物实验或手术实验，就常用接近人类的高等动物作为类比物。高等动物和人类的相同或相近之处多，所得出的结论的可靠性就大；如果用低等动物做实验，由于它和人类相同或相近之处少，所得出的结论的可靠性就小。当然，这里应该注意，不管两类对象有再多的相同属性，只要推出属性与该类对象本身已有的属性不相容，就不应该进行类推；否则，将会得出错误的结论。

（二）相同属性与推出属性之间的联系愈密切，结论的可靠程度就愈高

用以类比的属性，即作为推理依据的相同属性与作为结论的推出属性之间应该是相关的、有联系的属性。如果两者之间的联系密切，相关程度高，结论的可靠程度就高，反之则低。如果两者之间没有联系，互不相关，就不能作为类比推理的依据，就不能进行类比推理；否则，就会犯"简单类比"或"机械类比"的逻辑错误。例如，山西某地的那位青年技术员，能通过酸刺子和玉米类比，提出"酸刺子可以酿酒"是相关的、有联系的，酿酒的发酵过程就是糖、酸和淀粉这些物质成分在酵母菌的作用下形成酒的过程。相反，如果根据甲、乙二人的"身高都是1.7米，年龄都是十八周岁，体重都是

55公斤，相貌也极其相似，并且都是成都人"，而"甲的数学演算能力强"，却不能推出"乙的数学演算能力也很强"。因为一个人数学演算能力的强弱与其身高、体重、年龄、籍贯、相貌等都没有必然的联系，不是相关的属性。即已知的相同属性与推出属性无关。如果硬是要把这两种无关的属性进行类比，并强行得出结论，那么，这样的"类比"是无稽之谈，当然免不了犯"简单类比"或"机械类比"的逻辑错误。

值得注意的是，这里要求的作为类比推理根据的属性与推出的那个属性之间应当是相关的、有联系的，而并非要求类比的两种对象必须是同类的或是有联系的。即使两种对象是不同类的，只要类比的相同属性与推出属性相关，结论的可靠程度就高；反之，即使是两个同类的事物，甚至是同一个体所处的不同场合，若类比属性与推出属性无关，得出的结论也极不可靠。

（三）运用类比推理，在可能条件下应当进行反类比

所谓反类比，就是在类比两个或两类事物对象的相同或相似属性的同时，还要尽可能找出二者不同的属性，尤其要注意找出这些不同属性中有无与推出属性不相容的属性。如果在不同属性中存在着与推出属性不相容（相矛盾或相反）的属性，即使用以类比的两个或两类事物对象有着许多相同的属性，也不能通过类比推理而得出结论。即使得出了结论，这样的结论也是不能成立的。

在现实社会生活中，人们学习或引进外地先进经验或先进技术也常常使用类比推理。但是为了防止盲目引进或机械照搬，要特别注意进行反类比，否则将会造成不可弥补的损失。例如，某县几位领导人到外地学习参观，发现南方丘陵地区的一个县全面推广双季稻，粮食获得大幅度增长，他们通过类比认为，本县同南方那个县的情况完全相同，肥料和劳动力不缺乏，常年降雨量一样多。于是得出结论："本县全面推广这种高产的双季稻，粮食也能获得大幅增产。"于是从南方那个县引进双季稻良种和成套的种植技术，将全县原来只种一季的40多万亩冬水田全部改种双季稻。然而结果大大出人意料，不但没有增产，反而大幅减产，损失极大。后来，总结教训，通过反类比才找出失败的原因。原来两地气候差异极大，本县在晚稻抽穗、扬花的九、十月份总是处于阴雨绵绵的低温天气，这对晚稻生长极为不利，所以，本县40多万亩晚稻收获无几；而南方那个县年降雨量虽然和本县一样，但雨季来得早，集中在七、八两月，等到晚稻抽穗、扬花、结子的九、十两月，正是少雨的高温天气，光照充足，雨量适宜，所以晚稻产量高，大幅增产是必然的。

从上例可以看出，类比的两个县，虽然有很多相同条件，但也存在着不同条件，而且该不同条件，即降雨的季节不同，与推出的属性，即全县粮食大幅增产，两者之间是不相容的。如果引进先进经验的几位领导能早作这样的反类比，惨痛的失误就不会发生了。由此可见，在运用类比推理时，尽可能进行反类比的重要性。

综上所述，提高类比推理结论的可靠程度，是人们运用类比推理的客观需要；满足上述三个条件，是提高类比推理结论的可行程度的逻辑要求。类比推理作为一种较为复杂的思维形式，只有在符合逻辑要求的前提下，才能满足人们运用类比推理的客观需求，才不至于出现"简单类比"或"机械类比"的逻辑错误。

三、类比推理的作用

类比推理是一种或然性推理。它的结论尽管不是完全可靠的,但由于这种推理具有触类旁通、举一反三的作用,它在认识过程中具有十分重要的意义。它的主要作用就在于可以启迪人们的思维,由此引起丰富的联想,因而它成为提出假说的创造发明的探索工具。科学上的许多重大发现和重要发明,也是首先借助类比推理而取得的认识成果。

(一)类比推理是探索真理的重要逻辑形式

类比推理是立足于已有知识的基础上,进一步发展科学的一种有效的探索方法。在科学研究中具有启迪思维、开阔思路、提供线索、确立课题的重要作用。对于客观事物的认识就好比登山一样,是在已有知识的基础上一步一步试探性地探索前进的,每一步的试探、摸索,都要以已有知识作为立足点,借助类比,使人的认识从一个研究领域向另一个研究领域推进。所以,类比推理是一种富有创造性的推理形式,正如德国著名哲学家康德所说:"每当理智缺乏可靠论证的思路时,类比这个方法往往能指引我们前进。"

类比推理是形成科学假说的重要推理形式。在思维实际中,人们通过观察分析,以抽象而复杂的科学原理作为依据,运用类比推理形成科学假说,通过实践或实验来验证假说。例如,我国著名地质学家李四光曾考察分析了中亚细亚的地质结构是一种生成的石油结构,运用类比推理提出"我国松辽平原和华北平原既生油也储油"的假说,经过勘探和开采,在短短几年时间内就建成了大庆、大港、胜利等一系列大油田,从而验证了假说。

现代自然科学和技术科学领域广泛应用模拟实验。模拟实验就其推理形式来说,就是一种类比推理。它是在实验室里模拟自然界出现的某种现象,构造出这种现象的模型,然后根据模型实验得出的结论类推于原型,认识某些自然现象的本质和规律。进行模拟实验的一个重要条件,就是其模型在主要性质上应与原型相同或相似。通过模拟实验而得出结论的过程,就是应用类比推理的过程。例如,为了研究新型飞机的性能,可以在实验室内构造一个小的模型先做模拟实验,在得到充分的科学资料以后,便可设计制造出大型的新型飞机。从 20 世纪 60 年代起,科学家们还利用模拟方法产生了仿生学,专门研究生物系统的结构和功能,创造出模拟它们某种功能的精密的科学仪器。有根据蛙眼、鸽眼、鹰眼模仿制造的电子蛙眼、电子鸽眼和电子鹰眼,有模仿人脑和人制造的电脑和机器人,等等,这些都是类比推理在自然科学和技术科学领域中的具体应用。

(二)类比推理具有生动的说明作用

类比推理的结论是或然的,因此,它不能独立地最终论证某一判断必然为真。但是,由于它具有生动的说明作用,可以作为论证的辅助手段,有一定的说服力,别具风格。例如,加拿大前外交官切斯特·朗宁在竞选省议员时,由于他幼儿时期吃过外国奶妈的奶水一事,遭到政敌的攻击,说他"身上一定有外国血统"。朗宁反驳说:"你们是喝牛奶长大的，你们身上一定有牛的血统。"这样的反驳既幽默，又有力，显示了类比推理在论证和反驳中的特殊作用。

拓展训练

参考答案

● 一、简答题

1. 类比推理的概念及性质？
2. 类比推理的作用？

● 二、选择题

1. 法国著名作家雨果在一次演讲中说道："我们都是盲人。吝啬的人是盲人，他只看见金子看不见财富。挥霍的人是盲人，他只看见开端看不见结局。卖弄风情的女人是盲人，她看不见自己脸上的皱纹。有学问的人是盲人，他看不见自己的无知。诚实的人是盲人，他看不见坏蛋。坏蛋是盲人，他看不见上帝。上帝也是盲人，没有看到魔鬼也跟着混进来了。我也是盲人，我只知道说啊说啊，没有看到你们都是聋人。"雨果在这里运用的逻辑方法是（　　）。

① 简单枚举归纳推理　　② 类比推理
③ 契合法　　　　　　　④ 归谬法

2. "贪官易早逝。"这是巴西医生马丁斯的研究结论。他对583名被指控犯有各种类型的贪污、受贿罪的官员进行了研究，并与583名廉洁的官员做了对比，发现贪官中有六成人生病，其中半数人患癌症，另有半数人患心脏病、脑梗塞、脑溢血等。廉洁的官员中只有一成半的人生病。马丁斯是通过（　　）作出的结论。

① 差异法　　　　　　　② 简单枚举归纳推理
③ 完全归纳推理　　　　④ 类比推理

第二节　类比推理在司法工作中的应用

类比推理在刑事侦查工作中的作用是非常突出的。其应用形式主要有以下三种。

一、并案侦查

所谓并案侦查，就是把一定时间内发生的几起相同性质的案件，认定为同一作案人所为，而展开的破案方法。并案侦查可以提高破案率。

确定并案侦查的先决条件是几起案件性质相同，并案侦查的基本根据是犯罪手段相似，由此应用类比推理，得出"几起案件为同一个作案人所为"的结论。其思维过程，就是类比推理的运用过程。同一犯罪分子连续作同类性质的案件，即使时间、空间条件不同，也难免在犯罪手段上暴露某些习惯性特点，在现场显示出某些相似之处。因而我们可以通过对犯罪手段的类比，由犯罪手段的相同或相似，进而推知几起案件的作案人相同。

其推理过程用公式表示为：

A 案具有 a、b、c、d 特征，已知为 p 犯所为，
B 案也具有 a、b、c、d 特征，
所以，B 案也应为 p 犯所为。

例如，某商店发生一起盗窃杀人案。由于现场情况比较复杂，能起到证据作用的就只有被嫌犯撬开的桌子抽屉上所留下的压痕。接着有群众反映，几天前本村还有两家商店被盗，门锁也是被罪犯撬开的。侦查员对这三起案件嫌犯留下的撬压痕迹进行了比对，结果表明：三起案件的撬压痕迹的用力方向、缺损程度、形成部位完全相同，很有可能系同一嫌犯用同一工具形成的。侦查人员决定将三起盗窃案并案侦查，选择其中一件容易侦破的小案件作为突破口，抓获嫌犯，最后连破三案，提高了破案率。

二、侦查模拟实验

侦查模拟实验简称侦查实验，相当于自然科学研究中的模拟实验。在刑事侦查中借助类比推理，在人为控制条件下，模仿罪犯的某一动作行为，进行模拟实验，比对实验结果，以正确认识案件中的某些关键情节，证实罪犯的犯罪活动。下述案例的侦破过程就是借助侦查模拟实验。

某年 3 月 15 日夜，某农场的门卫付某某在值班室内被杀，3 日后在院内枯井中找到尸体。

侦查人员勘查现场后发现，现场地面浮土上留有 13 人多次进出的重叠足迹。经查对后分别落实到人头。经查实这些足迹都是案发后进入现场的人留下的。当侦查人员用"皮老虎"把在地面的加层足迹铲掉后，地面上又露出了两只残缺不全的减层足迹。经查证，一是死者付某某的，一是本场职工林某某的。正面找林某某谈话时，林某某也承认脚印是他的，但说这是 17 日（案发后 36 小时以上）观看现场时留下的。是否真的如此，侦查人员感到疑惑。后了解得知，付某某每晚睡觉前都要洒水扫地，因而猜测林某某的脚印可能是在付某某洒水扫地后不久留下的。那么是洒水扫地后多长时间留下的呢？是否如林某某所说，是案发后 36 小时以后踩下的呢？显然，这是确认林某某有无作案可能的关键问题。为了获得这一问题的正确认识，侦查人员有意识地运用类比推理，作了这样的侦查实验：

侦查人员在与遗留足迹相同土质的地面上，先洒水扫地。选择与林某某身高体重相同的人，穿同样种类的水波纹底解放胶鞋，每隔半小时踩一次脚印并拍下照片，连续实验 36 小时。然后将各个时间拍的照片与现场足迹照片比对。结果证明：1—2 小时内踩的足迹，其造型、特征同现场足迹完全相同；超过 3 小时，立体感消失；到 36 小时，连花纹都反映不出来了。由此得出结论：林某某的足迹，极大可能是在 15 日晚死者洒水扫地后 1—2 小时内踩下的，绝不可能如林某某所说，是案发后 36 小时踩下的。于是确定林某某为重大犯罪嫌疑分子。

显而易见，如果不借助类比推理做上述侦查模拟实验，就无法确认林某某进入案发现场的时间，此案的侦破工作就难免因此而受影响。由此不难看出，类比推理在刑事侦查中的重要作用。

三、刑事侦查中的比对法

在刑事侦查中，常常需要确认被考察的某个对象，是否就是已知的那个对象。这样的确认过程，在刑事侦查学中称为对客体的统一认定。由于它实际上也是一个由已知推出未知的过程，因而从逻辑方面也可以看作是种推理，我们称之为比对推理，或者叫比对法。

所谓比对法，就是根据已知的对象特征与被考察的对象特征是否完全相符，从而得出是否为同一对象的结论的方法。运用比对法的过程是通过对对象特征的逐项比对而得出结论的推理过程。比对法可用公式表述如下：

已知对象 A 具有特征 $s \wedge b \wedge c \cdots \wedge n$
被考察对象 X 具有特征 $s \wedge b \wedge c \cdots \wedge n$
所以，X 与 A 为同一对象

从公式可以看出，比对法同类比推理既有相同之处，也有不同之处。其相同之处在于：都是根据两个认识对象某些特征相同而得出结论的；根据与结论之间不具有蕴涵关系，结论具有或然性；相同特征的多少同结论可靠程度的大小有关；用以比较的特征有一项不合，就不能得出结论。其不同之处在于：类比推理是根据比对对象同另一对象的某些属性相同，推知另一属性也相同，即由对象推知属性；比对法则是根据所要寻求的对象的特征与被考察对象的特征逐一对应吻合，从而认定二者为同一对象，即由特征认定对象。另外，两者的作用不相同：类比推理的作用在于由此及彼、触类旁通，启发人们联想；而比对法则在于通过特征比对确认是否同一对象。

比对法的基本作用在于"识同"。当然，不同则异，因而也起"别异"的作用。借助比对法进行的"识同别异"，已不同于直观的、简单的"识同别异"。它的结论建立在对比对原型与比对对象的特征逐一比对的基础上加以综合而形成的，因而论之有据、持之有理，比直观的、简单的"识同别异"要可靠得多。不仅如此，更重要的还在于直观的、简单的"识同别异"在很多情况下无能为力，必须借助比对法才能认定。至于查对指纹、脚印、笔迹等，更是要用比对推理。因此，比对推理在刑事侦查中有其不可忽视的作用。

💡 拓展训练

● 一、简答题

1. 什么是并案侦查？
2. 什么是侦查模拟实验？
3. 什么是刑事侦查中的比对法？

参考答案

● 二、论述题

某日晨,老农张××和住同院的小孙子(10岁)同时突然死亡。

案发后,侦查人员经调查得知:案发前一天下午死者之子从城里返家,带回香油、韭菜、菠菜和四只鸡蛋,嘱其妻高某于次日天明趁其父空腹时炒给他吃,说可治其父张××的浮肿病。张××之子当晚又返回城里去了。次日晨,高某按其夫所嘱将鸡蛋和韭菜、菠菜等炒好后给张××吃,张××正吃时,住同院的小孙子来玩,张××也给了他吃。吃后不久,爷孙俩便全身抽搐,口吐白沫,四肢麻木,约三十分钟便先后死去。

侦查人员据此认定:张××爷孙俩的死亡,同所吃的炒鸡蛋有关。

在讯问高某的过程中,高某多次提出:在往锅里打鸡蛋时,发现有一只鸡蛋是稀水状,并且呈绿色。为了弄清案情,侦查人员做了如下实验:他们把可能导致上述死亡症状的各种药物,分别注射入多个鸡蛋,然后打破鸡蛋观察。结果,发现一枚鸡蛋与高某所述特征完全相同。而这枚鸡蛋注射的是1605农药,于是推论张××食用的鸡蛋中注射有1605农药。

问:侦查人员推断"张××食用的鸡蛋中注射有1605农药",是借助何种推理得出的结论?请用公式说明该种推理的结构形式。

第三节 刑事侦查中的比对推理

确认被考察的某个对象是否就是已知的(即所要寻找的)那个对象,这是刑事侦查工作中经常碰到的问题。这样的确认过程,在犯罪对策学中称为对客体的同一认定。

从逻辑角度来确认被考察的某个对象是否就是已知的那个对象,是通过特征比对而得出结论的。因此,这一确认过程,实际上就是一个由已知探求未知的推理过程,其共同的推理形式,就是本节讨论的比对推理。

一、比对推理的基本特征及其作用

所谓比对推理,概括来说,就是根据已知对象与被考察对象的特征逐一对应相同,从而得出被考察的某个对象就是已知的(即所要寻找的)那个对象的结论的推理形式。

其思维过程可用公式表述如下:

已知对象A具有特征$a \land b \land c \land d$,
被考察对象X具有特征$a \land b \land c \land d$,
所以X就是A

"A"是已知对象,称为比对原型,例如从现场取得的罪犯指纹、脚印,具有罪证意义的手抄文字,被害的无名尸体以及刻画出的罪犯特征,等等。它是进行比对推理的基础。"X"是被考察对象,即犯罪对策学中所指的被审查客体,称为比对对象,例如嫌疑人的指纹、脚印、手抄文字,以及疑为被害人的失踪者、作案罪犯,等等,是通过比对推理拟作认定的对象。"a""b"等表示用以比对的各项特征，是比对推理的已知条件或根据，即推理的前提。特征之间的符号，读作"并且"。虚线表示特征间的相同关系，表明这些特征在逻辑上的"合理"性质，要求各项特征必须逐一对应相同，否则就不能得出"X"就是"A"的结论。

比对推理的基本作用在于"识同"。当然，不同则异，因而也起"别异"的作用。但是，借助比对推于理进行的"识同别异"，已不同于直观的、简单的"识同别异"。它的结论是建立在对比对原型与比对对象的特征分析和逐一比对基础上的，因而已论之有据，比直观的、简单的"识同别异"更为可靠和令人信服。

不仅如此，更重要的还在于直观的、简单的"识同别异"，在很多情况下无能为力，必须借助比对推理才能认定。譬如，面对一具无名尸体，要查明死者是谁，但尸体已高度腐败或遭严重碎裂，仅凭直观就无法认定了。只能通过对死者的特征分析，并与查访所知的失踪人员的特征逐一比对，然后才能确认。

例如，十岁女孩高某某，看电影后失踪，家长四处查找无着。十余天后，高父得知九里外的某地黄河滩上发现一具女孩尸体，即前往认尸。因尸体已高度腐败，无法确认，便就地挖坑掩埋。

半月后，侦破人员在侦破另一案件过程中得知这一情况，认为与正侦破的案件有关，即赴掩埋地点勘查。到现场后发现女孩尸体已被狗扒出吃掉，仅找到五小块碎肩胛骨，两半截大腿骨，几块残缺肋骨，一团乱头发，两小段腰带，一个右脚拇指指甲和一个没有表皮肌肉的颅骨。

不言而喻，在这种情况下要确认死者是谁，比高父对腐败尸体的辨认困难得多，凭直观辨别根本无能为力。但是，侦破人员通过如下比对推理得出了结论。

① 从牙齿、颅骨的结合缝及毛发分析，死者为女性，十岁左右，与高某某性别、年龄相符；

② 颅骨后枕部较平，前额较高，两外门齿长出半截，与死者之父所述高某某面貌特征吻合；

③ 死者右脚拇指指甲中间隆起，四面凹陷，与死者之父所述高某某的右脚拇指指甲特征相同；

④ 现场发现死者的两小段腰带，系蚊帐布所做，与高某某失踪前所用腰带相同；

⑤ 按照发现尸体的时间及尸体腐败程度，推断死亡时间距发现尸体时间约十余天，与高某某失踪时间相符。

通过上述比对后认定："死者就是高某某。"破案后证明，这一结论完全正确。

在刑事侦查工作中，对罪证的认定也不是仅凭直观根据大致相似与否就能得出结论的，因为这样的认定还是粗糙的，很容易把表面相似实则相异的对象误认为是同一对象，或者把表面相异实则同一的对象误认为不是同一对象。为使认定"论之有据"，比较可靠，也必须应用比对推理。例如，某地公安机关在江边发现一具青年女尸，经查证，嫌犯已把死者随身携带的宿舍门锁钥匙搜去，并用以开门进入过死者宿舍。后侦破人员从嫌疑人任某办公室的文件柜中搜出一把并非其本人使用的钥匙，经初步观察，虽怀疑这很可能是死者随身携带的那把钥匙，经过试开也打开了死者宿舍的门锁，但侦破人员并没有就此认定，因为还不能排除有同类型钥匙的可能性。为使认定准确，侦破人员便将此钥匙与死者生前同宿舍的黄××的钥匙比对，因原配钥匙只有两把，死者的钥匙与黄××的钥匙特征相同，故以黄××的钥匙作比对原型，进行如下推理：

① 两把钥匙的长度，宽度，形状，齿间距离和高低，钥匙槽的深度和位置，以及商标、图案等，均相一致；
② 经显微镜下观察，两钥匙齿的机制纹线痕迹相同；
③ 两把钥匙背面，因长期使用，由锁门边缘形成的摩擦痕迹相同。

由此得出结论："搜出的这把钥匙就是死者身上的那把钥匙。"显然，建立在上述比对基础上的这一认定，其真实性不容置疑。

比对推理在刑事侦查工作中的应用非常广泛。例如，根据现场勘查和调查了解刻画的罪犯特征，寻找罪犯，分析比对多起案件犯罪手段的特征，得出一犯多案的结论。至于查对指纹、脚印、笔迹等，更是不可不用比对推理。

二、正确应用比对推理的逻辑要求

比对推理是一种特殊的推理形式，有其特定的逻辑要求。唯物辩证法告诉我们，客观世界没有两个绝对相同的事物，任何事物都因其独有的特征而与别的事物区别，把握了对象的独有特征，也就能在纷繁复杂的事物中识别具有这一特征的对象。这就是比对推理之所以能通过特征比对进行同一认定的客观根据。因此，作为推理依据的特征，必须是被认定对象独有的特质，亦即为任何其他对象都不可能完全重复的特征。换句话说，就是被认定对象与比对的特征之间，在外延上必须构成"相等"的关系。只要用以比对的特征确系被认定对象所独有，通过比对所得的结论也就可靠无疑。所以，审慎地分析、选择比对的特征，是正确应用比对推理的先决条件。

比对推理所根据的独有特征，大致有下面两种情形。

第一，以被认定对象呈现在外部的某一特殊标记作为比对的独有特征。这种特殊标记，可以是对象本身固有的，也可以是某种外力因素在特定条件下造成的。以人来说，前者例如呈现在外形上的某种生理缺陷，诸如目盲、头歪等等，对一个人来说，这些特征是早就形成的，因其在特定的地区范围内不为别的人同样具有，所以可以作为识别对象的特殊标记。后者例如在人身上某个部位新近形成的特定伤痕，在衣物上留下的某种裂口、痕迹，等等。后者这种特殊标记的形成，本身就具有偶然性，而且是在特定条件下形成的，与前者相比，更不可能在不同对象身上重复出现。因此，以这种特殊标记作为比对推理依据的独有特征，比前者更为可靠、有效。

在刑事侦查工作中，善于发现、抓住对象的特殊标记进行比对推理，不但能加快破案进程，而且认定也准确无误。例如，某地公安机关在侦破一起凶杀案中，勘查现场发现一截被咬断的中指尖。经查死者又十指完整，这截中指尖显系嫌犯所留。于是，侦破人员以"新近被断伤中指尖"这一特殊标记，作为嫌犯的独有特征。结果，在查访基础上应用比对推理，在很短时间内就找出了嫌犯。

第二，把被认定对象的多项特征综合为一个整体，以此作为对象的独有特征。这种独有特征，在犯罪对策学中称为"特征综合"或"特定综合"。比如人的身高、年龄、体形、肤色、衣着、行动等特点，从单独一项或两三项来看，具备同样特点的对象范围都比较广。然而综合为一个整体后，就使具备该"特征综合"的对象特定化了，因而可以作为比对推理的根据。依据对象的这种多项特征逐一比对而得结论的形式，明显体现了比对推理的特点，是比对推理的典型形式，如前面例证中对女孩尸体的认定。为使结论可靠、认定准确，运用比对推理时应注意以下两点。

（1）如果用以比对的独有特征，是被认定对象的"特征综合"，增加比对特征是提高结论可靠程度的关键。道理很明显，当比对依据只有特征 a、b 时，符合的对象范围当然比具有特征 b、c 的范围广。当比对依据只有特征 a、b、c 时，符合的对象范围又比具有特征 a、b、c、d 的范围广。因此，比对特征项愈多，其"特征综合"成为被认定对象独有特征的可能性就愈大，亦即愈能排除对象重复的可能性，比对所得结论也就更为可靠。

当然，所谓增加比对特征不是无限度的，其目的只在于把对象特定化，若对象已被特定化了，再增加比对特征也就失去了意义。

在增加比对特征时，首先考虑缩小对象范围的"类"的特征，并以此作为"特征综合"的基本构成部分是非常必要的。比如对"人"的认定，把年龄、性别以及时间条件、地区范围等作为基本的比对特征就很必要。如前所述对女孩尸体的认定，首先就是比对性别、年龄。对钥匙的认定，首先比对的也是外形、商标、图案等，此即犯罪对策学中所指的"种类同一认定"。如果"类"的特征不合，其余特征就失去了比对意义。比如对死者的认定，如果推断其死亡时间与比对原型（失踪人员）的失踪时间相距较远，其余特征就无继续比对的必要。又如对罪犯的认定，如果嫌疑人在发案时的所在地点，与比对原型（刻画出的罪犯条件）明显不合，其余特征即使相同也不能认定。因此，注意把被认定对象存在、活动的时间、地点等"类"的特征，加入"特征综合"，才能缩小对象的范围，容易使对象特定化。不注意这点，就会误用比对推理，导致认定错误。例如，某大学张教授在室内遭抢，侦破人员根据张教授口述和查访所得材料，刻画出嫌犯的特征为："① 是二人同行来校换大米的人；② 二人均为男性，一高一矮；③ 其中一人戴羊毛卷皮帽子；④ 来校换大米的时间是1月10日、11日。"据此，侦破人员通过查访，用比对推理认定为程××叔侄二人。尽管程××叔侄二人与上述嫌犯特征逐一对应相同，但事实证明这一结论完全错误。原因就在于比对特征中忽略了地区范围。通过总结，侦破人员决定从分析嫌犯换出的大米入手，确定大米产地，亦即在上述特征基础上加入"大米产地"这一比对特征。他们请有关部门技术人员对现场遗留大米进行了化验，证明是当地有名的清水大米，然后根据现场遗留大米的细微特征（如加工条件、品种等），与当地产清水大米的一百多个生产队所产清水大米样品比对，发现与现场遗留大米特征完全相同的大米产地，只有三个生产队。显然，在这样的范围内，具备前述特征的对象不可能重复，因而很快找出了嫌犯。

（2）比对推理要求比对的特征必须逐一对应吻合，其中有一项不合就只能得出否定的结论。为了防止错误的否定，必须认真分析比对不合特征的稳固性、可靠性。

所谓分析比对不合特征的稳固性，就是要求区别该特征是固定特征或可变特征。如果比对不合的某项特征是固定特征，则得出否定结论是不容置疑的。如果比对不合的某项特征是可变特征，却绝不能由此轻易否定。在逻辑上注意这一要求，对于正确应用比对推理来说是至关重要的。

那么，什么是固定特征？什么又是可变特征呢？

"固定"和"可变"的区别，只是在一定的时间条件和特定场合下相对而言的。一项特征在此场合下是固定的，在彼场合下却可以是可变的；反之亦然。例如，人的面部某处有一伤口，尽管这一伤口不是从来就有的，也不是长久不变的，但在比对的时间内不可能消失。这里，"面部某处有一伤口"这一特征就是固定特征。比对不合，即可否定。相反，若比对原型面容完整无损，被考察对象面部某处却有一伤口，在比对时间内就完全可能由前者变为后者。因此，"面部某处有一伤口"这一特征，在这里就是可变特征。即使比对不合，也不能轻易否定。

刑事侦查工作中，应用比对推理时忽略这一要求而得出错误结论的事例，并不少见。例如，某市发生一起凶杀分尸案，死者尸体被分割为大小四十余块。侦破人员进行尸体复原后刻画出死者特征，并据此在查访基础上应用比对推理，发现死者与失踪人员中的青年女工陈××的许多特征相同，但发型明显不合——陈××失踪前留有两条长辫，而死者则为短发，于是予以否定。当侦破工作走了一段弯路之后，才回过头来认真分析比对不合的这一特征。他们将死者头发放在投影仪下观察，发现其截面与新剪头发截面形状完全相同，说明是死后新剪的，这才作出认定。破案后证明，死者的长辫，确系罪犯作案后为转移视线剪去的。可见，若在应用比对推理时注意分析比对不合特征的稳固性，考虑到"长辫"这一特征，在比对时间内可以改变为"短发"这一特征，就不致轻易得出否定的结论了。

此外，为了防止错误的否定，在应用比对推理时还必须注意分析比对不合特征的可靠性，特别是对于根据记忆、描述刻画出的比对原型特征进行的比对推理，更要注意这一点。防止由于口述者的记忆、描述不准确，而使对比对原型的刻画不真实，进而导致错误否定的结论。

💡 拓展训练

参考答案

● 一、简答题

1. 比对推理的基本特征是什么？
2. 比对推理的基本作用是什么？

● 二、选择题

两个实验大棚里种上相同数量的黄瓜苗，在第一个大棚里施加镁盐但在第二个大棚里不施加。第一个大棚产出了10公斤黄瓜，而第二个大棚只产出了5公斤黄瓜。由于除了水以外没有向大棚施加任何别的东西，第一个大棚较高的产量一定是由于施加了镁盐。

以下哪项为真，则最严重地削弱了上述论证（　　）。

① 两个实验大棚的土壤里都有少量镁盐
② 两个实验大棚里都种植了四个不同的黄瓜品种
③ 两个实验大棚里还种植了其他蔬菜
④ 两个实验大棚的土质和日照量不同

第八章

假说与侦查假说

◆ 案例导入

很多同学是恐龙迷，是什么原因使得恐龙在大约 6500 万年之前全部灭绝呢？科学家们一直关注并探讨着这一问题。美国加利福尼亚大学的一项研究提出这样一个论断：这种称霸世界达一亿多年之久的巨型生物遭到灭顶之灾是由于在离地球十分之一光年内的一颗超新星爆炸引起的。论据是：古比欧地区岩石（那里的岩石是恐龙消失阶段最完整的记录）中金属铱的密集度，在恐龙消失期间骤然增加 25 倍。如果这种超新星爆炸，则会发出大量的辐射能和物质碎片到地球上来，致使岩石中金属铱的密度骤然增加许多倍，会使地球周围的臭氧层遭到暂时的破坏，从而造成地面上的温度骤然下降、普遍干旱和光合作用减弱，使许多生物不能生长，进而使惯于在热带亚热带雨林中生长而食量又非常大的恐龙失去了生存的必要条件。

请问：上述材料中关于恐龙灭绝的假说是什么？什么是假说？如何科学地建立假说？

第一节 假说及其建立程序

一、假说概述

（一）什么是假说

对任何一门科学理论而言，假说都是不可或缺的。任何新的科学理论都是在假说的基础上，经过实践验证才得以建立和完善，而科学理论的发展又为新的假说所代替，新的假说在更高实践基础上向更新的理论转化。因此，假说是将科学研究引向深入，建立科学理论的第一步。

所谓假说，就是根据已观察到的事实和已有的科学原理，对尚未认识到的现象的性质或发生原因作出的推测性解释。

人们在现实生活和科学研究中，经常需要解释一些事实或现象。需要说明这一特定事实或现象为什么发生，说明事物或现象的本质、事物或现象之间的联系及其规律性，等等。例如，导入案例中恐龙为什么会灭绝？我们人类是如何起源的？我们人类社会的兴衰成败是由什么原因造成的？这些自然现象或社会现象需要作出解释。虽然这些现象的本质及其内在联系都不是人们的感官能直接认识的，并且又总是受到占有材料、思维能力和实践水平等的限制。但是，人们能够借助假说不断深入地探索自然界和社会的奥秘。

（二）假说的特征

假说是对事物现象及其联系的推测性解释，但并非任何一种推测都是假说。假说与臆想、迷信、猜测的不同之处如下。

1. 假说要以事实材料和科学理论为根据

假说要以科学理论为前提，以事实材料为根据，合乎逻辑地提出来。假说的提出要与已有的事实材料和人类知识总体没有矛盾。例如，在欧洲，自13世纪就有人试图发明永动机，即一种不需外界输入能源、能量就能不断运动并且对外做功的机械。历史上先后出现了很多热衷于研制各种类型的永动机的人，其中包括达·芬奇、焦耳这样的科学家。但在热力学体系建立后，人们通过严谨的逻辑证明了永动机是违反热力学基本原理的设想。自此科学界不再接受有关永动机的研究报告。

2. 假说要有解释力

假说的使命在于解释事实现象，要能够为所探索的问题提供答案或解释性说明。如果一个假说在解释某个事实现象方面是充分的、足够的，那么这个假说通常就会被人们所接受。例如，牛顿的微粒说成功地解释了光的直进、反射和折射现象。又如牛顿的万有引力定律成功地解释了整个太阳系的错综复杂的运动，并且和观察的结果相符合。因此，假说如果可以解释所探索的问题，则可上升到理论范畴。

3. 假说要具有可检验性

假说是对某些事物现象的假定说明，含有想象和猜测的成分。其是否确实可靠，是否正确，还有待检验和证实。假说只有能经受住客观事实和实践检验，才能成为科学意义上的假说。因此，假说要具有可检验性。如果提出一个无法证实的构想，这就只是猜测，不能说是一个假说。例如，你可以想象有时空隧道，穿越古今。这只能是你的构想，不是假说，因为没有办法去检验和证实它。

（三）假说的分类

在日常生活中，我们可以依据不同的标准对假说进行分类。

1. 根据假说性质的不同，假说可分为经验假说和理论假说

经验假说就是根据观察或实验的结果而作出的推测性解释。例如，魏格纳根据大西洋两岸的地形之间具有交错关系的事实提出大陆漂移说。理论假说就是根据思维的自由创造，如直觉、类比、想象等对事物现象及其规律作出的推测性解释。例如，牛顿根据苹果落地、月球绕着地球运转等现象，通过类比和想象提出物体之间具有引力的假说。

经验假说和理论假说的区别在于：经验假说是根据观察到的事物或事物之间的某种关系提出的，而理论假说则是根据不可直接观察的、凭借思维的自由创造提出的假说。

2. 根据提出假说的目的不同，假说可分为定律假说与作业假说

定律假说，又称科学假说，它是关于一类事物或现象的性质或发生原因的推测性解释，目的在于通过这样的解释对这类事物或现象得出一个具有普遍意义的规律性命题。在自然科学领域，理论假说和经验假说，都属于定律假说，它是建立和发展科学理论的必经途径。作业假说，又称工作假说，它是关于某个特定事物或现象的性质或发生原因的推测性解释。它的目的不在于最终获得定律性的认识，而只在于对这个特定事物或现象的性质或发生原因作出试探性解释。例如，临床诊断假说，面对一位患者，医生往往不是一下子就能确定患者病症的，只能根据体检、化验、望闻问切等诊断手段获得材料，对患者进行试探性的假定解释，并以此为指导，采取相应的治疗措施。

定律假说与作业假说的区别在于：定律假说是为了解决一类问题的假说，而作业假说是为了解决一个问题的假说。

二、假说的建立程序

（一）假说的提出

在提出假说、形成假说的过程中，要以掌握的事实材料和已有的科学知识为前提，还要综合运用各种推理。假说的使命在于解释事实或现象。对某事物情况作出解释，就

是说明事物现象何以发生及其规律。这个解释过程实际上是一个推理过程。一般地，提出假说的过程可以概括如下：

（1）已确定某个事实（F）为真。但该事实没有得到解释或没有得到合理解释而需要重新解释。

（2）为解释 F 寻找根据，或为 F 提供理由。有某种可确认为真的一般性知识或事实（W），W 可作为解释 F 的根据，但仅靠 W 还不能推导出 F。

（3）提出假说命题（H），将 W 和 H 结合在一起就能推导出 F。于是可以得到这样一个推理过程：

$$H \wedge W \to F$$

$H \wedge W$ 是推理的前提，F 是推理的结论。在这里，尽管 H 是有待检验证实的，但推理的有效性能保证前提蕴涵结论，即如果前提为真，则结论为真。因此，如果上述推理是有效式，则提出的假说 H 就能圆满解释所研究的事实或现象；如果从 $H \wedge W$ 不能推出 F，则提出的假说 H 就不能充分解释所研究的事实或现象，就需要对假说 H 进行修正完善，或提出新假说。

例如，1910 年，魏格纳发现，大西洋两岸的地形之间具有交错的关系，特别是南美洲的东海岸和非洲的西海岸之间，相互对应，简直可以拼合在一起。此后他通过大量研究，于 1912 年正式提出大陆漂移说。在此之前有人提出过类似的设想，但魏格纳使这一假说受到广泛重视。魏格纳设想，在古生代，地球上只有一块陆地，称为泛大陆，其周围是广阔的海洋。中生代开始天体引力和地球自转所产生的离心力，使泛大陆分裂成若干块，这一块块陆地像浮冰一样在水面上漂移，逐渐分开。他设想巴西与非洲这两块陆地早先是合在一起的，后来才漂移开来了这个假说命题，然后结合一般性知识命题，就能合乎逻辑地解释上述事实。将这个解释过程加以简化，可表示为：

（1）如果地球上的各大陆块都是原始泛大陆的整体破裂后漂移而成的，那么，相对应的各大陆块边缘的海岸线轮廓就会相吻合（一般性知识命题 W）；

（2）设想南美洲和非洲这两块大陆早先是合在一起的，后来才漂移开来（假说命题 H）；

（3）结论：南美洲东部的海岸线与非洲西部的海岸线彼此正相吻合（事实命题 F）。

在解释某个事实命题或现象的过程中，假说命题 H 是假定为真的命题，其真实性有待检验。只有检验 H 确实为真时，它对于解释事实或现象才具有真正的实际意义。

（二）假说的演绎推导

假说的演绎推导是纯粹的逻辑思维过程，这一逻辑推演可刻画如下：

$$H \to E（H 表示假说，E 表示从假说推导出来的必然结论）$$

公式 $H \to E$ 中，E 是由 H 推演出来的判断。最初的假说常常是一种朦胧的试探，这种试探经过进一步的证据收集和检验之后，会慢慢地使得最初的假说得到更精确的说明，从而构造和形成更为科学的假说。一旦假说被成功确立，不仅能解决最初的问题，同时也能够解释许多其他的问题，并且能利用这个假说来推出一些结论或预测。例如：如果非洲和美洲大陆过去是一个板块，那么就能在对应的两个大陆找到相同的地质结构、相同的物种、相同的矿藏资源。

（三）假说的验证

检验假说，是为了验证假说的真理性。要检验假说是否成立，常用的方法是：先从假说引申出具体推断或推论；然后检验这些具体推断或推论是否与客观事实相符。这些具体推断或推论称为检验命题。这些检验命题是具体的，是可以直接加以检验的。如果从假说引申出来的具体推断或推论经检验不与事实相矛盾，则假说得到一些证据的支持；检验命题被证实的越多，则假说成立的可能性越大。如果从假说引申出来的具体推断或推论经检验与事实不相容，又没有理由确认其他前提为假，则该假说不成立。此时，就要推翻旧假说，建立新假说。假说的检验过程可概括如下：

(1) $H_1 \wedge W \rightarrow C_1$（引申出检验命题 C_1）；
(2) $\neg C$（检验命题为假）；
(3) $\neg (H_1 \wedge W)$（假言推理否定后件式）；
(4) $\neg H_1 \vee \neg W$（德·摩根定律）；
(5) W（W 为真）；
(6) $\neg H_1$（选言推理否定肯定式）；
(7) $H_2 \wedge W \rightarrow C_2$（提出新假说）。

如果检验命题 C 和事实不相容，又没有理由确认前提 W 为假，则假说 H 被否证。检验命题被证实的越多，支持假说成立的事实或证据就越多。如果关键性检验命题被证实，则假说就得到关键性或决定性证据的支持，比如"光线在引力场中必定是弯曲的"预测首次于 1919 年被英国考察队在非洲观察日全食时所检验，这就从实践上支持了相对论。因此，要尽可能多地从假说中引申出更多的和更具关键性的检验命题。其过程如下：

$H \wedge W_1 \rightarrow C_1$
$H \wedge W_2 \rightarrow C_2$
$H \wedge W_3 \rightarrow C_3$
……

因为 C_1，C_2，C_3，…，C_n 都是正确的，所以 H 也就可能是正确的。

一个假说，如果从它推出的多个检验命题都被证实为真，没有出现反例，这样的假说一般就被视之为真而加以接受，并称之为科学原理或科学理论。但是，根据假言推理的规则，检验命题为真，假说未必为真。证实一个假说和推翻一个假说在逻辑上是不对称的，证伪的破坏性远远大于证实。因为证实运用的是肯定后件式，这是一个无效推理形式；而证伪运用的是否定后件式，这是一个有效推理形式。因此，我们应该有意识地去冒假说被推翻的危险，设法使我们提出的假说经受尽可能多的检验。

💡 拓展训练

● 一、简答题

1. 什么是假说？假说有哪些特征？

2. 假说的建立一般有哪几个步骤？

● 二、案例分析

1960年以来，我国科学家几次考察了青藏高原，观察到许多事实与原先关于青藏高原形成原因的假说（由于地槽堆积而构成山脉）不符合。于是人们提出新的假说：由于印度大陆分裂，一部分留在非洲，一部分向北漂移与欧亚大陆挤压，几个大陆板块相互挤压引起地面升高，从而形成了青藏高原。如果真是这样，应当能找到印度大陆分裂的证据。人们发现在非洲和我国青藏高原南部地区都存在一种缺翅虫，而这种缺翅虫扩散力很弱，它们只分布在很窄小的地区。非洲与我国青藏高原南部地区相距遥远，两地都存在这种缺翅虫，绝非由于扩散造成的。于是人们认为，这是由于印度大陆分裂的结果。

上例中新假说的内容是什么？新假说是如何被检验的？

参考答案

第二节 侦查假说及其应用

案例引入

某地一偏僻山沟里发现一具无名女尸。尸体上整齐地覆盖着石块，中心现场离山路15米，地上灌木丛生，无拖拉、搏斗痕迹。尸检发现，死者上穿红色马海毛毛衣，下穿深白直条深色裤子，衣着鲜艳、完整，身长160厘米，25岁左右，尸体无抵抗伤，颈部用布围腰捆扎着，死结朝后。死者嘴里有多粒大小不等的蜡状物，经提取化验系氰化物。现场勘查确认，死者系他杀无疑.

在进行案情分析时，侦查人员根据现场勘查和调查走访获取的情况，推断本案或者是抢劫杀人，或者是案犯跟踪强奸后杀人灭口，或者是熟人预谋杀人。而如果是抢劫杀人，则案犯不必采用氰化物杀人这一特殊手段，也不必用石块覆盖尸体，可见不是抢劫杀人。如果是案犯跟踪强奸后杀人灭口，则现场必有拖拉、搏斗痕迹；而从现场情况来看，死者衣着完整，中心现场无拖拉、搏斗痕迹，再说案犯为何要用氰化物杀人也不好解释，可见这种可能性也不大。因此，能解释得通的只能是：本案为熟人预谋杀人。

试分析以上案例中侦查人员提出了哪些侦查假说，并结合该案例说明如何建立侦查假说。

一、侦查假说的概念

刑侦中的侦查假说也是一种假说。在刑事侦查中，侦查人员对所发生的案件，最初由于掌握事实材料不多，对整个案情或某一情节不能作出确定的判断，而只能进行猜想或推测。侦查假说，也叫侦查假设，就是在已掌握的事实材料和有关知识的基础上，结合过去积累的实践经验,针对刑事侦查需要弄清的事物情况作出的推测性或假定性说明。刑事侦查的全过程,可以说就是侦查假说的提出、检验、证实的过程。

例如,某储蓄所存放在保险柜里的3万多元现金,在值班员因午餐离开约20分钟的时间内,被人打开保险柜盗走。侦查人员通过现场勘查得知:① 保险柜门、锁及四周,均未发现有任何撬压痕迹;② 室内并列放置有7个保险柜,被打开的那个保险柜处于中间位置,并且只有这个保险柜内存放有现金;③ 其余6个保险柜均未发现有人新近接触、启动过的痕迹。侦查人员根据这些材料,作出了这样一个假说:"作案人熟悉保险柜存放现金的情况,并且是用钥匙打开保险柜实施盗窃的。"

侦查人员在侦破案件的过程中,需要对与案情有关的很多方面作出侦查假说。侦查假说可以是关于案件性质的假说,可以是关于作案人数的假说,可以是关于作案时间、作案地点的假说,可以是关于作案目的、作案动机的假说,可以是关于作案工具、作案手段的假说,可以是关于作案过程的假说,等等。

二、侦查假说的基本特征

侦查假说是侦查工作必经的一个阶段,对查清案件事实有着不容忽视的作用。其作为假说的一种,也具备假说的基本特征,但侦查假说还具有以下显著特征。

第一,侦查假说是一种工作假说。侦查假说一般是关于个案或某些案件特殊现象产生原因的猜测,其目的是追溯作案过程,认识和把握作案条件,分析和寻找作案犯罪人。因此,侦查假说不是为了获得规律性的认识,也不是为了建立科学理论,而是为了查明具体案件的事实真相。因此,侦查假说作出的各种猜测性解释,也只能适用于某个具体案件的侦查工作,而不能作为定案的根据,对其他案件的侦破工作也只是一种启发。

第二,侦查假说具有相当突出的客观实践性。侦查假说的客观实践性是指它来源于侦查的客观实践。只有在客观上发生了犯罪的行为,经过一番勘验调查,掌握了作案者部分作案的事实材料,才能作出侦查假说。例如,只有巨额钱物被盗,发生了盗窃案后,才能在此基础上构想是内盗还是外盗的侦查假说。如果根本没有发生涉法案件,当然谈不上侦查假说。同时,侦查假说是否正确,最后总是要受客观实践的检验。因此,侦查假说的一个重要特征是它的客观实践性。

第三,侦查假说具有认识活动的连续性。侦查假说是从一系列初步假定的提出,到否定一些初步假定后再提出假说,然后在竞优中完善,直到经侦查实践证伪或确证这样一个连续的、动态的发展过程。侦查假说不断深入发展的过程,也正是侦查过程不断深入发展的过程。例如,户外发现尸体,那么首先要看是自杀还是凶杀或意外事件,这可以相应地建立三个侦查假说,再进一步进行勘查和收集各种痕迹物证,查找嫌疑人线索。一旦发现是凶杀,那么,就要寻找作案人,这又必须作出新的假说,即作案者为何人、作案手段如何、作案过程怎样等。因此,只要案件未能侦破,案件事实没有查清,侦查假说的新旧交替势必会连续进行。

三、构建侦查假说的基本要求

侦查假说虽然只是对未知的案件事实的一种推测性解释,但是这种解释不是随意作出的。它的建立也同科学假说一样,包含了复杂的思维过程,在程序上也要经历假说的提出、假说的推演和假说的验证这样三个阶段。不过,由于侦查假说是一种作业假说,假说的推演和验证常常结合在一起进行。侦查假说的特点决定了建立侦查假说过程中各个阶段有不同的逻辑要求。侦查假说的建立必须依据一定数量的事实材料,因此,对事实材料掌握得越丰富,观察得越细致,也就越有利于提出较为可靠的侦查假说。

第一,初步形成假说所依据的事实材料必须可靠。在刑事侦查中,任何案件总是在一定的时间、空间和条件下发生的,现场总会留下这样或那样的痕迹。深入勘查现场,收集有关案件的种种事实材料,并结合有关的经验和知识,是作出侦查假说的重要依据。若离开事实材料来断案,则极易造成冤假错案。例如,在昆剧《十五贯》中,县官过于执断定苏戌娟是杀父凶手,他的理由是:"看她艳如桃李,岂能无人勾引?年正青春,怎会冷若冰霜?她与奸夫情投意合,自然要生比翼双飞之意。父亲拦阻,因之杀其父而盗其财,此乃人之常情。这案情就是不问,也已经明白十之八九了。"上例中过于执的"想当然"断案,显然与现代刑事诉讼规则背道而驰。

第二,侦查假说要力求穷尽所有可能性。侦查工作开始的阶段,由于掌握的事实材料有限,侦查重点一时难以确定。这时,应把侦查视野放宽,对案情的假说,要提出多种可能性,尽可能穷尽一切可能性,不要有遗漏。例如,关于刑事案件中的他杀溺死,有多种可能:将被害者打昏后扔入水中;给被害人服用安眠药或烈酒等,使其失去抵抗能力,然后投入水中溺死;两人同行,突然将被害人推入水中溺死,等等。穷尽列举,可以防止遗漏,避免顾此失彼,错失现场勘查的有价值信息;同时,可以把各种假说加以比较,以便找出其中可能性较大的假说作为侦查重点。如果能够做到除一种可能之外,其余几种可能都被推翻,那么,剩下的一个假说就是唯一的可能了。

第三,侦查假说应能导出可由经验检验的若干事实。侦查假说的作出,始终围绕一个目标,即查明犯罪者及其罪行。如果提出的假说不符合客观事实,经不起检验,就要推翻这个假说,建立新的假说;如果提出的假设尚未被推翻,但也不能得到证实,就应扩展思路,寻找新线索,连续提出其他方面的假说,并寻求检验,以逐步接近侦破的目标。例如,2007年1月,巴西南部城市库里蒂巴市的一处居民楼发生火灾,事故没有造成人员伤亡。该楼位于城乡交界处。据房主举报,作案人很可能是与自己有恩怨的玛拉迪蒙。警方首先以此为侦查起点,将玛拉迪蒙作为调查对象。经过调查,警方发现,玛拉迪蒙虽然有作案动机,但是并没有作案时间。因为案发之时,玛拉迪蒙在距离库里蒂巴市50千米以外的乡下探亲。这样,第一个侦查假设被推翻。侦查人员继续在现场勘查,发现大火的起火点位于房屋顶部的左上角。附近居民说,大火发生之前曾下过一场雷阵雨。还有人证实,有一次雷击的位置距离案发地点很近。根据这一线索,警方提出了新的侦查假说:火灾是由雷击引起的。侦查人员对房屋内未被烧毁的家用电器进行技术侦查,结果发现,屋中冰箱所带的电磁证明,该房屋确实曾经被雷电击中过。因此警方得出结论:这次大火并非人为纵火,而是因为雷电击中房屋后瞬间增大的热量将可燃物引燃所致。侦查假说在侦破案件的过程中,新旧假说交替,接连不断,直到破案为止。

第四，侦查假说不仅要能够说明有关案件的已知事实，还要能够预测可由经验检验的有关案件的未知事实。预测未知事实比解释已知事实更重要，因为未知事实是从侦查假说中推导出来的，它对侦查假说的检验更严格。特别地，如果某一侦查假说预测的未知事实不可被其他具有竞争性的侦查假说所推导，这一未知事实所起的支持作用就会更大。例如：某女青年被强奸后杀死在河边。经调查，该女青年系河西村人，死前曾和甲、乙、丙三个男青年有过恋爱关系。这就可以针对甲、乙、丙先作三个犯罪嫌疑人的侦查假说：如果是其中一人作案，那么其必须有作案的时间和手段。经查证，甲、乙、丙作案的假说都被否定了。随着调查工作的不断深入，又了解到新情况：案发前两天，村里来了一个外地卖金银首饰的小贩，常常把女青年带到河边小树林中打首饰，其中就有受害的女青年。根据这个线索，于是作出新的假设：那个打金银首饰的小贩可能作案，第一现场有可能在小树林。根据新的假设进行勘查，果然发现小树林是作案的第一现场，那里有扭打的痕迹，还有受害人的头发、布丝等遗留物。最后，终于将真正的杀人凶手绳之以法。

四、侦查假说的检验

提高侦查假说的可靠性，首先要详细勘查现场，认真分析事实材料；其次要广泛进行检验。由于侦查假说是针对特定的人和事提出的，因此其具有一定的可检验性。在侦查假说检验的过程中，要涉及多方面的问题，如侦查技术、具体科学知识等。这里仅涉及其中的逻辑问题。

（1）对同一案情，提出多个假说，淘汰筛选，从中择优。

第一步，对同一案情提出多种解释，甚至提出相互对立的假说，这些假说必须是可检验的。第二步，检验假说，即从假说引申出检验命题，再检验这些推断和推论是否真实。如果某个检验命题与客观事实不符，则认为相应的假说是不成立的，是应被淘汰的；如果检验命题被证实为真，则认为相应的假说可能是真的，是可以被接受的。要在多个假说中筛选择优，在尚未被淘汰的假说中选择概率较高的假说作为重点侦查方向。

例如，本节导入案例中，侦查人员首先根据现场勘查、调查走访获取的事实材料以及侦查科学知识，提出关于案件性质的三个假说："本案或者是抢劫杀人，或者是案犯跟踪强奸后杀人灭口，或者是熟人预谋杀人。"这是建立侦查假说的第一步。侦查人员通过对上述假说进行推演，得到两个可供验证的推断：第一，如果本案是抢劫杀人，则案犯不必采用氰化物杀人这一特殊方法，也不必用石块覆盖被害人的尸体；第二，如果本案是案犯跟踪强奸后杀人灭口，则现场必有拖拉、搏斗痕迹。通过否定前两个侦查假说，最后将"熟人预谋杀人"作为重点侦查方向。

（2）从同一假说引申出多个检验命题，被证实的检验命题越多，则该假说成立的概率就越高。

一般地，要确认假说的真实性，提高假说的可信度，就要推出尽可能多的检验命题并加以检验。推出的检验命题越多，假说被推翻的可能性就越小，假说成立的概率也相应越高。在假言推理中，肯定后件不能就肯定前件，而否定后件就得否定前件，因此，推翻假说和证实假说两者在逻辑上是不对称的，即反驳优于证实。

例如，某单位女职工吴某晚上在单位值班时被害。侦查人员通过现场勘查，认为现场经过伪造,凶手应该是与死者非常熟悉的人,并进一步确定嫌疑对象是死者的丈夫梁某。为了确认这一假设,侦查人员进行了广泛的调查和检验。侦查人员作出了如下推断。如果梁某是凶手,则梁某有充分的作案时间和条件。经调查,吴某上夜班后,家中只剩下梁某和7岁的男孩,行动方便。梁某和吴某同在一个单位,对单位的环境很熟悉,而且住家属宿舍,离单位很近。如果梁某是凶手,那么梁某有作案动机。经调查,梁某和吴某结婚后因为经济问题和孩子教育问题,经常发生争执,甚至大打出手。又经进一步调查,发现梁某与一名女子有不正当关系。这说明梁某有一定作案动机。如果梁某是凶手,那么梁某的衣服上会有被害人的血迹。经搜查,发现梁某穿的一件深色夹克衫的袖口处有一点血迹。经化验是近期沾上的人血,血型与死者相同。推断亦被证实。以上推断一一查证落实,表明梁某是凶手的假说成立的可能性很大。

不过,侦查假说与科学假说不同,侦查假说是可以被证实的。由于科学假说一般是关于事物普遍规律的解释,所表述的科学命题是全称命题,其主项的量是无限的。因此,我们无法用有限次检验或实例来确证关于无限数量事物的命题,即全称命题不能被证实。即使科学理论的命题已经多次被实践检验,也无法保证它永远不被实践所推翻。而侦查工作要弄清的事实不是一类或普遍的事实,而是特定的、具体的事实;所要证实的命题不是全称命题,而是特称命题或单称命题。所以,侦查假说是可以被证实的。

拓展训练

● 一、简答题
1. 侦查假说的概念和特征是什么?
2. 侦查假说在构建中有哪些要求?
● 二、案例分析
1. 某年冬天夜间,铁岭市一个姓谷的妇女在家中被害,作案者拿走了该妇女的手表、金戒指、项链、现金和票证等财物。经现场勘查和法医检验确定:

参考答案

(1) 被害人谷某被锐器杀死于当晚10时左右;
(2) 谷家门有铁闩,未遭任何破坏,被害人鞋子摆放有序;
(3) 谷某被害前已脱衣入睡;
(4) 谷某头部损伤近百处,前胸及腹部损伤10多处,两手损伤30多处,身上共损伤80多处,而致命伤不超过6处。

从上述情况中能提出什么样的侦查假说?请说明理由。

2. 某地曾发生一起杀人沉尸案。侦查人员根据死者成某某生前经常外流,有偷盗行为和其他违法行为等情况,认为仇杀或者同伙杀人灭口的可能性比较大。在摸底排查时,根据群众反映秦某某与死者有利害关系,曾扬言要除掉成某某,侦查人员遂将秦某某列为重点嫌疑人。经深入查证,案发当晚秦某某家中来客,队长在场同他们一起喝酒,当晚死者也未去过秦某某家中,因此,秦某某不具备作案时间。于是予以否定。

在上面案件的侦查中,侦查人员提出了哪些侦查假说?对关于作案人的假说的否定是否可靠,为什么?

第九章

普通逻辑的基本规律

◆ 案例导入

从前,一个孤岛上有一种奇怪的风俗:凡是漂流到这个岛上的外乡人都要作为祭品被杀掉,但允许被杀的人在临死前说一句话,然后由这个岛上的长老判定这句话是真的还是假的。如果说的是真话,则将这个外乡人在真理之神面前杀掉;如果说的是假话,则将他在错误之神面前杀掉。有一天,一位哲学家漂流到了这个岛上,他说了一句话,使得岛上的人没有办法杀掉他。该哲学家说了什么话呢?你能说说他利用的逻辑思维规律吗?以下是候选项:

A. 你们这样做不合乎理性　　　　B. 我将死在真理之神面前。
C. 无论如何我都会死　　　　　　D. 我将死在错误之神面前。

第一节　普通逻辑的基本规律概述

逻辑思维的规律是逻辑思维形式中的内在的必然性联系，它有基本规律与非基本规律之分。逻辑思维的基本规律是存在于一切逻辑思维形式并对一切逻辑思维形式都有效的逻辑规律；逻辑思维的非基本规律则是仅存在于某些或某一逻辑思维形式并仅对该逻辑思维形式有效的逻辑规律，又称为逻辑规则，如定义规则、划分规则、三段论规则等。

各种逻辑形式的具体规则是由基本规律产生出来的，是基本规律在各种逻辑形式中的具体体现。逻辑思维的基本规律包括同一律、矛盾律、排中律和充足理由律，也是法律论辩的基本规律。为什么这四条规律是逻辑思维的基本规律，同时也是法律论辩的基本规律呢？

第一，它们是保证思维具有逻辑性的基本要求。思维的逻辑性表现为思维的确定性、无矛盾性、明确性和论证性。因为遵守这些逻辑规律，就可以使我们的思维首尾一贯，保持同一和确定，从而做到概念明确，判断恰当，推理有逻辑性，论证有说服力。违反这些规律的要求，我们的思维的论证就会含混不清，自相矛盾，模棱两可，无论证性，从而也就不能达到正确地表达思想、交流思想及正确地认识事物的目的。

第二，它们具有普遍适用性。各种思维形式的具体规则只适用于各自相应的思维形式。例如，定义的规则只对定义起作用，划分的规则只对划分起作用，三段论的规则只对三段论起作用。而逻辑思维的基本规律是对各种具体思维规则共同特性的概括，是确定各种具体思维规则的依据，其对各种逻辑思维形式是普遍适用和普遍有效的。同样，其对法律论辩的逻辑思维形式也是适用和有效的。凡是诉诸理性的思维方式都要诉诸逻辑，法律更不例外。正如《牛津法律指南》中所说的："法律研究和适用法律均要大量地依靠逻辑……在实际适用法律中是与确定某项法律可否适用于某个问题，试图通过辩论说服他人或者决定某项争执等因素相关联的。"这一观点合理地表明了法律论辩与逻辑规律的密切关系。

第二节　同一律

有趣的逻辑故事：半费之讼

古希腊智者学派著名人物普罗泰哥拉收了一个名叫欧提勒士的学生跟着他学习诉讼。师生两人签订了一个合同，言明：欧提勒士先付给老师一半学费，其余一半到欧提勒士结业后第一次受理诉讼案件获胜时付清。可是欧提勒士结业后，长时间没有替人打官司，所以另一半学费迟迟未付。普罗泰哥拉决定向法庭起诉，他对欧提勒士提出了这样一个逻辑学中称为"二难推理"的说法：

如果我的官司打赢了，那么根据法庭判决，你就应该付给我学费；
如果我的官司打输了，那么根据我们订的合同，你也应该付给我学费；
我的官司或者打赢了，或者打输了，总之，你都应该付给我学费。

欧提勒士并不示弱，他也作了一个二难推理回敬自己的老师：

如果我的官司打赢了，那么根据法庭判决，我就不应该付给你学费；
如果我的官司打输了，那么根据我们的合同，我也不应该付给你学费；
我的官司或者打赢了，或者打输了，总之，我都不应该付给你学费。

这两个二难推理都是错误的，都属于诡辩式的推理，错误就在于双方都同时采用了不同的标准（违背了同一律），一个是法庭的判决，另一个是他们订的合同。两个标准对于双方各有利弊，而双方都取对自己有利的部分，避开对自己不利的部分。因此，谁也得不出正确的结论。要是只用一个标准，这个案件就好断了。

法官在感情上是同情老师普罗泰哥拉的，于是他暗示普罗泰哥拉撤诉，待普罗泰哥拉撤诉后，法官当即向欧提勒士宣布，他的第一次诉讼活动业已结束。然后马上接受普罗泰哥拉的第二次起诉，这就有效地去掉了双方合同的那个标准，只存在法律一个标准了，法官便果断地判处普罗泰哥拉胜诉。

一、同一律的内容和基本要求

同一律的基本内容是：在同一思维过程中，任一思想都必须与其自身保持同一。通常以公式表示为：A＝A。这个公式中的"A"表示任一思想，它可以是概念，也可以是判断。

同一律要求，在同一思维过程即在同一时间、同一条件下对同一对象而言，所运用的概念以及所作的断定必须是确定的。如俗话所说的说一是一、说二是二。即某个语言单位表达什么思想就表达什么思想。一个语词表达什么概念就确定地表达这个概念，一个句子表达什么命题就确定地表达这个命题，不能随意增加或减少其内涵，也不能随意缩小或扩大其外延。否则，没有保证同一思维过程中概念的同一，就是违反了同一律的要求。例如：中国人是勤劳勇敢的，我是中国人，所以，我是勤劳勇敢的。这个三段论的推理形式为：大前提是 MAP，小前提是 SAM，那么它的结论是 SAP。但是，其中的中项"中国人"在大前提中是在集合意义上使用的，而在小前提中是在非集合意义上作为单个具有中国国籍的人使用的。因此，虽然使用了同一个语词，但是内涵、外延均不相同，但在该推理中却被当作后一个词项使用，因此违反了同一律。

二、违反同一律的逻辑错误

在使用概念、判断进行推理论证的过程中，如果违反了同一律的要求，就会犯偷换概念、混淆概念及偷换论题或转移论题的逻辑错误。

（一）偷换概念

偷换概念是指在同一思维过程中故意将两个不同的概念当作一个概念使用，或用一个概念偷换另一个概念。例如，达尔文的《物种起源》问世以后，遭到宗教界人士的攻击。他们认为，该书关于"人起源于类人猿"的论断亵渎神灵，有损人的尊严，甚至质问达尔文他的祖父母是否也是由猴子变化而来。在这里，同一语词"人"所表达的是两个不同的概念。达尔文认为"人起源于类人猿"中的"人"是指人类整体，是集合概念；而宗教界人士所说的"人"是指人类个体，是非集合概念。宗教界人士把两个不同的概念混为一谈，犯了偷换概念的逻辑错误。

（二）混淆概念

混淆概念是指在同一思维过程中无意地把表面相似而实质不同的两个概念当作一个概念使用。例如，从前有个北方人到南方去，南方人请他吃笋。北方人没有吃过，觉得味道很鲜美，问："这是什么？"南方人回答："是笋，长起来就是竹子。"北方人回到家里看见了竹席，忽然想到竹子既然是笋长起来的，竹席大概也能吃，就把竹席切碎了煮，煮来煮去煮不熟。他恼了，跟妻子说："那个南方人真滑头，专门戏弄人！"尽管竹是由笋长成的，但它们是两个不同的发展阶段，有质的不同，是两个概念。这个北方人在这里所犯的思考上的错误是将竹、笋两个概念搞混淆了。

（三）偷换论题或转移论题

偷换论题是指在同一思维过程中故意用一个相类似的或根本不同的命题来代替原来的命题。例如，审判员问被告人："人证、物证俱在，你还不认罪吗？"被告人回答："我知道坦白从宽、抗拒从严。"审判员又问："你为什么要干坏事？"被告人回答："我父亲也是公安干部，他管教我很严。"被告人两次对审判员问题的问答，都是答非所问，犯了偷换论题或转移论题的逻辑错误。

三、同一律在法律工作中的应用

遵守同一律，保持思想自身的确定和同一，对法律工作有着极其重要的意义。同一律在法律工作中的应用，具体要求如下。

（一）法律规范自身的概念必须确定、严谨一致

法律规范是司法工作的依据，因此，在法律条文的陈述中，法律概念的内涵和外延必须明确。法律规范的严格性要求，法律语词与其所表达的概念之间应是一一对应关系，既不能混同也不能相互替换。其语词表述如果不清晰明了、严谨一致，就会造成法律理解与适用上的困难，甚至会严重影响法律的权威性。因此，立法者所使用的法律规范语词应具有严格的确定性、一致性，既不能出现一个语词对应不同的概念及多个语词对应一个概念的情况，更不能出现语词与概念的混乱杂构。

（二）对法律规范的理解必须准确，不得混淆概念

在日常使用中，必须准确地理解法律概念的内涵及所指称的对象范围，做到法律概念的使用准确、规范。在司法实践中，司法人员援引法律必须准确理解法律规范自身的含义，对法律条文的理解和适用既不能主观地加以扩大，也不能缩小。

（三）同一案件的事实、定性和判决必须保持同一

在定罪量刑的过程中，应对具有相同事实情节的案件保持定性和判决的同一。

例如，被告人姜某，某日晚8点左右，乘电影院进出场人多拥挤之机，将老年妇女陈某右耳上的一只金耳环拽走，陈某右耳被撕裂。本案中，有的人认为姜某猛力将陈某右耳上的一只金耳环拽走，致使陈某右耳被撕裂的行为应视为暴力行为，本案应定为抢劫罪。但抢劫罪的暴力的施加对象是他人的人身。而抢夺行为的暴力是施加于财物上的，以使财物脱离被害人的控制而控制在自己手中。通过以上分析可以看出，若定抢劫罪，则案件事实与定性没有保持同一，违反了同一律。

💡 拓展训练

● 一、简答题

1. 同一律的内容和要求是什么？
2. 违反同一律通常会犯哪些逻辑错误？

● 二、运用同一律的基本规律，分析下述各例有无逻辑错误

1. 鲁迅的作品不是一天能读完的，《孔乙己》是鲁迅的作品，所以，《孔乙己》不是一天能读完的。

2. 庄子曰："请循其本。子曰'汝安知鱼乐'云者，既已知吾知之而问我。我知之濠上也。"

3. 顾客："服务员同志，请当心，你的手指浸到我的汤里了。"服务员："没有关系，汤不烫，我不痛。"

4. 法官："你竟敢在大白天闯入别人家行窃！"被告："法官先生，您前次审判我时，指责我说：你竟敢在深更半夜潜入民宅行窃！今天你又指责我：你竟敢在大白天闯入别人家行窃！请问法官，我究竟应该在什么时候行窃呢？"

5. 律师为被告辩护说："被告在犯罪前曾经在部队荣立三等功，按《刑法》有关规定，有立功表现的可以减轻或者免除处罚，希望法庭在量刑时予以考虑。"

参考答案

第三节 矛盾律

💡 案例引入

《韩非子》中有这样一个典故："楚人有鬻盾与矛者，誉之曰：'吾盾之坚，物莫能陷也。'又誉其矛曰：'吾矛之利，于物无不陷也。'或曰：'以子之矛陷子之盾，何如？'其人弗能应也。夫不可陷之盾与无不陷之矛，不可同世而立。""自相矛盾"一词，就出自这个典故。

问：上述典故中的楚人违反了逻辑的什么基本规律？

一、矛盾律的基本内容和要求

矛盾律的基本内容是，在同一思维过程中，两个互相矛盾或者互相反对的思想不能同真，其中必有一假。

矛盾律的公式为：A不是非A，或 $\neg(A \wedge \neg A)$。

公式中的"A"表示任何一个思想（概念或判断），"非A"表示对A的否定。该公式表示在同一思维过程中思维形式不能既是A又是非A，对同一观点既肯定又否定。也就是说，在同一思维过程中，如果"A"真，则"非A"假；如果"非A"真，则"A"假。例如：对某人的某行为，不能同时说既是"合法行为"又是"不合法行为"；对同一个推理，不能既判定它是"有效的"，又判定它是"无效的"。

矛盾律要求，在同一思维过程中，对互相矛盾或者互相反对的思维形式不能同时是真，必须有一假。具体体现在以下两个方面。

第一，在概念方面，矛盾律要求在同一思维过程中，一个概念不能既反映某一个对象，又不反映这一个对象。不能用具有矛盾关系或者反对关系的概念去反映同一个对象。例如：对于同一个人，不能既断定他是"成年人"，同时又断定他是"未成年人"。

第二，在判断方面，矛盾律要求在同一思维过程中，不能对同一事物情况作出互相排斥的两种断定。在判断结构上，不能用具有矛盾关系或者反对关系的判断去反映同一事物情况，不能断定互相矛盾或者互相反对的判断同时为真，必须否定其中一个。例如，下面的判断组之间就不能同时为真，其中必有一假。

（1）"所有人都是善良的"与"有的人不是善良的"。
（2）"小明或者小红是三好学生"与"小明或者小红都不是三好学生"。
（3）"所有犯罪行为都是违法行为"与"所有犯罪行为都不是违法行为"。

上述例子中，（1）、（2）中的两个命题是矛盾关系，（3）中的两个命题是反对关系，矛盾律要求对其中的两个命题都不能同时予以肯定。根据命题之间的对当关系，具有矛盾关系的命题SAP和SOP不可同真且不可同假，具有反对关系的SAP和SEP之间可以同假但不可同真。具有差等关系的命题 SEP 和 SOP 之间是蕴涵关系，由此可以推出当 SAP 为真时，SEP 一定为假；同理，当 SEP 为真时，SAP 一定为假。所以，具有反对关系的 SAP 和 SEP 之间不可同真。

二、违反矛盾律的逻辑错误

矛盾律要求对相互矛盾的思想不能都予以肯定，以保证思想自身的一致性。违反矛盾律的逻辑错误称为自相矛盾。人们通常说的"出尔反尔""不能自圆其说""自己打自己的嘴巴"等就是指违反矛盾律的错误。具体表现为概念自毁或判断逻辑矛盾。

（1）概念自毁，是指用两个相互矛盾或相互反对的概念组合成一个实质上不能成立的新概念，用以指称同一思维对象。例如"偷书不是偷""被释放的在押犯"等。

（2）判断逻辑矛盾，是指在同一思维过程中，对两个相互矛盾或相互反对的判断同时加以肯定，同时确认为真。如本节导入案例"自相矛盾"的典故中楚人就是犯了此错误。

三、正确理解和运用矛盾律

正确理解和运用矛盾律，必须注意以下几点。

（一）矛盾律要求排除的矛盾，是思维中出现的逻辑矛盾

矛盾律是逻辑规律，它所讲的"逻辑矛盾"和辩证法的"辩证矛盾"是两个完全不同的概念。"辩证矛盾"揭示的是事物本身具有的对立统一关系及其运动过程，这一理论是人们认识、理解客观世界所应遵循的客观规律。而逻辑矛盾是无法正确表达思想的思维混乱，必须予以排除，它并不要求我们否认客观事物自身存在的矛盾。

（二）矛盾律只是在同一思维过程中才起作用

矛盾律必须在对象、时间、关系三者相同的条件下才适用，其中任何一个方面不同，就不能用矛盾律来要求。例如，"去年张三是法官"与"今年张三不是法官"并不矛盾。再如臧克家的诗中有这样的内容："有的人死了，他还活着；有的人活着，他已经死了。"这里，"死了"和"活着"表面上相互矛盾。但实际上针对的是事物的不同方面，具有"肉体"和"精神"等多重含义，因此并不违反矛盾律。

（三）矛盾律不能解决思想自身真或假的问题

矛盾律要求人们的思想必须首尾一贯，而首尾一贯是正确思维的必要条件。两个相互否定思想中至少有一假，因而矛盾律向人们指出，假的错误的思想在哪。但思想自身孰真孰假仅靠矛盾律是无法确定的。

四、矛盾律在法律工作中的运用

（一）法律规范自身不能相互矛盾

法律是人们行为的准则，是司法工作的依据。如果法律规范中有逻辑矛盾，就会令人无所适从。要保证法律规范的逻辑一致性，这就要求各种法之间不能互相矛盾，各种法的各条文之间不能互相矛盾。我国法律在实践过程中若出现规定不一致的情形，根据矛盾律，不能同时肯定，而是按照"上位法"优于"下位法"、"新法"优于"旧法"等规则处理。

（二）在同一案件中，必须排除各种证据材料之间的相互矛盾

证据是掌握案情的基础，是定罪量刑的依据。在办案时，侦查人员要认真审查各种证据材料之间是否相一致，是否存在相互矛盾的材料。如果同一案件的证据材料之间出现了逻辑矛盾，那就说明其中必定有假，就需要对证据材料重新审查核实。

（三）法律文书不得含有自相矛盾的内容

包含自相矛盾的内容的法律文书是不能让人接受的，也是不能成立的。例如，某法院判决中有："一、驳回被告人无理上诉，维持原判；二、撤销一审法院判决，对被告人不处罚金。"既"维持原判"又"撤销一审法院判决"的表述是自相矛盾的，违反了矛盾律，犯了自相矛盾的错误。

拓展训练

● 一、简答题

1. 矛盾律的内容和要求是什么？
2. 运用矛盾律要注意哪些问题？

● 二、运用矛盾律，分析下述各例有无逻辑错误

1. 公诉人的指控基本上完全正确。
2. 为演好课本剧我可以赴汤蹈火，要不是雨下得太大我就赶去排练了。
3. 下雨既是好的又是坏的。
4. 在一次案情分析会上，甲说："根据现有材料，还不能确定嫌疑人就是凶手。"乙问甲："那你是肯定嫌疑人不是凶手喽？"甲回答："也不能说嫌疑人就不是凶手。"

● 三、试用矛盾律分析以下案例

古时有位公主，不仅姿容绝世，而且品质高尚。许多王孙公子纷纷前来向她求婚。但是公主自己并没有择婚的自由，她的亡父在遗嘱里规定要猜匣为婚。公主有三只匣子，在这三只匣子里只有一只匣子里放着公主的肖像，谁猜中，公主就嫁给谁。

金匣子上写着："肖像不在此匣子中。"

银匣子上写着："肖像在金匣子中。"

参考答案

铜匣子上写着:"肖像不在此匣子中。"

这三句话只有一句是真话。求婚者应选择哪一个匣子呢?

第四节 排中律

案例引入

唐朝有个名叫苏味道的人,他9岁就会写文章,后来和同乡李峤齐名,人称"苏李"。苏味道文才虽好,但官却当得不怎么样。他12岁考中进士,先当吏部侍郎,后来武则天做了皇帝,拜他做宰相。他做宰相的时候,只求保持个人的地位与安全,在处理事情时,从不明确表态,总是说这样办也行,那样办也行,更没有什么创建和改革。他还有一套为官之道,他说,处理事情不能作明确的决断。因为如果发生了错误,就要负失职的责任,所以只要"模棱"以持两端就行了。从此以后,就有人给苏味道起了个外号叫"苏模棱"。"模棱"就是握不到一定方向,可以是左也可以是右的意思。这也就是"模棱两可"成语的由来。

"模棱两可",也可以通俗地称为"模棱两不可",因为不作明确决断,不明确表态,是属于"两不可"的错误。而"模棱两不可"违反了思维逻辑的什么规律呢?

一、排中律的内容和逻辑要求

排中律的内容是指在同一思维过程中,两个互相矛盾或下反对关系的思想不能同假,至少必有一真。

排中律的公式为:A 或者非 A,或 $A \vee \neg A$。例如,《墨子》云:"或谓之牛,谓之非牛,是争彼也,是不俱当。"本节案例引入中的"模棱两可",实际上指的就是"两不可"。违反排中律的逻辑错误就是"两不可"。

排中律的要求是:在同一思维过程中,对两个矛盾关系或下反对关系的思想,不能同时否定,必须肯定至少有一个是真的。排中律反映了法律思维必须具有明确性的特性。也就是说,排中律要求人们在同一思维过程中,思考和论证问题的时候,必须明确表态。值得注意的是,这里的"明确表态"并不等于"正确表态"。"明确表态"意思是在表态时观点明确、态度鲜明,不能含糊其词;而"明确表态"是否"正确表态",这不是仅靠逻辑学所能解决的问题。具体体现在以下两个方面:

第一,在概念方面,任何一个概念总是或者反映了某个对象,或者没有反映这一对象。对任何一个对象而言,它或者属于概念"A"的外延,或者属于"非A"的外延。不能既不属于"A"的外延,又不属于"非A"的外延。例如,对刑法上的概念"犯罪"而言,只有故意犯罪和过失犯罪两种,除此之外,没有第三种选择的可能。对某一个具体的犯罪行为来说，不能认为它既不是故意犯罪，又不是过失犯罪，否则就违反排中律。

第二，在判断方面，排中律要求两个互相矛盾或下反对关系的判断不能同时为假，其中必有一个是真的。若断定了其中一个为假，则必须断定另一个为真。例如：①"所有大人都不是诚实的"与"有的大人是诚实的"；②"凶杀或者是甲，或者是乙"与"凶杀既不是甲，也不是乙"；③"有的鸟会飞"与"有的鸟不会飞"。①、②中的两个命题是矛盾关系，不可同真也不可同假。③中的两个命题是下反对关系，可以同真但不可同假。排中律要求对其中的两个命题都不能同时予以否定。

二、违反排中律的逻辑错误

违反排中律所犯的逻辑错误，过去习惯称为"模棱两不可"，简称为"两不可"。"两不可"就是对两者都否定，思维没有明确性，是逻辑混乱的一种表现。例如，某医生说："对于患绝症的病人，有人认为医生可以告知病人实情，有人则反对医生告知病人实情。这两种看法我都不赞成。因为，告诉病人实情，无疑会给病人造成沉重打击；向病人隐瞒情况，又不符合医生的职业道德。"对有关同一事物情况的两个相互矛盾的陈述都加以否定，这样所表达的思想含糊不清，犯了两不可的逻辑错误。

三、排中律与矛盾律的区别

作为逻辑基本规律之一的排中律同其他规律，尤其矛盾律之间有着必然的内在联系。可以说，排中律是矛盾律的进一步扩展。二者的主要区别如下。

第一，两条规律的适用范围不同。矛盾律除适用于矛盾关系的概念和判断之外，还适用于具有反对关系的概念和判断。而排中律除适用于矛盾关系的概念和判断之外，还适用于具有下反对关系的判断。

第二，两条规律的内容和要求不同。矛盾律的内容和要求是：在同一思维过程中，两个相互矛盾或相互反对的思想不能同真，其中至少必有一假；而排中律的内容和要求是：在同一思维过程中，两个具有矛盾或下反对关系的思想不能同假，其中至少必有一真。

第三，两条规律的作用和所犯的逻辑错误不同。矛盾律的作用在于保证思想的前后一致，它所要排除的逻辑错误是"自相矛盾"。而排中律的作用在于保证思想的明确性，它所要排除的逻辑错误是"模棱两不可"。

四、排中律在法律工作中的运用

遵守排中律，保持思想的确定性，对法律工作具有重要的意义。排中律在法律工作中的应用，具体要求如下。

（一）法律用语不容模棱两可

案情认定是不容含混的，或者 A，或者 ¬A，必须明确。例如，某死亡案件，死者或者是自杀，或者非自杀，二者必居其一。如果否定是自杀，就要肯定是非自杀，反之亦然。在起诉意见、审判结果中也必须明确，不能含糊其词。例如，某被告的行为是否构成了某种犯罪，意见必须明确，不容含混。

（二）在审讯中禁止使用不正当的复杂问语

不正当的复杂问语包含一个错误的或者未经证实的预设，对方不论给予肯定还是否定的回答，都意味着承认了这个预设。因此，在审讯中，故意使用不正当的复杂问语是变相诱供或套供。例如，有人问道："你偷完东西就回家了吗？"对这个问语无论是作肯定回答还是作否定回答，都首先承认"你偷了东西"。因为这个问语本身就暗含着一个假定即"你偷了东西"，但事实上没有证据证明其一定偷了东西。再如侦查人员问被告"你杀死被害人是否出于故意？"如果被告作出肯定回答"我杀死被害人是出于故意"，或者作出否定回答"我杀死被害人不是出于故意"，那么，必然会得出结论："你杀死被害人。"

对于复杂问语不能用排中律来要求被问者必须作出一个明确的选择，不能简单地采取肯定或者否定的答复，因为无论作出肯定或否定的回答，其结果都得承认问题中预设的断定。所以，如果一个复杂问语的预设为假，则应直接针对预设本身作出回绝。

拓展训练

● 一、简答题

1. 排中律的内容和要求是什么？
2. 排中律与矛盾律有哪些区别？
3. 为什么在审讯中不能使用复杂问语？

参考答案

● 二、运用排中律的基本规律，分析下述各例有无逻辑错误

1. 在讨论是否应该禁烟时，甲说："我不赞成禁烟，烟草可是国家的一项重要产业。可是，毕竟吸烟危害人的健康，所以，我也不赞成不禁烟的意见。"
2. 在国际外交会议上，对某提案表决时，若投赞成票和反对票都有损国家利益，因而只能投弃权票。
3. 说世上有鬼，这是迷信，我不同意；但要就此断定世上无鬼，这我也不同意，因为有些现象还真不好解释。
4. 你是否已经停止了对我的毁谤？请回答"是"或者"不是"！

● 三、试用排中律对以下对话进行评述

在党的十三大会议期间的一次记者招待会上，有位外国记者问西藏代表："你们能否再允许外国记者进入西藏采访？"西藏代表回答："我们一直是允许的（没有不允许过），现在西藏的外国旅游团中就有记者随团采访。"

第五节　充足理由律

案例引入

在鲁迅小说《祝福》中，鲁四老爷知道祥林嫂的死讯后说："不早不迟，偏偏要在这时候，——这就可见是一个谬种！"鲁四老爷的这句话把祥林嫂的死和"谬种"捆绑是否有道理？其违反了思维逻辑的什么基本规律？

一、充足理由律的内容和逻辑要求

充足理由律的内容是，任一思想被确定为真总是有充足理由的。也就是说，任何一个判断，任何一种观点，要被确认为真，必须要有真实而充分的依据。

因此，充足理由律可以表述为：$B \land (B \rightarrow A) \rightarrow A$。即 A 真，因为 B 真，并且 B 能推出 A。公式中的"A"代表其真实性需要加以确定的判断，"B"表示用来确定"A"为真的理由。

上述公式表明，一理由能作为一论断的充分理由，应至少满足以下两个条件。第一，理由必须真实。虚假的或者真实性待证的命题不能构成充分理由。例如，《吕氏春秋》云："有过于江上者，见人方引婴儿而欲投之江中。婴儿啼。人问其故，曰：'此其父善游。'""其父善游"并不是婴儿就能游泳的理由，根据虚假理由无法推出结论。第二，理由的推导力要足够。即从理由出发足以推导出论断。例如，只要努力学习，就能考上理想的大学。此论断就是把必要条件当成了充分条件。

二、违反充足理由律的逻辑错误

根据充足理由律的要求，违反充足理由律的逻辑错误主要是：理由虚假、预期理由和推不出。

（一）理由虚假

理由虚假在司法活动中表现为"证据虚假"，它是指以已知为假的或者明显是荒谬、虚构的事实为根据或理由来证明论题的一种错误。人们常说的"捏造事实""造谣惑众"等就属于这种错误。

（二）预期理由

预期理由在司法活动中表现为"预期证据"，它是指理由本身的真实性是尚待证实的。它把真实性未经证实的理由当成了真实无疑的理由。我国《刑事诉讼法》第五十条规定：证据必须经过查证属实，才能作为定案的根据。在实践中，预期理由不能作为判断真实性的依据。

（三）推不出

推不出是指理由虽然真实，但不够充分，即理由与论断之间不存在必然的联系。例如，在一起交通肇事案中，警方仅凭甲驾驶车辆到过车祸现场，而且车型相关、时间吻合、车轮上有死者血迹，就确认甲是肇事者，理由显然不充分，因而也就缺乏论证性和说服力。

三、充足理由律在法律工作中的作用

任何法律的制定，任何案件的裁定和判决，都必须要有确实、充分的理由。这样才能保证法律思维的论证性和说服力。

一、遵循充足理由律，有助于定案的依据确实、充分

我国《刑事诉讼法》第五十五条规定：只有被告人供述，没有其他证据的，不能认定被告人有罪和处以刑罚；没有被告人供述，证据确实、充分的，可以认定被告人有罪和处以刑罚。可见，在刑事案件的审理过程中，关键是看判决的证据是否充分确实。从逻辑上分析，人民法院对被告人有罪或者无罪、犯什么罪、适用什么刑罚的判决都应该给出充足理由。在司法工作中，许多错案的发生就是没有遵守充足理由律造成的。从逻辑上讲，是因为办案人员把虚假的证据当成真实的证据，把同证明对象只有或然联系而无必然联系的事实当成了定案依据。这是充足理由律所不允许的。

二、运用充足理由律，有助于全面把握案件中的因果联系

充足理由律要求在法律实践中为论题提供充分理由，以确保论据与论题之间存在必然联系，进而便于全面把握案件中的因果联系。因此，如果理由和论断之间不存在必然联系，即便理由是真实的，也会犯"推不出"的逻辑错误。

拓展训练

● 一、简答题

1. 充足理由律的内容和逻辑要求是什么？
2. 违反充足理由律会导致哪些逻辑错误？

● 二、运用充足理由律的基本规律，分析下面论断有无逻辑错误

1. 没撞，你为什么要扶？
2. 在一起汽车交通肇事案的法庭辩论中，辩护人说："铁路交叉口有弯道，有扳道房，又有树木，夜间行车，不易观望。因此，司机对事故的发生无法预料，不应负刑事责任。"
3. 在一起谋杀案中，公诉人说："只有具备杀人凶器，才是杀人凶手；张某具备杀人凶器，所以，张某是杀人凶手。"

参考答案

● 三、试用充足理由律对下面这段话进行评述

中学生一旦手机在手,就一定会把与网友微信聊天等当成自己的"事业";一旦迷上微信聊天,就会造成学习下降,走向堕落。我们提醒学生、家长和老师深刻认识高中生使用手机的危害性,让我们一起努力创造更好的学习环境。学习环境好了,学生就能考上理想的大学,成为优秀的人才。

第十章

论证

◆ 案例导入

《堂吉诃德》中桑丘在做总督时曾经遇到了这样一个案件：一个女人揪住一个牧人前来告状，说牧人强暴了她。

牧人申辩说，这个女人是卖身的，他已经付了钱了。桑丘就叫牧人将身上所有的钱都交给这个女人，这个女人就高高兴兴地往外走。

桑丘又叫牧人去夺回他的钱，牧人追上了女人死命扭着，而那女人也拼命地护着钱袋，结果无论牧人怎么使劲，钱袋都抢不回来，那女人得意扬扬地说："你这个不中用的家伙哪里是我的对手。"

桑丘说："真相已经大白，你把钱袋还给牧人吧。你是在诬告牧人，牧人不可能强暴了你。如果牧人真的强暴了你，那么牧人的力气一定比你大。但是事实表明牧人没有能力抢回自己的钱袋，而你也承认这一点，因此你的控告一定是虚假的。牧人一定没有强暴你。"

【思考】桑丘在证明女方是诬告的命题时运用了什么证明方法？

第一节　论证的概述

一、论证的特征

人们在现实生活中，无论是与他人交流思想，还是独立思考问题，经常需要证明什么或反驳什么。其中的证明与反驳就是论证。

论证就是用某个或某些真实的判断确定另一个判断的真实性的思维形式。例如：

① 秘书处理好人际关系是至关重要的。因为对秘书而言，人际关系越融洽和谐，工作就会越顺利。如果人际关系紧张，那工作就很难开展。

② 张三这次不用负刑事责任，因为张三属于正当防卫，而《刑法》规定属于正当防卫的不用负刑事责任。

以上两例都是论证。例①用"对秘书而言，人际关系越融洽和谐，工作就会越顺利。如果人际关系紧张，那工作就很难开展"来证明"秘书处理好人际关系是至关重要的"这一判断的真实性。例②用"张三属于正当防卫，而《刑法》规定属于正当防卫的不用负刑事责任"来证明"张三这次不用负刑事责任"这一判断的真实性。

二、论证的组成

任何一个论证，都是由论题、论据和论证方式三个要素构成的。

（一）论题

论题是通过论证更确定其真实性的那个判断。如例①中的"秘书处理好人际关系是至关重要的"这个判断，例②中的"张三这次不用负刑事责任"这个判断。

论题可以是科学上已经被证明为真的判断，如"只有社会主义才能救中国""科学技术是生产力"等。对这类论题进行论证的主要目的是宣传真理，使人们对真理不但知其然，而且知其所以然，更加确信其真实性。另外，论题也可以是科学上尚待证明的判断，例如某些猜想等。对这类论题的论证，主要在于确定某种观点、某种设想的真实性、可行性，其目的是探求真理。

（二）论据

论据是被引用来作为论题真实性根据的判断。如例①中的"对秘书而言，人际关系越融洽和谐，工作就会越顺利。如果人际关系紧张，那工作就很难开展"这些判断；例②中的"张三属于正当防卫，而《刑法》规定属于正当防卫的不用负刑事责任"这些判断。

一个论证过程中，论题只有一个，论据则没有明确的规定，可以是一个，也可以是一组，根据需要而定。论据是论题真实性的根据，所以论据必须是真实的判断。人们一般用科学理论中的公理以及由此而引申出来的定理和法律规范等作为论据。

（三）论证方式

论证方式就是把论题和论据联系起来的一种形式。

有了论题、论据，不等于就作了论证。正如写论文，有了观点（论题）、材料（论据）并不等于就能写好文章，还有一个怎样写的问题。确定哪些材料应该先用，哪些后用；哪些材料详写，哪些略写，甚至不写。这样文章才会有重点，才会有说服力。作为论证来说，就是一个从论据推出论题的推理过程。如果论证只包含一个推理形式，那么论证的方式也就是这个推理形式；如果论证包含一系列推理形式，那么论证方式就是这一系列推理形式。所以，有人认为论证方式就是论证过程中的推理形式的总和。

论证方式像写文章一样没现成的形式，常常需要通过不断的思索和实践才能得到。经常有这样的情况，有些学生虽然知道证明某个几何定律所需要的全部定义和公理，甚至背得滚瓜烂熟，却不能作出这个定律的证明。这说明他们不善于探求论证的方式，缺乏推理能力。

逻辑学对论证的研究，主要就是关于论证方式的研究，其目的是使人们掌握基本的论证手段，了解论证必须遵守的逻辑规律，以便能从不自觉的逻辑论证提高为自觉的逻辑论证。

三、论证与推理的关系

论证与推理之间既互相区别又密切联系。推理是论证的工具，论证是推理的应用。任何论证都要运用推理，但并非所有推理都是论证。

论证必须借助推理来进行，论证离不开推理，推理为论证服务。在论证与推理的关系中，论题相当于推理的结论，论证方式相当于推理形式，论据相当于推理的前提。

论证与推理又有区别。第一，认识过程不同。推理是从前提到结论；而论证是先有论题然后引用论据对论题加以证明。第二，逻辑结构不同。论证往往是由一系列推理组成的，没有规定的形式；而推理有一定的形式，结构比较简单。第三，目的要求不同，论证的着重点放在论题与论据的真实性上，特别强调论据的真实性；而推理只强调前提与结论之间的逻辑关系，并不要求前提与结论的真实性。

四、逻辑论证与实践检验的关系

论证能够用真实的判断确定另一个判断的真实性，但是，这绝不意味着论证可以代替实践成为检验真理的标准。

实践检验是逻辑论证的基础。任何逻辑论证都是以实践为基础的，论证只是对实践中获得的认识的一种表达和反映。论证的论据必须是经过实践检验为真的判断；论证必须运用正确的推理形式，而正确的推理形式只能来自实践。所以说，逻辑论证离不开实践。

另外，逻辑论证具有认识作用，人们通过论证可以获得新的知识。如数学中的猜想通过论证变成定理；对已经证实的判断，有时仍需要进行论证，以使人们更加确信其真实性；在实践检验真理的过程中也离不开逻辑论证。论证是各种论断具有科学性和说服力的必要条件。

拓展训练

- 一、论证是由哪几个要素构成的？
- 二、论证与推理的联系和区别是什么？

第二节　论证的种类

按照论证中所运用的不同推理形式和不同论证方法，可以对论证进行分类。根据论证中所运用的推理形式，可以把论证分为演绎论证和归纳论证；根据论证中所运用的论证方法，可以把论证分为直接论证和间接论证。

一、演绎论证和归纳论证

（一）演绎论证

演绎论证就是引用科学原理、定律、定理或其他一般性的真实判断，并通过演绎推理推导出论题真实性的论证方式。例如：

> 民主这个东西，有时看来似乎是目的，实际上，只是一种手段。马克思主义告诉我们，民主属于上层建筑，属于政治这个范畴。这就是说，归根结底，它是为经济基础服务的。（《毛泽东文集（第七卷）》）

这段话的论题是"民主是为经济基础服务的"。毛泽东引用了早为人们所熟悉的马克思主义的基本原理，通过三段论这种演绎推理形式，来论证"民主是为经济基础服务的"这个论题。具体的推理过程可以写为：

> 民主是属于上层建筑的，
> 上层建筑是为经济基础服务的，
> ————————————————
> 所以，民主是为经济基础服务的。

又如：

> 我们必须大力提高司法干部队伍的素质，因为，我们要建设现代文明的法治社会，而建设现代文明的法治社会，就必须大力提高司法干部队伍的素质。

这段话的论题是"我们必须大力提高司法干部队伍的素质",它是通过一个充分条件假言推理(肯定前件式)的形式来进行论证的。具体推理过程可写为:

如果要建设现代文明的法治社会,就必须大力提高司法干部队伍的素质,

我们要建设现代文明的法治社会,

所以,我们必须大力提高司法干部队伍的素质。

(二)归纳论证

归纳论证就是引用一系列事例性的或较为特殊的判断,并通过归纳推理推导出论题的真实性的论证方式。

例如,地震前动物会出现反常现象。如猫儿离家、狗跑乱吠、老鼠出洞、鸡飞鸭叫、牛羊乱窜等。这是什么原因呢?有的科学家经过研究认为,动物对于空气中的带电粒子的感受比人更敏感,地震发生前,空气中会产生大量的带电粒子,而这些带电粒子会造成动物血清素含量的增高,血清素含量增高可以使动物行为失常。因此,地震前动物会出现反常现象。

这是一个运用科学归纳推理论证"地震前动物会出现反常现象"真实性的不完全归纳论证。其结构形式为:

论题:地震前动物会出现反常现象。

论据:地震前猫儿离家;

地震前狗跑乱吠;

地震前老鼠出洞;

地震前鸡飞鸭叫;

地震前牛羊乱窜。

地震前猫儿离家、狗跑乱吠、老鼠出洞、鸡飞鸭叫、牛羊乱窜,是因为地震前,动物对于空气中产生的带电粒子的感受比人更敏感,而这些带电粒子会造成动物血清素含量增高,血清素含量增高可以使动物行为失常。

也可以用公式表示为:

论题:S 是 P。

论据:S_1 是 P;

S_2 是 P;

S_3 是 P;

S_4 是 P;

S_5 是 P。

S_1、S_2、S_3、S_4、S_5 是 S 的一部分,并且 S_1、S_2、S_3、S_4、S_5 与 P 之间具有必然的联系。

论证方式:不完全归纳(科学归纳)论证。

又如,我们在证明三段论第 6 条规则"两个特称命题的前提推不出结论"时,运用的是完全归纳论证。在证明这一论题时,我们列举的论据是:

① 当两个特称命题的前提都是否定判断（OO）时，不能推出结论；
② 当两个特称命题的前提都是肯定判断（II）时，不能推出结论；
③ 当两个特称命题的前提一个为肯定判断、一个为否定判断（IO）时，不能推出结论。

而 OO、II、IO 是两个前提都为特称命题的全部情况，既然在这些情况下"不能推出结论"是真的，那么通过归纳推理，便可以推导出论题也是真的。

在刑事司法和数学证明等一些严格的论证中，一般都采用完全归纳论证，不完全归纳论证一般是不能应用的。但在一些实际思维中，也大量地运用不完全归纳论证。我们在应用归纳论证时，既要很好地应用完全归纳论证，也要恰当地运用不完全归纳论证。

二、直接论证和间接论证

（一）直接论证

直接论证就是从论据的真实性中直接推出论题的真实性的论证方法。直接论证可以采用各种推理形式来进行。例如，要论证"每年春节前入室盗窃案件高发"，可以通过列举 2001 年、2002 年、2003 年、2004 年……春节前入室盗窃案件都是高发的来进行；要论证"张三判处七年有期徒刑"，则可以通过演绎推理中的三段论，"张三犯了故意伤害罪致人重伤，《刑法》规定故意伤害他人身体致人重伤的处三年以上十年以下有期徒刑，所以，张三要处七年有期徒刑"来进行。

直接论证的特点是，从论题出发，为论题的真实性提供正面理由。直接论证中的论据直接与论题发生关系，不通过中间环节便可由论据直接推导出论题。检察院的起诉和法院的审判等司法工作中使用的论证基本上是直接论证，以被告人的犯罪事实和国家的法律法规作为证据，直接推出被告人是否有罪、应该判处什么样的刑罚等结论。

（二）间接论证

间接论证就是通过论证另一个与原论题相矛盾的判断的虚假，从而论证该论题真实的一种论证方法。间接论证可分为反证法和选言证法。

反证法是通过确定与原论题相矛盾的判断（反论题）的虚假，然后根据排中律确定原论题为真的一种论证方法。

反证法的论证过程为：首先设立一个与论题构成矛盾关系的判断作为反论题；然后论证反论题为假，这个论证过程通常由充分条件假言推理否定后件式来进行；最后，根据排中律两个互相矛盾的判断不能同假、必有一真的要求，由反论题为假得出原论题为真。

反证法的论证过程可用公式表示为：

求证：p 为真
设：非 p
证明：如果非 p，则 q

  非 q

  所以，非 p 为假

根据排中律：所以，p 为真

  例如，毛泽东在《论人民民主专政》一文中，在论述我们必须实行人民民主专政时，就运用了反证法：

  对人民内部的民主方面和对反动派的专政方面，互相结合起来，就是人民民主专政。

  为什么理由要这样做？大家很清楚。不这样，革命就要失败，人民就要遭殃，国家就要灭亡。

  这里的论题是"我们必须实行人民民主专政"（p），反论题是"我们不实行人民民主专政"（非 p），由反论题推出的结果是"革命就要失败，人民就要遭殃，国家就要灭亡"（q），但中国不允许这种结果出现，即否定了 q。根据充分条件假言推理否定后件就要否定前件的规则，得出非 p 为假，即 p 为真。所以，"我们必须实行人民民主专政"。

  我们在证明三段论第 6 条规则"两个特称命题的前提推不出结论"时，也采用了反证法。

  我们先设反论题"两个特称命题的前提能推出结论"，论证的结果是反论题是错误的，从而证明"两个特称命题的前提推不出结论"是真的。

  选言证法是通过选言推理的否定肯定式，确定除论题之外的其他论断虚假，然后推出论题真实性的一种间接论证方法。选言证法又称淘汰法或穷举法。其论证过程可以表示为：

  求证：p 为真

  设：或 p，或 q，或 r

  证明：非 q 并且非 r

根据选言推理否定肯定式：所以，p 为真

  选言证法在司法工作中应用较多，尤其是在分析案情、确定案件性质时所作的论证，很多时候都要用到选言证法。由于选言证法运用了选言推理的否定肯定式，所以，运用选言证法时，必须遵守选言推理的有关规则。

  反证法和选言证法都属于间接论证的方法，它们的共同点是论据和论题都不直接发生关系，而是通过引用论据确定其他判断的虚假来确定论题的真实性的。但反证法是通过确定与原论题相矛盾的反论题的虚假，来推导出论题为真的；选言证法则是逐一确定论题之外的各个判断的虚假，进而推出论题为真的。

  直接论证与间接论证同演绎论证与归纳论证一样，并不是互不相干、独立使用的，而常常是结合运用的。对同一论题，既可以运用演绎论证的方式进行论证，也可以运用归纳论证的方式进行论证；同样，既可以采用直接论证的方式，从正面确定论题的真实性，又可以采用间接论证的方式，从反面确定论题的真实性。这样，可以使论证显得更生动，更具有说服力。

> **拓展训练**
> - 一、直接论证和间接论证有何区别？
> - 二、什么是反证法？什么是选言法？它们的论证步骤和结构如何？

第三节　论证的规则

学习论证，目的是使人们从不自觉的逻辑论证提高为自觉的逻辑论证。自觉的逻辑论证除了要掌握论题、论据和论证方式三要素以外，还必须自觉地按照论证规则进行论证，即论证时必须遵守以下五条论证规则。

一、论题必须清楚明确

论证的实质就是说明论题的正确性，因此，在论证过程中，论题所表达的含义必须清楚明确。只有论题清楚确切，才能做到有的放矢，进行有效的论证。违反这条规则就会犯"论题不清"的逻辑错误。

例如，某中级人民法院在审理林某盗窃案时，被告的律师在法庭上作了近一个小时的辩护，他从被告从小勤奋好学、尊敬师长，讲到被告长大以后如何热爱劳动、孝敬父母；从被告怎样由看不惯村子里的人从铁路线上盗窃国家财物，讲到被告因父母病重无钱医治也参与了盗窃……真可谓口若悬河、滔滔不绝，听者也听得津津有味。但是，他为被告作了什么样的辩护呢？即律师在这里要论证的是一个什么样的论题？被告是有罪还是无罪？谁都不清楚。从逻辑上讲，这样的论证就是犯了"论题不清"的逻辑错误。

二、论题必须保持同一

在一个论证中，论题只有一个，并且在论证过程中保持不变。论题必须保持同一，也就是说在论题确定以后，就应该始终围绕该论题引用论据进行论证，使得实际证明的论题与原先确立的论题保持一致，即遵守同一律的要求。如果违反这条规则，就会犯"转移论题"或"偷换论题"的逻辑错误。例如：

> 有两个15岁的中学生找到他们的希腊文老师，问究竟什么是诡辩。
> 这位既精通希腊文又精通希腊哲学的老师并没有直接回答这个问题。他稍稍考虑了一下，然后才说："有两个人到我这里来做客，一个人很干净，另一个人很脏，我请这两个人去洗澡。你们想想，他们两个人中谁会去洗呢？"
> 学生："那还用说，当然是那个脏人。"
> 老师："不对，是干净人。因为他养成了洗澡的习惯，脏人认为没什么好洗的。再想想看，是谁洗澡了呢？"

学生:"干净人。"

老师:"不对,是脏人。因为他需要洗澡,而干净人身上干干净净的,不需要洗澡。如此看来,我的客人中谁洗澡了呢?"

学生:"脏人。"

老师:"又错了,当然是两个人都洗了。干净人有洗澡的习惯,而脏人需要洗澡。怎么样?他们两人后来到底谁洗澡了呢?"

学生:"看来,两个人都洗了。"

老师:"不对。两个人谁都没洗。因为脏人没有洗的习惯,干净人不需要洗澡。"学生:"有道理。但是我们究竟该怎样理解呢?您讲的每次都不一样,而又总是对的!"

老师:"正是如此。你们看,这就是诡辩。"

希腊文老师在回答两个15岁的中学生提出的"究竟什么叫诡辩"的问题时,对"应当洗澡"与"需要洗澡"这两个判断进行了偷换,没有保持确定性,犯了"偷换论题"的逻辑错误。

在一般的论证中,犯"偷换论题"的逻辑错误常常有两种表现:"证明过多"和"证明过少"。

"证明过多",是指在论证过程中,不去论证原论题,而去论证某个比原论题断定较多的判断。即原论题为p,实际论证的论题是q,而q的内容比p要广($q=p+1$)。例如,p为"文字秘书具有较高的理论政策水平、分析综合及文字表达能力";q为"秘书人员具有较高的理论政策水平、分析综合及文字表达能力"。q比p断定的内容要多,实际上是改变了原来的论题,不能达到原来论证的目的,违反了论题必须同一的规则,犯了"证明过多"的逻辑错误。

"证明过少"是指在论证过程中,不去论证原论题,而去论证比原论题断定较少的判断。即原论题为p,实际论证的论题是q,而q的内容比p要少($q=p-1$)。例如:

> 中药治病的疗效很好。因为中药治慢性肺炎的疗效很好,治慢性肝炎的疗效很好,治慢性胆囊炎的疗效很好,治慢性支气管炎的疗效也很好,所以,中药治病的疗效很好。

在上述论证中,原论题p为"中药治病的疗效很好",但在实际论证中的论题q是"中药治慢性病的疗效很好"。显然q的外延比p的外延要小得多,因此,即使通过论证确定了q的真实性,也不能推出p的真实性。

三、论据必须是真实的判断

论据是论证论题为真的根据,论证的过程就是从论据的真实性推出论题的真实性的逻辑过程。如果用不真实的判断或者真实性尚未断定的判断作为论据,则无法从论据推出论题的真实性。用虚假的判断或者真实性尚未断定的判断作为论据进行论证,就会犯"虚假论据"或"预期理由"的逻辑错误。例如:

> 人是上帝创造的,因为上帝创造了万物。

在这个论证中,就违反了论据必须真实的规则,犯了"论据虚假"的逻辑错误。

另外,真实性尚未断定的判断也不能作为论据,否则会犯"预期理由"的逻辑错误。例如,一律师为一起故意杀人案的被告作出如下辩护:

报复杀人,一般来说都是那些有深仇大恨或者因某些矛盾发展到极点所引起的,然而,本案被告人不具有这些因素。被告人黄某与被害人刘某,中学时是同学,参加工作后又在同一个工厂,每天进餐坐在一起,下班又是同路人,关系密切,众所周知。因此,两人既无深仇大恨,又无根本的利害冲突。虽然两人因闹笑话翻脸,黄某一时被激怒,砍伤了刘某,但黄某只有伤害的故意,而绝不会有杀人的故意。如果黄某想置刘某于死地,也不能只砍两刀就住手,况且所伤部位并非要害。无论从主观或客观上看,黄某只有伤害故意,而无杀人故意。

辩护律师的辩护,看来似乎有理,但并非全是事实。黄、刘二人同时爱上本厂一个女工,后来这个女工与刘某订婚,这引起两人之间的矛盾,黄某曾说过"走着瞧"。这说明,根据过去两人关系密切就推断黄某不会有杀人故意,实属主观臆测,毫无事实根据。黄某停刀不砍,不是黄某不想杀死刘某,而是当黄某捅第二刀时,刘某满脸是血,且卧倒在地,黄某无法判断是死是活,况且有人夺下黄某手中的刀,使黄某无法再继续行凶。没刺中要害部位,并非黄某之所愿,刀子是直刺刘某胸部的,由于刘某的反抗躲闪,才没有伤到致命部位。

"预期理由"并不表明理由一定虚假。它可能是虚假的,也可能是真实的。但它表明理由的真实性未经证实,这样的理由不能作为论证的论据,因为,用本身尚需证明的理由去证明论题,缺乏科学性,不能推出具有说服力的结论。

四、论据的真实性不能依靠论题来证明

在论证过程中,论题是待证明的命题,其真实性地位并未确认。论据的真实性只能依靠客观事实,或者已证实的其他命题加以支持。如果论据的真实性又依赖待证实的论题,等于用疑问证实疑问,实际上无法证明。如果违反这条规则,就会犯"循环论证"的逻辑错误。

下面以影片《检察官》中徐力检察长与梁静逸的一番对话为例。

梁静逸:两个犯人交代了全部罪行,主犯又潜逃不成,畏罪自杀。如果无罪何必自杀呢?我看在法律上无懈可击。

徐力:你真的认为无懈可击了吗?

梁静逸:那你到底是什么意思?

徐力:我认为,有必要重新调查。

这番对话中,梁静逸犯了循环论证的逻辑错误,具体如下:他首先确认张华是主犯,因为主犯才会潜逃,潜逃不成才自杀,自杀也就证明张华是主犯。徐力检察长却没有贸然赞同梁静逸的观点,他的思维过程是这样的:首先弄清张华是否跳崖身亡?如果是跳崖身亡那原因又是什么?是胁迫含冤而死?还是由他杀后而造成自杀身亡的假象?

还是确实畏罪自杀而死？徐力检察长的思维过程是合乎逻辑的。梁静逸由一个未证的结论，倒推出待证实的前提，是不合逻辑的。

五、从论据应推出论题

从论据应推出论题，也就是说论据和论题必须有逻辑联系，论据必须是论题的充分理由，论证过程中必须有正确的论证方式。如果违反这条规则，就会犯"推不出"的逻辑错误。例如：

> 毛某就是本案的凶手无疑。因为：第一，毛某是该银行营业所的记账员，熟悉营业所的内部情况；第二，案发后毛某最先到达现场而不及时报告，反而浇水扫地破坏现场；第三，用于纵火焚尸的引火物谷草，是毛某在案发前三天带至营业所的；第四，毛某家中有一把刀子，其刀口宽度、长度与被害人身上的伤口大致吻合。综上所述可见，毛某一定是本案的凶手。

上述理由，亦即该论证的论据也许都是真实的，并且与所要证明的论题之间也有一定的联系，但这种联系并不是必然的。由这些论据的真，只能推出论题有可能为真，但不能推出论题必然为真。所以，这样的论证是犯了"推不出"的错误。

💡 拓展训练

● 一、论证的规则有哪些？违反了各条规则分别会犯什么逻辑错误？
● 二、下列论证是否正确？为什么？

1. 三个窃贼在一起分窃来的 6 颗珍珠。甲取 1 颗给乙，又取 2 颗给丙，自己取 3 颗。乙、丙说："你凭什么拿 3 颗？"甲说："因为我是头！"乙、丙说："你什么时候当的头？"甲说："因为我的珍珠多！"

2. 某甲问算命先生："我与妻该不该离婚？"算命先生问了他及其妻的属相、出生年月日后，断定说："你与你妻应该离婚，因为你属猴，她属猪，你们属相犯忌，猪猴不到头。"

3. 一法官在认定某被告是否构成盗窃罪时这样认为："此人肯定是小偷，因为他的父亲就是一个惯偷。"

第四节　反驳及其方法

一、反驳及其构成

反驳就是用一个或一些真实的判断，并借助推理来确定某一个判断的虚假性或某个论证不能成立的一种思维过程。

实际上，反驳也是种论述性的证明，只不过它是用一个或几个已知为真的判断来确定另一个判断为假或证明其不能成立的思维过程，而论证是用一个或一些真实的判断确定另一个判断的真实性的思维过程。所以，反驳可以看成是一种特殊的论证。

反驳和论证是紧密联系在一起的，它们都是人们探求真理、发展真理不可缺少的认识形式和逻辑方法。俗话所说的"不破不立"，很好地说明了它们之间的关系。"破"就是反驳，"立"则是论证。"破"对方的观点就是为了"立"自己的观点，而要"立"自己的观点就不可避免地要"破"对方的观点。论证的作用在于探求真理、阐明真理，使真理为人们普遍接受。反驳的作用则是通过揭露、驳斥对方的谬误，使谬误的东西为大家所抛弃，从反面宣传真理。

反驳作为一种特殊的论证形式，也由三个部分组成，即反驳的论题、反驳的论据和反驳的方式。在反驳中，被确定为虚假性的判断，叫作反驳的论题；引用来作为反驳的根据的判断，叫作反驳的论据；反驳时所运用的推理形式，叫作反驳的方式。

人们在进行反驳时，一般是通过反驳对方的论题，或者反驳对方的论据，或者反驳对方的论证方式来进行的。但驳倒了对方的论据，不等于驳倒了对方的论题，即论据虚假并不意味着论题也虚假，只能说虚假的论据不能证明论题的真实性。例如：

铁加热时能跟硫化合，因为，铁是金属，而所有的金属在加热时都能跟硫化合。

反驳这个论证，我们可以通过金、铂等金属都不能直接跟硫化合，指出"所有的金属在加热时都能跟硫化合"这个论据虚假来进行，但其论题"铁加热时能跟硫化合"是真实的。当然，论题的真实性不是根据论据的真实性推导出来的。同样，反驳对方的论证方式，指出其犯了"推不出"的逻辑错误，并不等于驳倒了对方的论题，而只能说此论证不能成立。

二、反驳的方法

反驳是一种特殊的论证方式，因此，论证的方法也适用于反驳。按照不同的标准，可以把反驳分为直接反驳与间接反驳、演绎反驳与归纳反驳等。本教材主要介绍直接反驳、间接反驳和归谬法这三种常用的反驳方法，演绎反驳和归纳反驳可以参照演绎论证和归纳论证进行理解。

（一）直接反驳

直接反驳就是根据一个或一些判断的真实性，直接推出对方判断的虚假性的反驳方法。例如，要反驳"哺乳动物都是胎生的"这个论题，就可以用"鸭嘴兽虽然是哺乳动物，却不是胎生的"这一真实判断进行反驳。这就是用事实直接指出被反驳的论题"哺乳动物都是胎生的"的虚假性的反驳。显然，这是直接反驳了对方的论题。同样，也可以直接反驳对方的论据和论证方式，指出对方的论据虚假或论证方式不能成立。例如：

① 人是上帝创造的，因为上帝创造了万物。

②张三是犯罪分子，因为张三到过犯罪现场，而所有的犯罪分子都到过现场。

对例①进行反驳，可以直接指出其论据"上帝创造了万物"是虚假的即可；而例②是用三段论来进行论证的，它违反了"三段论的中项必须周延一次"的规则，其论证方式不正确，犯了"推不出"的逻辑错误。

又如，曾有一起遗产纠纷案，当事人一方举出遗嘱，证人也证明自己签名属实，并且死者是在临终前立的遗嘱，立遗嘱时证人在场。但是，经过查证，证人当时不在场，因为证人"在遗嘱上签名的时候"，正在外地出差，其单位财会部门有报销车票证明。这一客观事实就驳斥了证人在场的说法，因此，遗嘱的真实性也被予以否定。从司法实践的角度讲，人民法院开庭审理时，庭审调查是核对事实的过程，审判人员绝不能让被告人在陈述事实的时候"大概地讲一讲"。在法庭辩论过程中，公诉人与辩护律师、原告与被告及其各自的代理人等，在说明案件的具体情节时，互相都要以事实反驳对方。

（二）间接反驳

间接反驳就是通过证明与对方的论题具有矛盾关系或反对关系的判断的真实性，从而根据矛盾律，确定对方的论题虚假性的反驳方法。例如：

有人说"喝醉酒的人犯罪不用负刑事责任"，这是不对的。因为我国《刑法》第十八条规定：醉酒的人犯罪，应当负刑事责任。

这里反驳的论题是"喝醉酒的人犯罪不用负刑事责任"。反驳的方式是引用我国《刑法》的有关规定，证明"醉酒的人犯罪，应当负刑事责任"。显然，《刑法》的有关规定和"喝醉酒的人犯罪不用负刑事责任"这个论题是相矛盾的，根据矛盾律两者不能同真，得出"喝醉酒的人犯罪不用负刑事责任"为假。

间接反驳的反驳过程可用公式表示如下：

被反驳的论题：p
假设：非p（非p与p是矛盾关系或反对关系）
证明：非p真
所以，p假

在一起刑事自诉案中，原、被告系同住一幢楼的邻居，为琐事发生扭打，原告起诉被告动刀伤害。律师通过实地调查，了解到周围邻居中许多目击证人证明：被告人从未用过刀之类的凶器，而是原告纠集了七八名打手上门寻衅斗殴。但在庭审调查中，原告向法庭出示了两份自称亲眼看到"被告模样的人用刀砍人"的证词。律师从维护当事人合法权益出发，对这两份"证词"进行了当庭论辩，揭示了这两份证词的虚假性。下面是庭审的部分内容：

辩护人：原告提供的这两个证人，一个住××路，另一个住××路，远离案发地××路，请问他们怎么这么巧在案发时来到案发地？

原告：刚才证词已陈述，他们两人在案发时正巧来到案发地××路××弄弄口的厕所小便。

辩护人：请问原告，这两个证人是如何进入案发现场的？

原告：听到呼救声，他们两人一个从前门，一个从后门，分别进入现场。

辩护人：辩护人所收集的证据证实，当时正值盛夏季节，案发地点在一条老式石库门住房的弄堂里，案发时间是晚上七八点钟，案发现场的前、后门当时正坐着许多纳凉的邻居。听到现场呼救声后，最先赶到现场的应该是在现场周围纳凉的人。辩护人向法庭提供的六七名现场证人的证词表明：案发时现场后门是关着的。案发的瞬间，前门聚集了几十名围观的群众。原告所提供的证人当时位于案发现场前门的后一条弄堂，距前门30多米而且要拐两个弯，即使闻声赶来，也绝不可能进入现场目睹案发情况。除非这两名证人是原告请来一起参与打架的，或者是故意来作伪证的。为了判明这两份证词的真伪，辩护人请求法庭传这两名证人到庭，接受法庭当庭质证。①

这里要反驳的论题是：证人的证词是真的（p）。

假设：证人的证词是假的（非p）。

证明：这两个证人离案发地比较远，不大可能那么巧合地同时到达现场。原告所提供的证人当时位于案发现场前门的后一条弄堂，距前门30多米而且要拐两个弯，即使闻声赶来，也绝不可能进入现场目睹案发情况。案发现场的前、后门当时正坐着许多纳凉的邻居，听到现场呼救声后，最先赶到现场的应该是在现场周围纳凉的人。可见，证人的证词是假的（非p为真）。

所以，并非证人的证词是真（p假）。

（三）归谬法

归谬法也是一种间接反驳的方法。它的反驳过程是：先假定被反驳的论题为真，然后由这个假定推出一个或一系列显然荒谬的结论，最后根据充分条件假言推理的"否定后件就要否定前件"的规则，确定被反驳的判断虚假的反驳方法。

归谬法的反驳过程可以表示为：

被反驳的论题：p

假设：p真

证明：如果p，那么q

非q

———————————

所以，非p

根据矛盾律：所以，p假

运用归谬法进行反驳，可以使反驳显得简明有力，因而归谬法是人们日常生活中经常使用的一种锐利的反驳武器。归谬法的反驳方式主要有以下三种。

第一种，从被反驳的判断中引申出假判断。例如：

---

① 秦甫：《律师论辩的策略与技巧》，法律出版社2001年版，第61页。

一位药剂师走进一个书商的铺子里，从书架上拿下一本书来问道："这本书有趣吗？"

"不知道，没有读过。"书商回答说。

"你怎么能卖你自己未读过的书呢？"

"难道你能把你自己药房里的药都尝一遍吗？"

这里，书商就是用归谬法来反驳药剂师的。按药剂师的说法，书商卖的书都必须是自己读过的，这种说法显然是错误的。但书商并不指出药剂师的说法错误，而假定他的说法是正确的，那么可以得出药剂师卖的药也必须是自己尝过的。这显然是不可能的，由此推出书商卖的书必须是自己读过的也是不可能的。其反驳的思维过程为：

被反驳的论题：书商卖的书必须是自己读过的。

假设：书商卖的书必须是自己读过的是真的。

证明：如果书商卖的书必须是自己读过的，那么药剂师卖的药也必须是自己尝过的。

药剂师卖的药必须是自己尝过的是假的。

所以，书商卖的书必须是自己读过的也是假的。

第二种，从反驳的判断中引申出两个相矛盾的判断。例如，意大利科学家伽利略在发现自由落体公式时，针对从亚里士多德以来一直被当成"真理"的"物体越重下落速度越快"这一观点进行反驳。他指出：如果一块轻石头A加在一块重石头B上一起下落，那么根据"物体越重下落速度越快"的理论，就会导致两个矛盾的结论：一是"A+B"比B重，因此，"A+B"的下落速度比B快；二是慢速度的A加在快速度的B上，就会减慢B的下落速度，因此，"A+B"的下落速度比B慢。由此可见，"物体越重下落速度越快"这一观点是不能成立的。

第三种，从被反驳的判断中引申出与其相矛盾的判断。例如，鲁迅先生在《文学与出汗》一文中就运用了这种反驳方法。当时，"上海的教授"说：在英国没有写永久不变的人性的作品都消灭了。对此，鲁迅先生反驳说：它们既已消灭，"现在的教授何从看见，却居然断定它们所写的都不是永久不变的人性了"。这里鲁迅先生先假定"上海的教授"说的，"在英国没有写永久不变的人性的作品都消灭了"为真，并由此推出"现在的教授是应该看不到这些作品的"这一结论。既然"现在的教授是应该看不到这些作品的"，那么"现在的教授"怎么"居然断定它们所写的都不是永久不变的人性了"？使对方陷入自相矛盾的境地，从而揭示了原判断的谬误。

拓展训练

- 一、什么是反驳？反驳是由哪几个部分组成的？
- 二、间接反驳与归谬法的定义和逻辑形式是什么？

主要参考文献

[1] 金岳霖. 形式逻辑 [M]. 2版. 北京：人民出版社，2006.

[2] 雍琦. 法律逻辑学 [M]. 北京：法律出版社，2004.

[3] 张志成. 逻辑学教程 [M]. 6版. 北京：中国人民大学出版社，2022.

[4] 张大松，蒋新苗. 法律逻辑学教程 [M]. 3版. 北京：高等教育出版社，2013.

[5] 陈金钊，熊明辉. 法律逻辑学 [M]. 3版. 北京：中国人民大学出版社，2022.

[6] 胡春华，邓陕峡. 实用法律逻辑学教程 [M]. 北京：中国人民大学出版社，2018.

[7] 王洪. 法律逻辑学 [M]. 3版. 北京：中国政法大学出版社，2019.

[8] 潘利平. 法律逻辑 [M]. 2版. 成都：四川大学出版社，2020.

与本书配套的二维码资源使用说明

　　本书部分课程及与纸质教材配套数字资源以二维码链接的形式呈现。利用手机微信扫码成功后提示微信登录，授权后进入注册页面，填写注册信息。按照提示输入手机号码，点击获取手机验证码，稍等片刻收到 4 位数的验证码短信，在提示位置输入验证码成功，再设置密码，选择相应专业，点击"立即注册"，注册成功。（若手机已经注册，则在"注册"页面底部选择"已有账号？立即注册"，进入"账号绑定"页面，直接输入手机号和密码登录。）接着提示输入学习码，需刮开教材封面防伪涂层，输入 13 位学习码（正版图书拥有的一次性使用学习码），输入正确后提示绑定成功，即可查看二维码数字资源。手机第一次登录查看资源成功以后，再次使用二维码资源时，只需在微信端扫码即可登录进入查看。